fructus honoris

Highlights
SÜDTIROL

50 Ziele, die Sie gesehen haben sollten

Highlights

SÜDTIROL

Manfred Kostner
Eugen E. Hüsler

BRUCKMANN

V. l.: Überall in den großen Südtiroler Tälern gibt es ausgeschilderte Radwege. Eis kann vor Kältegraden schützen. Frostberegnung wird bei Bedarf während der Apfelblüte im Mai eingesetzt. Die Tracht gehört in vielen Gegenden des Landes auch heute ganz selbstverständlich zum gesellschaftlichen Leben.

Inhalt

V. l.: Fresko im Kreuzgang des Dominikanerklosters in Bozen, aus der Werkstatt des Friedrich Pacher. Romanische Skulpturen schmücken das Portal der Kapelle von Schloss Tirol. Erker gehören zum Bild jedes Südtiroler Ortes, manche mit Freskenschmuck, andere mit Stuckaturen, hier in der Bozner Bindergasse.

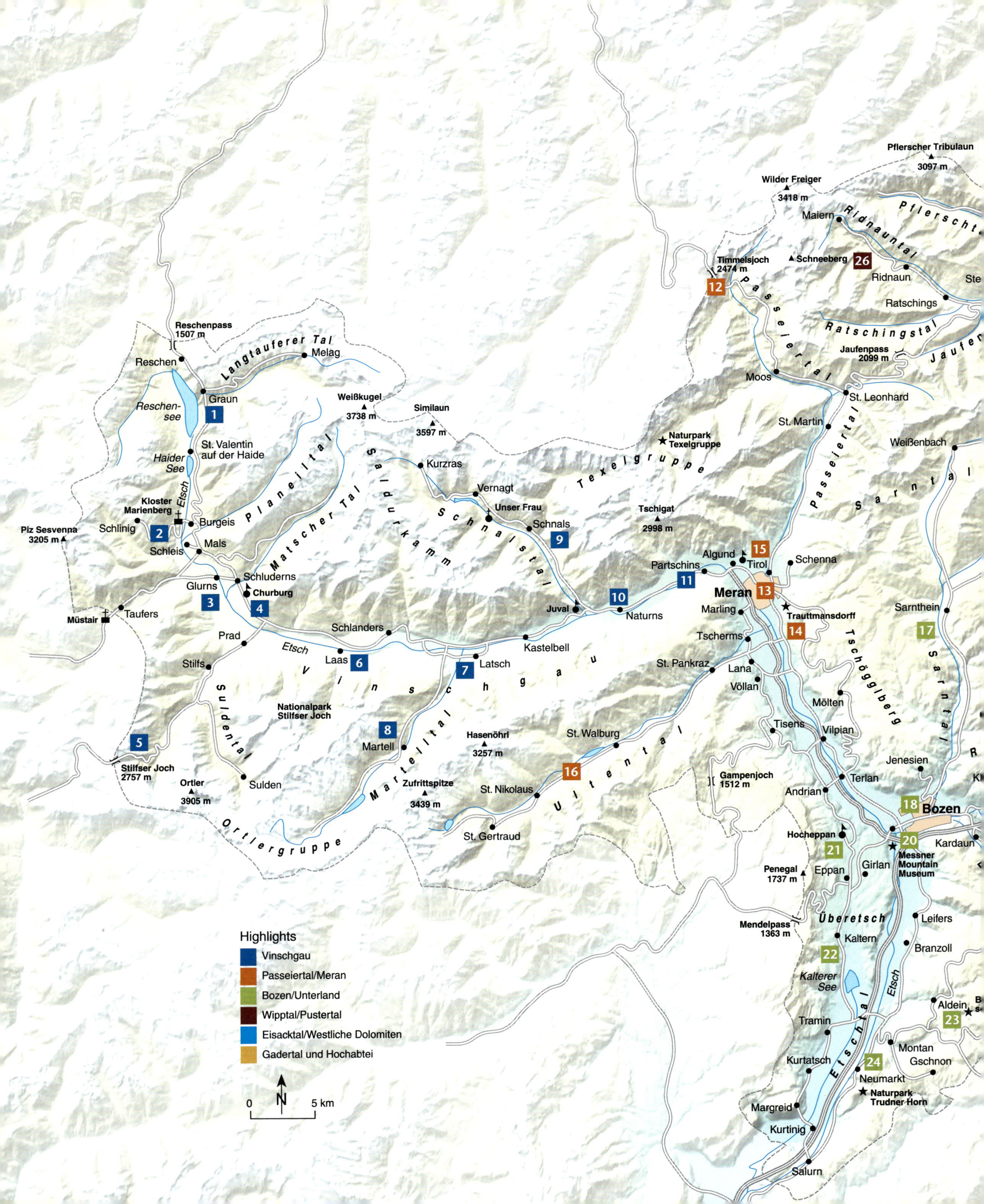
Reschenpass 1507 m
Reschen
Langtauferer Tal
Melag
Graun
Reschen-see
St. Valentin auf der Haide
Haider See
Weißkugel 3738 m
Similaun 3597 m
Kloster Marienberg
Etsch
Burgeis
Planeiltal
Schlinig
Piz Sesvenna 3205 m
Schleis
Mals
Matscher Tal
Saldurkamm
Kurzras
Vernagt
Unser Frau
Schnalstal
Schnals
Glurns
Schluderns
Churburg
Müstair
Taufers
Prad
Schlanders
Etsch
Laas
Stilfs
Vinschgau
Latsch
Kastelbell
Juval
Naturns
Suldental
Nationalpark Stilfser Joch
Martell
Martelltal
Stilfser Joch 2757 m
Ortler 3905 m
Sulden
Zufrittspitze 3439 m
Hasenöhrl 3257 m
Ortlergruppe
St. Walburg
St. Nikolaus
St. Gertraud
Ultental
Texelgruppe
Naturpark Texelgruppe
Tschigat 2998 m
Partschins
Algund
Tirol
Schenna
Meran
Marling
Trauttmansdorff
Tscherms
St. Pankraz
Lana
Völlan
Tisens
Vilpian
Mölten
Tschögglberg
Gampenjoch 1512 m
Andrian
Terlan
Jenesien
Bozen
Hocheppan
Kardaun
Messner Mountain Museum
Penegal 1737 m
Eppan
Girlan
Mendelpass 1363 m
Überetsch
Leifers
Kaltern
Branzoll
Kalterer See
Etsch
Aldein
Tramin
Montan
Gschnon
Kurtatsch
Etschtal
Neumarkt
Naturpark Trudner Horn
Margreid
Kurtinig
Salurn
Timmelsjoch 2474 m
Passeiertal
Moos
St. Leonhard
St. Martin
Wilder Freiger 3418 m
Pflerscher Tribulaun 3097 m
Maiern
Ridnauntal
Schneeberg
Ridnaun
Ratschings
Ratschingstal
Jaufenpass 2099 m
Weißenbach
Sarntal
Sarnthein
1
2
3
4
5
6
7
8
9
10
11
12
13
14
15
16
17
18
20
21
22
23
24
26
Highlights
Vinschgau
Passeiertal/Meran
Bozen/Unterland
Wipptal/Pustertal
Eisacktal/Westliche Dolomiten
Gadertal und Hochabtei
0
5 km
N

Rauhkofel
3251 m
Dreiherrnspitze
3498 m
Kasern
Prettau
Gr. Löffler
3378 m
Schwarzenstein
3369 m
Ahrntal
Brennerpass
1370 m
Pfitscher Joch
2251 m
Klammljoch
2294 m
St. Jakob
Hochfeiler
3510 m
Steinhaus
Durreck
3135 m
Neves-
Stausee
Pfitsch
Pfitscher Tal
Gossensaß
Lappach
Luttach
Naturpark
Rieserferner-Ahrn
Rein
29
Sand in Taufers
28
Reintal
Hochgall
3436 m
25
Wiesen
Mühlwalder Tal
Tauferer Tal
Staller Sattel
Antholzer See
Antholzer Tal
Gitschberg
2510 m
Mauls/Freienfeld
Antholz
Penser Joch
2215 m
Terenten
Gais
30
Eisacktal
Obervintl
Pfalzen
27
Gsieser Tal
Bruneck
Rasen
Mühlbach
Kiens
Percha
Franzensfeste
St. Lorenzen
Pustertal
Reischach
Alpen
Schabs
Natz
Lüsen
Olang
Welsberg
Rienz
Vahrn
Kronplatz
2273 m
Toblach
Innichen
Durnholzer
See
37
Neustift
Lüsener Tal
32
33
Gadertal
Brixen
Enneberg
Prags
Toblacher See
Sexten
Martin
36
Plose
2486 m
31
34
Sextental
Höhlensteintal
Dreischuster-
spitze
3145 m
Würzjoch
1987 m
St. Martin
Pragser
Wildsee
40
Kloster
Säben
Eisack
Villanders
38
Wengen
Plätzwiese
Naturpark
Drei Zinnen
35
Villnöß
46
47
Bad
Dreikirchen
Gufidaun
Villnößtal
Hohe Gaisl
3146 m
Klausen
Fanes
Dolomiten
Hochabtei
Drei Zinnen
2999 m
48
Sas Rigais
3025 m
Barbian
39
Trostburg
Grödner Tal
Abtei
Kreuzkofel-
Gruppe
49
St. Ulrich
Stern
St. Kassian
Conturines
3064 m
19
Kastelruth
St. Christina
Wolkenstein
Kolfuschg
Kl. Lagazuoi
2778 m
50
Cortina d'Ampezzo
Lengmoos
41
Corvara
Grödner Joch
2121 m
Seis
Langkofel
3181 m
Sella-
gruppe
Passo
Falzárego
2105 m
45
Seiser Alm
Völs
Schlern
2563 m
42
Sellajoch
2244 m
Arabba
45
Passo
Pordoi
Tierser Tal
Canazei
45
43
Tiers
Rosengartenspitze
2981 m
Marmolada
3343 m
45
44
Welschnofen
Karersee
Karerpass
1745 m
Obereggen

Tierser Tal und Rosengarten, gesehen vom Aussichtspunkt Furner Oach oberhalb von Steinegg.

Der Torritt, eine Disziplin bei den Ritterspielen Oswald von Wolkenstein.

Sonnenaufgang am Puflatsch. Über dem Nebel der Schlern.

Ein Blick auf die Nordwände der Drei Zinnen – und zurück in den Ersten Weltkrieg. Da verlief die Front quer durch die Dolomiten.

Das Kirchlein von Ranui vor den bizarren Zacken der Geislerspitzen. Links neben dem Kirchturm der Sas Rigais, flankiert von dem schroffen Eckzahn der Furcheta, beide 3025 Meter hoch (oben). Aufspielen in großer Kulisse. Am Horizont Sellamassiv und Langkofel (rechts oben). Blumenschmuck an Bauernhaus im Ridnauntal (rechts unten).

Südtirol – ein echter Evergreen

Jenseits des Alpenhauptkamms

Das Paradies ist immer anderswo. Nicht dort, wo wir gerade sind, und das heißt dann Fernweh. Manchmal ist das Ferne aber auch ziemlich nah, gleich hinterm Alpenhauptkamm, im Süden, wo die Sonne öfter scheint, der Wein besser schmeckt und man sich gleich zu Hause fühlt. Zwischen Gletschern und Apfelhainen, oben in den Bergen und drunten an der Etsch. In Südtirol.

Vielleicht stimmt es ja, was der Volksmund behauptet, dass die erste Liebe die schönste sei oder zumindest jene, die mann/frau nie vergisst. Das mag auch auf jene Plätze zutreffen, die man gern als Sehnsuchtsorte bezeichnet. Und so einer liegt gleich hinterm Brenner, seit vielen Generationen schon, auf der Sonnenseite der Alpen, im Süden Tirols.
Südtirol, das »Land an der Etsch und im Gebirg'«. Bereits im ausgehenden 19. Jahrhundert blühte hier der Tourismus, Sisi war da, die Rothschilds und viele betuchte Herrschaften mit Gefolge, auch ein paar Künstler. Der Erste Weltkrieg macht das meiste zunichte, einen richtigen Aufschwung brachte erst das deutsche Wirtschaftswunder nach der zweiten Weltkatastrophe. Südtirol, Gardasee und Adriastrand – da lebte der Nachkriegsdeutsche seinen Traum vom »fernen Glück für alle«. Die Familie reiste im Sommer über den Brenner, der Schlagbaum hob sich, das gelobte Urlaubsparadies war erreicht. Derweil wanderte die Pizza nach Norden, damit auch nach dem Ferienglück noch das eine oder andere Häppchen vom

LANZINGER

Moderne Architektur in Bozen: das Museion bei Nacht.

unbeschwert mediterranen Lebensgefühl erhalten blieb.
Jenseits des Brennerpasses, das merkten die Gäste aus dem Norden bald, scheint nicht nur die Sonne öfter, hier durchdringen sich zwei Kulturkreise, was einen Mix ergibt, der Bayern und Preußen gleichermaßen magisch anzieht: germanische Ordnung und südliches Laisser-faire. Man trinkt den Caffè in ganz kleinen, aber keineswegs homöopathischen Portionen, die einen sagen »Ciao!«, und die anderen haben einen blauen Schurz umgebunden: Südtirol halt.

Klischees

Das Land lebt mit vielen Klischees, wie alle Sehnsuchtsorte dieser Erde, von der Schweiz bis zum Himalaja, lebt ihnen (gelegentlich) auch hinterher. Doch Ferienträume werden von Vorstellungen gespeist, und zum Land Südtirol fallen einem besonders viele ein: grüne, saftige Wiesen, über denen bizarre Felsen thronen, Frühlingsblüte unterm Gletscherweiß, schmucke Bauernhäuser, viel Gotik, spitze Kirchtürme, Törggelen-Partien und stiebender Pulverschnee. Südtirol: ein alter Ferientraum. Und mittlerweile ein wohlhabendes Land. Es verzeichnet kaum Arbeitslosigkeit, dafür kontinuierlich steigende Umsätze, vor allem im Tourismus. Da erweist sich der Massenskilauf als kräftiger Motor. Aber Wachstum – das wissen wir – hat seinen Preis, und den bezahlt die Natur. Denn der märchenhafte Boom, den Südtirol seit den 1960er-Jahren als Reiseziel erlebt, hat dem Land nicht nur eine Viertelmillion Gästebetten und zahllose Arbeitsplätze beschert, da ist auch mehr als nur ein kleines Stück Heimat planiert, zubetoniert worden.

Tradition und Moderne

Das haben mittlerweile nicht nur ein paar Oppositionelle gemerkt im SVP-Land, das seit dem Ende des Zweiten Weltkrieges gerade mal den fünften Regierungschef hat. Es sind skeptische Stimmen zu vernehmen, manches Projekt, das noch mehr Verkehr, noch mehr platt gewalzte

Natur gebracht hätte, scheitert am Widerstand der Einheimischen. Der wird gelegentlich auch ignoriert, wie etwa am Kronplatz, wo eine Volksabstimmung ein deutliches Nein zu einem Ausbau des Skigebietes Richtung Percha ergab. Widerspruch gegen die Obrigkeit hat hier halt noch wenig Tradition, der einzige Südtiroler Revoluzzer, Michael Gaismair, wurde bis ins 20. Jahrhundert hinein totgeschwiegen, Kirche und Partei regierten unangefochten, die Gotteshäuser waren am Sonntag voll, und die SVP fuhr sagenhafte Wahlergebnisse ein.

Ein Land verändert sich

Doch Südtirol ist im Wandel. Das sieht man – und man schmeckt es auch. In der Architekturlandschaft tauchen bunte Tupfer auf, die faszinieren und auch provozieren; Beispiele sind etwa das Museion in Bozen, die Puni-Destillerie bei Glurns oder die neue Therme von Meran. Mehr noch hat sich in den Küchen des Landes getan, und in den Weinkellern. Man besinnt sich heute wieder auf das kulinarische Erbe, das auf so einzigartige Weise drei Kulturräume an einen Tisch bringt – »Turisten-Menus, 8000 Lire« sind längst passé. Kreativität am Herd ist gefragt und wird auch geboten. Mittlerweile ist Südtirol ein Schlemmerland, gekocht wird auf höchstem Niveau, weshalb es seit Jahren Sterne und Mützen regnet. Angeführt wird die Reihe von Spitzenköchen wie Norbert Niederkofler, der im Hochabtei den Löffel schwingt (St. Hubertus), und Gerhard Wieser in Dorf Tirol (Trenkerstube) – beide von den Michelin-Gourmets mit drei bzw. zwei Sternen dekoriert. Und sogar Berghütten streben nach kulinarischen Höhen, neben den topografischen, naturgegebenen, beispielsweise im Hochabtei.

Südtirol wird dabei immer grüner, umweltfreundlicher. Ein Viertel der Landesfläche ist Naturschutzgebiet, mancher Weinbauer produziert aus Überzeugung biologisch (und das auf höchstem Niveau), die Chemie ist auf dem Rückzug. Es gilt mittlerweile fast überall: Qualität vor Quantität. Die Südtiroler Weinbauern räumen auf Italiens Weinmessen regelmäßig erste Preise ab, die Käselandschaft wird immer vielfältiger, und von manchem Südtiroler Speck schwärmt der Gambero Rosso in den höchsten Tönen.

Grüner wird auch die Verkehrspolitik. »Alles fürs Auto!« stimmt so nicht mehr. Im Vinschgau, im Pustertal und auf der Brennerlinie verkehren in kurzen Abständen moderne Regionalzüge, das riesige (und weitgehend ungenutzte) Bahnhofsgelände von Bozen soll komplett umgestaltet werden. Sogar eine Wiederbelebung der in den 1960er-Jahren eingestellten Schmalspurbahn ins Überetsch spukt in manchen Köpfen herum. Auch in der Landeshauptstadt ist der Wandel deutlich zu erkennen. Das verrußte Industriequartier aus faschistischer Zeit ist größtenteils verschwunden; als Symbol der neuen Zeit ragt am Autobahnanschluss Bozen-Süd der futuristische Glasturm der Salewa-Zentrale in den Bozner Himmel.

Unveränderlich

Manches dagegen ändert sich nie. Da hockst du auf einem Balkon, den die Natur hingestellt hat, am Rand der Langen Alm, mit einem Felsen als Rückenlehne. Es ist Abend, ein Bergtag mit Gipfelglück und müden Knochen geht allmählich zu Ende. Stille umgibt dich, greifbar fast, kein Mensch weit und breit, nur drunten im Höhlensteintal zittern ein paar winzige Lichter; der Cristallo ist ein mächtiger schwarzer Schattenriss. Die Nordwände der Drei Zinnen ragen in den Dolomitenhimmel, ganz langsam verfärben sie sich, erst gelb, dann überzieht sie ein flammendes Rot. Was für ein Schauspiel! Ein Bild, das sich einprägt für immer, nicht dem Auge, sondern deiner Bergsteigerseele. Ein winziger Wolkenschleier hängt am Gipfel der Westlichen Zinne, löst sich auf. Das leuchtende Rot geht allmählich in ein fahles Grau über, die Sonne taucht über dem Horizont ab. Da sitzt der kleine Mensch lange noch, vergisst Raum und Zeit, ein Gefühl grenzenloser Weite kommt auf, tiefe Zufriedenheit, die über den Augenblick hinausreicht. Berge, Stein gewordene Ewigkeit. Südtiroler Berge zum Nichtvergessen. Wie die erste Liebe.

Vinschgau

Wo Südtirol am höchsten ist

Der prächtige Arkadenhof der Churburg, die heute noch im Besitz der Grafen von Trapp ist (links). Originelle Architektur: die neue Whisky-Destillerie Puni in Glurns (oben). Gustav Thöni war in den 1970er-Jahren einer der weltbesten Alpinskiläufer (unten).

Das Kirchlein St. Prokulus bei Naturns

Route durch den Vinschgau

Marillen, Äpfel, alte Mauern und Gletschereis

Der Vinschgau ist höher und trockener als jeder andere Südtiroler Landstrich. Mit 3905 Metern Gipfelhöhe hält der Ortler den Landesrekord, durchschnittlich 500 Millimeter Jahresniederschlag sind weniger als überall sonst im sonnigen Südtirol. Gletschergipfel säumen den Obervinschgau, im Tal gedeihen Äpfel, Marillen und Weintrauben.

Toureninfo

Start: Reschenpass (1507 m)
Ziel: Meran (32 m)
Länge: 80 km, mit Abstechern 230 km
Dauer: 2–3 Tage
Beste Reisezeit: Frühling und Herbst, für Abstecher in die Seitentäler Sommer/Herbst
Sehenswertes: Kloster Marienberg, Glurns, Stilfser Joch, Martelltal, Schnalstal
Unterkunft: Biohotel Panorama in Mals, Hotel Post in Glurns. Sehr empfehlenswert das Hotel zum See in Hintermartell: Genuss mit Gletscherblick.

Weitere Infos

Wer den Vinschgau richtig kennenlernen will, kann das auf zwei Arten bewerkstelligen. Eine ausgeschilderte Radroute führt vom Reschenpass nach Meran. Anstrengender ist eine Wanderung auf dem Vinschger Höhenweg: fünf Wandertage hoch am Sonnenberg.

Der längste Fluss Südtirols, die Etsch, entspringt oben am **1 Reschenpass,** der Wasserscheide zum Inntal. Hier startet die Reise durch den Vinschgau, diesen monumentalen Graben zwischen den Ötztaler Alpen und dem Ortlermassiv. Knapp unter der Wasserscheide liegt der aufgestaute Reschensee. In den Fluten versank 1950 das Dörfchen Graun, von dem lediglich der Kirchturm, jetzt ein Wasserturm, erhalten blieb. Er ist eines der beliebtesten Fotomotive im Land.

Die Reschenpassstraße steigt in ein paar weiten Schleifen über den riesigen Murkegel der Malser Haide ab. Rechter Hand kommt das **2 Kloster Marienberg** in Sicht, weiß leuchtend und mit seinen mächtigen Stützmauern ein echter Blickfang. Seit ein paar Jahren steuern nicht mehr nur Bildungsbürger, sondern auch Weinbeißer den uralten Baukomplex an. Unterhalb der Klostermauern gedeiht nämlich ein feiner Tropfen: der Marienberger Klosterwein.

Alte Mauern und viele Kurven

Alte Mauern gibt's auch in **2 Mals,** aber gänzlich wie ein aus der Zeit gefallenes Stück Mittelalter wirkt **3 Glurns** mit seiner vollständig erhaltenen Mauer aus dem 16. Jahrhundert: die kleinste Kleinstadt Tirols. Ein paar Kilometer weiter etschabwärts thront oberhalb von Schluderns die **4 Churburg** mit ihrem markanten Bergfried, einem der vielen Vinschgauer Schlösser. Wer gerne Kurven fährt (und das sollen nicht nur Motorradler sein), biegt in Spondinig rechts ab zum **5 Stilfser Joch.** Mit ihren 48 Kehren ist die Passroute eine der berühmtesten Alpenstraßen überhaupt, und bis 1936 war sie die höchste. Gut trainierte Hobbyradler schaffen die 27 Kilometer lange Bergstrecke auch mit Muskelkraft – bravo!

Der Untervinschgau

Ab **6 Laas** dominieren Obstplantagen mehr und mehr den weiten Talboden – Marillen- und vor allem Apfelbäume. Und an den sonnigen Hängen wird Wein angebaut, vor allem weißer. Ganz anderes »weißes Gold« liefert der Laaser Berg: Marmor, schneeweiß und buchstäblich steinhart. Im Gegensatz zu diesem verhärteten Kalkstein, der in alle Welt exportiert wird, bleibt die Obsternte des **8 Martelltals** in Südtirol. Die hier in Höhen bis 1700 Meter angebauten Erdbeeren gelten als die besten des Landes.

Über **7 Latsch** und Kastelbell führt die Reise weiter bis zur Mündung des **9 Schnalstals,** über dem das Schloss Juval thront, Museum und Wohnsitz der Bergsteigerlegende Reinhold Messner. Wer einen Abstecher in das Hochtal unternimmt und seine Wanderschuhe dabeihat, kommt einem noch berühmteren Südtiroler fast so nahe wie bei einem Besuch des Bozner Archäologiemuseums: Ötzi. Als tiefgefrorene Mumie wurde er 1991 oben am Tisenjoch, nur einen Steinwurf von der Grenze Österreichs, entdeckt und nach einigem Hickhack schließlich in die Südtiroler Landeshauptstadt gebracht. Viel Wissenswertes über den »Mann im Eis« und seine Zeit vermittelt ein Besuch im archeoParc Schnals.

10 Naturns wird von der Talstraße nordseitig in Tunnels umfahren, was einem den Blick auf die (zu) vielen Neubauten erspart. Vor dem Ort, inmitten der Apfelhaine, steht das unscheinbare Kirchlein St. Prokulus. Es hat es aber buchstäblich in sich, denn dieses Gotteshaus birgt die vermutlich ältesten Fresken im deutschsprachigen Raum (7. oder 8. Jh.). An eine technische Errungenschaft, von der bloß die Tastatur bis heute geblieben ist, erinnert das Mitterhofer-Museum in **11 Partschins:** an die Schreibmaschine. Peter Mitterhofer gilt als einer ihrer Erfinder.

Über dem Haider See steht mächtig der Ortler (oben). Ein Hingucker: der Kirchturm von Graun, Überrest des alten Dörfchens, das beim Erststau des Reschensees in den Fluten verschwand, zusammen mit fünf Quadratkilometern fruchtbaren Bodens (rechts unten). Kostbarer gotischer Freskenschmuck im Rojener Kirchlein (rechts oben).

1 Der Reschenpass – ein Tor in den Süden Tirols

Ein Pass, ein See und ein Kirchturm

Wer über den Reschenpass nach Südtirol reist, bekommt gleich jenseits der zugigen Scheitelhöhe zwei Highlights vorgesetzt: den alten Kirchturm von Graun, der im Wasser steht und keine schöne Geschichte erzählt, und König Ortler, den höchsten Gipfel Tirols. Er ragt, stattliche 3905 Meter hoch, am südlichen Horizont in den Himmel und trägt das ganze Jahr über seine weiße Kappe.

Das Bild kennt alle Welt, es ziert Kalender, findet sich in fast jedem Buch über Südtirol und ging, gespeichert auf Zelluloid oder einem winzigen Chip, schon millionenfach um die ganze Welt: der alte Kirchturm von Graun draußen im Wasser des Reschensees. Er ist pittoresk, aber auch ein Mahnmal, das daran erinnert, wie es zur Entstehung des Stausees kam, wie Menschen vor zwei Generationen in Südtirol als Rechtlose behandelt wurden. Die Bilanz: Über fünf Quadratkilometer fruchtbarer Boden gingen verloren, 163 Häuser versanken in den Fluten, mehr als die Hälfte der Grauner Bevölkerung wanderten in der Folge aus, sie wurden zwangsenteignet.

Pläne für einen (kleineren) Stausee am Reschenpass gab es bereits in den 1920er-Jahren, konkret wurden sie während der Mussolini-Ära. Der Krieg verhinderte den Bau vorerst, dann fehlte es am Geld. Ein Konsortium von Schweizer Elektrizitätsgesellschaften – eben spektakulär mit dem Rheinwald-Kraftwerksprojekt im eigenen Land gescheitert – sprang ein. Der Deal war so simpel wie effizient: »Kohle« gegen Strom. Am 16. Juli 1950 läuteten die Glocken der alten Grauner Kirche zum letzten Mal...

Wind und Windkraft

Die weit offene Passsenke des Reschen (1507 m) – nach dem Brenner die tiefste im

Alpenhauptkamm – ist eine ausgesprochen windige Gegend. Das hat sich bei Trendsportlern und auch in der Energiewirtschaft herumgesprochen. Im Sommer vergnügen sich Kitesurfer auf dem Gewässer, im Winter, wenn der See zugefroren ist, sind es Eissegler und Snowkiter. Der Wind, der manchmal eisig kalt, dann wieder föhnwarm über den Reschen pfeift, ließe sich auch zur Energiegewinnung nutzen. Am Rand der Malser Haide standen bis 2012 deshalb zwei große Windräder. Inzwischen sind sie wieder abgebaut, und das Projekt eines Windparks auf Plamord oberhalb des Passscheitels liegt ebenfalls auf Eis. Der Streit zwischen Befürwortern und Gegnern dieser umweltfreundlichen, aber nicht unbedingt ins Landschaftsbild passenden Anlage wird wohl noch einige Jahre weitergehen.

Gletschereis

In Graun kann man nicht nur ins Wasser, sondern auch auf den Berg steigen. Von Osten mündet hier das knapp 20 Kilometer lange und mehr als 2000 Meter hohe Langtauferer Tal. Die Weißkugel (3738 m), der Parade-Gletscherberg am Talende, überragt die Spitze des Grauner Kirchturms um mehr als zwei Kilometer. Für gute Alpinisten ist der Dreieinhalbtausender ein lohnendes Ziel, wer die Wanderschuhe dabeihat und nicht schon beim Treppensteigen zu Hause außer Atem gerät, kann von Melag (1912 m), dem hintersten Weiler im Tal, zur Weißkugelhütte (2542 m) aufsteigen: zweieinhalb Stunden mäßige Anstrengung. Und mit Blick auf Langtauferer Ferner und Weißkugel samt Trabanten schmeckt oben das Weißbier dann besonders gut. Der interessanteste Hüttenzustieg ist der neueste: Der erst 2007 angelegte Gletscherlehrpfad informiert mit mehreren Schautafeln über das Leben und Sterben des alpinen Eises, über naturkundliche Aspekte des Gletscherrückzuges. Vor gut anderthalb Jahrhunderten, während der sogenannten Kleinen Eiszeit, reichte der Langtauferer Ferner bis hinunter in den Boden der Melager Alm (1970 m). Heute endet seine Zunge rund drei Kilometer weiter taleinwärts. Ewiges Eis? Wohl nicht.

Die Weißkugelhütte, 1893 von der Alpenvereinssektion Frankfurt am Main errichtet und nach dem Ersten Weltkrieg als CAI-Hütte geführt, ist seit 2010 im Besitz des Landes Südtirol. Das beschloss den Abriss des alten Hauses und einen Neubau. Der verzögerte sich allerdings wegen Streitereien um das Siegerprojekt; mittlerweile hat man mit dem Bau begonnen. 2022 soll das neue Haus eröffnet werden.

ROJEN UND SEIN KIRCHLEIN

Mehr als ein paar Häuser sind es nicht, wenig oberhalb steht eine Kapelle, die weit übers Tal schaut, erstrecken sich grüne Hänge, auf denen im Sommer das Vieh weidet, und darüber graue Gipfel. Rojen (1973 m), eine der höchstgelegenen Siedlungen der Alpen, ist winzig, aber eine richtige Idylle. Leider rückt ihr das hässliche Skigebiet von Schöneben mit Liften und Pistenschneisen immer näher. Kaputte Natur unterm Zehnerkopf, gerettete Kunst in der dem heiligen Nikolaus geweihten Kapelle. Den Schlüssel bekommt man im Hof nebenan, und wer dann aufgesperrt hat und den kleinen Raum betritt, macht einen Schritt in eine andere, längst vergangene Welt. Rundum sieht man Freskenschmuck, wohl aus dem frühen 15. Jahrhundert, von einem Meister der Meraner Schule geschaffen.

WEITERE INFORMATIONEN

Ferienregion Reschenpass–Graun:
I-39020 Graun; Tel. +39 04 73/63 46 03,
www.reschenpass.it

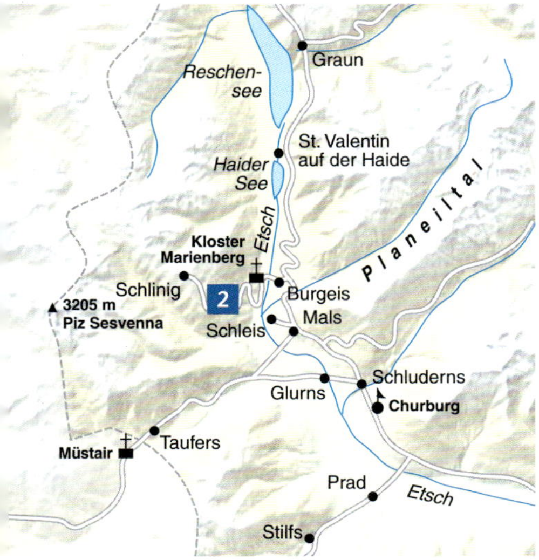

2 Mals und Marienberg – uralter Kulturboden

Türme, alte Mauern und ein Kloster

Bei der Fahrt über den mächtigen Murkegel der Malser Haide hinab in den Talboden der Etsch fallen einem – neben Marienberg, das wie ein tibetisches Kloster an der westseitigen Talflanke oberhalb von Burgeis klebt – bald die Türme des Städtchens Mals auf, darunter zwei spitze Kirchtürme und der runde Bergfried der fast völlig zerstörten Fröhlichsburg.

Blickfang über der Malser Haide ist das uralte Kloster Marienberg (unten). Bei einem Rundgang durch die Klosteranlage entdeckt man immer wieder reizvolle architektonische Details (rechts oben). Auf Schweizer Boden, ein paar Kilometer hinter der Grenze, liegt das Kloster Müstair (rechts unten).

Mit seinen so prächtig verwinkelten, krummen Gassen, den stattlichen Bürgerhäusern und seinen Gotteshäusern zählt Mals zu den sehenswertesten Orten Südtirols. Da macht man sich gern auf zu einer kleinen Sightseeingtour, die nicht nur mit hübschen architektonischen Details überrascht, sondern auch immer wieder einen Fernblick auf König Ortler gewährt, dessen hoher Firnrücken in so manche Gasse hineinschaut. Ortsunkundige wundern sich über rätselhafte Schriftzüge, die Mauern und Hauswände im Dorf zieren – »Pietà«, »Frau am Fenster«, »Ferien« usw. Es handelt sich um Werktitel des aus Mals stammenden Malers Karl Plattner (1919–1986) – eine Hommage an den über die Grenzen Südtirols hinaus bekannten Künstler.

St. Benedikt

Das bedeutendste Sakraldenkmal des Ortes ist gleichzeitig sein unscheinbarstes: St. Benedikt. Der einschiffige Bau mit dem seitlich angebauten romanischen Turm diente nach der Säkularisation 1786 zeitweise als Rumpelkammer. Sein aus karolingischer Zeit stammender, kulturhistorisch wie künstlerisch sehr bedeutsamer Freskenschmuck wurde zusammen mit Resten von Flechtornamenten erst im letzten Jahrhundert wiederentdeckt und freigelegt. Beeindru-

ckend ist vor allem der fränkische Edelmann in Tracht mit seinem mächtigen Schwert – übrigens die einzige zeitgenössische Darstellung dieser Art!

Vinschger Bahn

Unterhalb des historischen Stadtkerns liegt der Bahnhof von Mals. Hier endet die 2005 wiedereröffnete Vinschger Bahn, und von hier verkehren mehrere Buslinien, auch ins bündnerische Val Müstair. Und eines (fernen?) Tages wird man in Mals möglicherweise nicht mehr aus- oder umsteigen müssen, sondern gleich ins Engadin weiterfahren können. Eine alte Idee aus der Zeit vor dem Ersten Weltkrieg, die heute ihre Renaissance erlebt. Umdenken, umsteigen – vom Auto auf die Bahn? Die neue Vinschger Bahn jedenfalls ist bereits eine Erfolgsgeschichte, man zählt mehr als zweieinhalb Millionen Passagiere pro Jahr, die schmucken Züge der Stadler Rail verkehren im Halbstundentakt und sind bei Schülern, Pendlern und Touristen gleichermaßen beliebt.

Marienberg

Den schönsten Anblick des obersten Vinschgaus bieten aber weder Mals noch der Ortler, sondern das Bergkloster oberhalb von Burgeis, das weiß leuchtet und mit seinen mächtigen Stützmauern sehr wehrhaft wirkt. Dabei ist die Botschaft der Benediktiner, die es seit bald einem Jahrtausend bewohnen, eine ganz und gar friedliche: *ora et labora.* Trotzdem wurde das Kloster immer wieder in Streitigkeiten verwickelt, mehrfach geplündert, auch während der Bauernaufstände im 16. Jahrhundert, und zu Beginn des 19. Jahrhunderts kurzzeitig sogar aufgehoben. Heute ist Marienberg vor allem ein Ort der Ruhe und der Einkehr. Wer die historischen Mauern nicht nur als Sehenswürdigkeit, sondern als Lebens- und Kraftraum begreift, spürt das bereits bei einem Kurzbesuch. Interessante Einblicke ins Klosterleben vermittelt das 2007 eröffnete Museum. Gezeigt werden auch die berühmten romanischen Fresken der Kirchenkrypta (um 1160) – allerdings nur in einem Film. Wer die ausdrucksstarken, farbenprächtigen Figuren in natura erleben will, muss an der abendlichen Vesper der Mönche teilnehmen (nur im Sommer, 17.30 Uhr).
Seit Kurzem hat das Kloster auch einen Weinberg, am Hang unterhalb seiner Mauern und gut gegen die kalten Nordwinde abgeschirmt. Mit einer Seehöhe von 1340 Metern ist er der höchstgelegene in den Alpen! Und – das ist die eigentliche Sensation – er liefert einen hervorragenden Wein, rot wie weiß. Etwas für echte Genießer.

KLOSTERMALEREIEN

Mitunter lohnt sich ja ein Blick über den berühmten Tellerrand, und bei Mals ist es einer über die Schweizer Grenze: ins nahe Val Müstair, wo mit dem *Kloster St. Johann* ein UNESCO-Welterbe steht. Die Kirche bewahrt den größten erhaltenen karolingischen Freskenzyklus im gesamten Alpenraum, vermutlich von einem Meister aus Oberitalien. Die nach 800 entstandenen Fresken schmückten ursprünglich alle Wände, die Apsiden und die Decke der Klosterkirche, wurden aber in romanischer Zeit teilweise übermalt, Ende des 15. Jahrhunderts übertüncht – und damit für mehr als 600 Jahre konserviert. Nach ihrer Freilegung ist der gesamte Komplex mit großem Aufwand restauriert worden. Heute kann man sich in dem neuen, modern konzipierten Museum über das Kloster, seine Geschichte und alle kulturhistorischen Aspekte informieren. Es werden auch Klosterführungen angeboten.

WEITERE INFORMATIONEN

Tourismusverein Obervinschgau:
St.-Benedikt-Straße 1, I-39024 Mals;
Tel. +39 04 73/8 311 90,
www.ferienregion-obervinschgau.it
Kloster St. Johann im Val Müstair:
www.muestair.ch

Von Mauern umgeben: das Städtchen Glurns (oben). In Südtirol wird nicht nur Wein gekeltert und Bier gebraut, sondern auch Whisky hergestellt: die Puni-Destillerie (rechts oben). Mitten im Tal liegt das kleinste Städtchen Südtirols: Glurns (rechts unten).

3 Glurns – wenn Mauern reden könnten …

Die kleinste Stadt Südtirols

Das Städtchen Glurns ist nicht viel größer als ein paar Fußballfelder, im Geviert misst es ganze 200 mal 400 Meter: ein Stück Spätmittelalter, das sich in unsere Zeit verirrt hat. So manche Mauer stand hier schon, bevor Kolumbus nach Amerika segelte. Mehr als einmal stand das (Etsch-)Wasser ziemlich hoch in den Gassen, und im Januar 1732 erlebte Glurns eine verheerende Feuersbrunst.

Es ist schon erstaunlich, was hinter diesem engen Mauerring mit seinen sieben Türmen und drei Toren so alles Platz findet: der krummste Laubengang des Landes, ein stimmungsvoller Stadtplatz, ein paar Straßen, drei herrlich altmodische Hotels, eine Bäckerei, die unter anderem »süße Mäuse« herstellt, zwei Museen, dazu malerisch verwilderte Hinterhofgärten. Und im Sommer viele, zu viele Autos – schade. Aber Abhilfe ist in Sicht, in den nächsten Jahren soll Glurns von Motorenlärm und Abgasen befreit werden.

Mauern und Mäuse

Im Jahr 1291 verlieh der Tiroler Herzog Meinhard II. (um 1238–1295) dem Ort das Marktrecht, erstmals urkundlich erwähnt wurde Glurns 1304 – das 700-jährige Jubiläum haben die Einheimischen 2004 denn auch groß gefeiert. So mancher Redner schaute dabei zurück auf eine Geschichte, die man als sehr wechselvoll bezeichnen kann. Nach dem Aufstieg zu einem wichtigen Warenumschlagplatz mit Stadtrecht wurde das Städtchen im Engadiner Krieg gebrandschatzt, danach wieder aufgebaut und als Bollwerk gegen die Graubündner stark befestigt. Dann begann eine lange Zeit des Niedergangs. Glurns verlor nach und nach den Anschluss, was sich heute durchaus als Segen erweist, denn nur wenig wurde verändert, abgerissen oder umgebaut. So präsentiert sich das Ministädt-

chen mit seinen malerischen Gassen, den Bürgerhäusern und Lauben als nahezu unversehrtes Stück Spätmittelalter.
Keinen Platz innerhalb der Stadtmauern hatte offenbar die Pfarrkirche, steht das stattliche spätgotische Gotteshaus doch am anderen Ufer der Etsch. Der romanische Turm stammt von einem Vorgängerbau, erhielt später dann seine barocke Zwiebelhaube.
Berühmt ist der »Glurnser Mäuseprozess« aus dem Jahr 1520, eine Episode in der Geschichte des Städtchens, die man wohl ins Reich der Legenden verbannen würde, wäre sie nicht durch Urkunden belegt. Die Einwohner von Stilfs klagten damals beim Gericht von Glurns wegen der immer schlimmer werdenden Mäuseplage, bestanden aber gleichzeitig darauf, dass den Angeklagten (also den Feldmäusen) ein Verteidiger beigestellt werde. Dieser berief sich in der Verhandlung darauf, dass die Tierchen ja auch ihren Nutzen hätten, und empfahl dem Richter, ihnen freien Abzug zu gewähren (»... bei solchem Abzug ein frey sicher Geleit vor iren Feinden erteilt, es seyen Hund, Katzen oder andere ire Feind ...«). Das Urteil entsprach diesem Vorschlag, über seinen Vollzug ist allerdings nichts bekannt. Dafür erfreut sich heute die süße Variante der »Glurnser Mäuse« bei menschlichen Naschkatzen großer Beliebtheit (erhältlich in der Bäckerei Riedl im Ort).
Mäuse hat er auch schon mal gezeichnet, der aus Glurns stammende Paul Flora (1922–2009), den seine unverwechselbare Strichtechnik berühmt machte. So schuf er für die »Zeit« zwischen 1957 und 1971 rund 3500 Karikaturen – so etwas wie ein erster nachhaltiger Karriereschub. Über Leben und Werk des Künstlers informiert eine Ausstellung im Tauferer Torturm.

Lichtenberg

Bei Weitem nicht so gut erhalten wie die Glurnser Stadtmauern sind jene der Burg Lichtenberg, die einen felsigen Hügel oberhalb des gleichnamigen Weilers krönt, nur vier Kilometer weiter südlich. Wer im Obervinschgau unterwegs ist, kann das weiße Mauerskelett kaum übersehen, das selbst im Verfall noch beeindruckend wirkt. Lichtenberg dürfte im Kern wohl auf das 13. Jahrhundert zurückgehen. Der profane gotische Freskenzyklus – neben Runkelstein der bedeutendste in Südtirol – musste wegen akuter Gefährdung vor dem Ersten Weltkrieg abgenommen werden und kann heute im Ferdinandeum in Innsbruck besichtigt werden (von Lichtenberg zur Ruine ist es ein 15-minütiger Fußmarsch).

ALPEN-WHISKY

Es gibt böse Zungen, die behaupten, das Gebäude der *Puni Destillerie* passe so wenig zu Südtirol wie das Produkt, das hier hergestellt wird: Whisky. Und rein optisch kann man sich kaum einen größeren Kontrast vorstellen als jenen zwischen den alten Glurnser Mauern und dem 13 Meter hohen Kubus aus roten Ziegeln, den Werner Tscholl entwarf. Wer genauer hinguckt, sieht aber, dass sich der renommierte Südtiroler Architekt bei der Außenhülle durchaus von der Tradition inspirieren ließ, denn alte Stadelfenster im Obervinschgau weisen ein ähnliches Muster auf. Der Gang ins Innere der Brennerei überrascht dann mit originellen Lichteffekten. Gelagert wird der Whisky teilweise in alten Bunkern, die aus der Mussolini-Zeit stammen. Der Laden der *Puni Destillerie* ist täglich (auch sonntags) von 10–12 und 14–18 Uhr geöffnet. Wer eine Führung mitmachen will, ruft am besten vorher an.

WEITERE INFORMATIONEN

Tourismusverein Obervinschgau: St.-Benedikt-Straße 1, I-39024 Mals, Tel. +39 04 73/83 11 90, www.ferienregion-obervinschgau.it
Puni Destillerie: Am Mühlbach 2, I-39020 Glurns, Tel. +39 04 73/83 55 00, www.puni.com

Die Churburg oberhalb von Schluderns ist ein echtes Bilderbuchschloss (oben) mit bestens erhaltener Ausstattung (Bibliothek, rechts unten). Viel zum Thema Wasser erfährt man bei einem Besuch im Vintschger Museum (rechts oben).

4 Schluderns und Churburg – Bauern und Grafen

Die Bilderbuchburg derer von Trapp

Das Schloss oberhalb von Schluderns, das mit seinem venezianischen Zinnenkranz eher feudal als wehrhaft wirkt, ist so etwas wie das Wahrzeichen des Vinschgaus. Hinter seinen dicken Mauern verbirgt sich ein absolutes Highlight: die größte private Rüstkammer mit der »eisernen Garderobe« der Trapp-Familie, die seit mehr als einem halben Jahrtausend Besitzerin der Churburg ist.

Schluderns ist ein schmuckes Dorf mit krummen Gassen, um das der Verkehr glücklicherweise einen Bogen macht. Es liegt direkt an der Mündung des Saldurbachs, der durch seine Ausbrüche öfter schwere Schäden verursachte. Dass es hier früher überhaupt recht feucht gewesen sein könnte, lässt der früheste urkundliche Name des Fleckens – Sludernes – vermuten, der auf das lateinische *lutum* zurückgeht, das so viel wie Sumpf bedeutet. Davon ist heute nichts mehr zu sehen, im Dorfkern reihen sich alte Bauernhäuser aneinander. Der Dorfbrunnen ist so groß, dass man glatt darin baden könnte, und bei der Alten Mühle knarzt tagsüber ein großes hölzernes Mühlrad. An einem Stall kann man nachlesen, dass in Schluderns der Urvater aller Haflinger geboren wurde: 1874 war's, und »249 Folie« hieß das Tier mit der blonden Mähne.

Die Trapp-Burg

Oberhalb von Schluderns thront auf einem breiten Bergrücken die Churburg. Um 1230 von den Churer Bischöfen als Bastion gegen die rauflustigen Vögte von Matsch erbaut, war sie bereits 1297 in deren Hand. Anfang des 16. Jahrhunderts gelangte die Burg auf dem Erbweg an die Grafen von Trapp, die sie großzügig im Stil eines Renaissanceschlosses ausbauten und heute noch bewohnen. Zum Kern-

bestand gehört die eigentliche Hochburg aus Ringmauer, Palas und dem 26 Meter hohen, wuchtigen Bergfried. Noch unter den Matschern wurde die alte Burgkapelle geweiht (1334). Im 16. Jahrhundert kamen die neue Burgkapelle, der Torturm und der reich dekorierte, zwischen Bergfried und Palas eingefügte Arkadenhof hinzu: räumlich, künstlerisch und stammesgeschichtlich Mittelpunkt der Churburg und ein schönes Beispiel für mittelalterliche Prachtentfaltung. Einzigartig in Europa ist die Rüstkammer der Churburg – keine Sammlung im herkömmlichen Sinn, sondern gewissermaßen die »eiserne Garderobe« der Matscher und Trapp und ihrer Kriegsknechte: frühe Kettenpanzer mit Hundskugelhelmen und Harnischbrust, gotische Harnische aus der Lombardei (Mitte 15. Jh.), mehrere Rüstungen der Innsbrucker Waffenschmiede (1480–1510). Besonders eindrucksvolle Einzelstücke sind der Trecento-Harnisch eines Matscher Vogtes aus der Mailänder Missaglia-Werkstatt und der gotische Riesenharnisch des Ulrich von Matsch. Der wog immerhin 45,5 Kilogramm – da hatten Pferd und Reiter ganz schön zu schleppen. Die Churburg kann im Rahmen von Führungen besichtigt werden.

Sprudelnde Wasser

Der Besuch der Churburg lässt sich bestens mit einer Waalrunde im unteren Matscher Tal verbinden. Sie führt vom Schloss auf dem schattigen Bergwaal sanft ansteigend hinein in die Schlucht des Saldurbachs. Alle etwas ausgesetzten Passagen sind mit Holzgeländern abgesichert. Im Talinnern quert der Weg nach links übers Wasser zum Leitenwaal. Auf ihm geht es an der Sonnenseite der Klamm hinab und hinaus zum Ganglegg, einer abgeflachten Schieferkuppe oberhalb von Schluderns. Hier wurden die Überreste einer Höhensiedlung aus der Bronze- und Eisenzeit entdeckt. Die systematischen Ausgrabungen förderten Erstaunliches zutage. So lassen die Funde Rückschlüsse auf die Ernährung in prähistorischer Zeit und auf die in der Siedlung gehaltenen Nutztiere zu. Nachgewiesen sind vier Siedlungsperioden, die von der Kupferzeit (ab 3000 v. Chr.) über die Bronzezeit bis in die Spätantike reichen; dazwischen wurde der Platz jeweils für längere Zeit aufgegeben. Vor Ort können nachgebaute Behausungen aus verschiedenen Epochen besichtigt werden. Der Abstieg erfolgt auf einem markierten Weg nach Schluderns (insgesamt 2,5 Stunden).

VON ALTERTUM UND BITTERER ARMUT

Wer sich wundert, weshalb das Museum in Schluderns »Vintschger« heißt, dem sei verraten, dass man früher den Talnamen so schrieb, und das passt ganz gut zu einem Ort, der sich vor allem mit Traditionen, mit Geschichte und Altertümern befasst. Im *Vintschger Museum* sind alle Funde der bronze- und eisenzeitlichen Fundstelle am Ganglegg ausgestellt, und es dokumentiert das Leben der Vorzeitmenschen (Siedlungen, Handwerk, Handel usw.). Breiten Raum nimmt das uralte Vinschgauer Bewässerungssystem – Wasserwosser – ein, dazu gehört ein Lehrpfad am Quairwaal (in der Nähe des Museums). Auch das bäuerliche Leben anno dazumal kommt nicht zu kurz, besonders berührend ist das Thema »Schwabenkinder«: Kinder aus dem Vinschgau zogen jahrhundertelang im Sommer nach Schwaben, um dort Geld für die Familie zu verdienen. Welch ein Kontrast zur feudalen Welt der Churburg!

WEITERE INFORMATIONEN

Schloss Churburg: Churburg 1, I-39020 Schluderns, Tel. +39 04 73/61 52 41, www.churburg.com

Vintschger Museum: Meranerstraße 1, I-39020 Schluderns, Tel. +39 04 73/61 55 90, www.vintschgermuseum.com

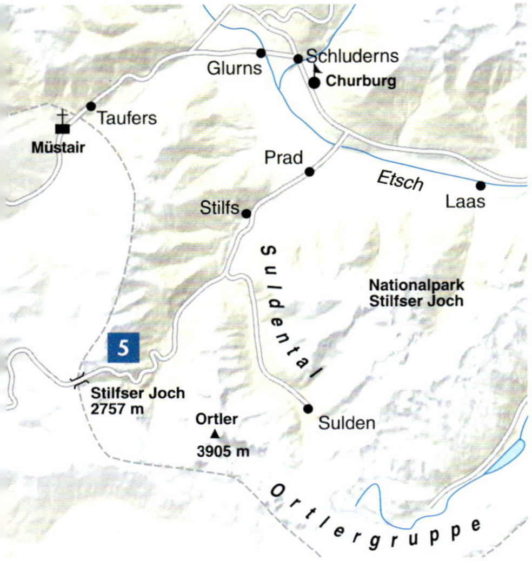

Bei Zweiradfahrern berühmt: die Serpentinen der Stilfser-Joch-Straße (unten). Lorenz Kuntner, der »Indianer«, hat seine ganz eigenen Vorstellungen von Kunst (rechts oben). Erinnert an Reinhold Messners Bruder: die »Günther-Messner-Biwakschachtel« beim MMM Ortles in Sulden (rechts unten).

5 Stilfser Joch – im Angesicht des Ortlers

Die berühmtesten Serpentinen der Alpen

Der Gebirgspass Stilfser Joch ist unbestritten die »Königin der Alpenstraßen«, bis 1936 markierte sie auch den höchsten anfahrbaren Punkt in den Alpen (2757 m ü. M.). Diesen Rekord musste sie an den Col de l'Iseran abgeben, jenen des spektakulärsten Straßenzuges aber nicht: In 48 Kehren windet sich das Asphaltband aus dem oberen Vinschgau hinauf in die Hochgebirgsregion um den Ortler.

Dass Kurven eine erhebliche Faszination auf Männer ausüben, ist nicht unbedingt eine Neuigkeit. Normalerweise sind die Rundungen allerdings nicht aus Stein und Asphalt wie am Stilfser Joch, doch das tut ihrer Wirkung offensichtlich keinen Abbruch. Man muss sich nur die in schwarzes Leder gewandeten, voll maskierten Gestalten ansehen, die ihre Motorräder von einer Kurve zur nächsten jagen. Oder den Radlern zuschauen, wie sie sich den Berg hinaufquälen, der Faszination des Stilfser Jochs ebenso erlegen. Rund 27 Kilometer lang ist die Steigung, und 48 Serpentinen sind zu durchfahren, bevor man es oben an der Cima Coppi (benannt nach dem legendären italienischen Radprofi der 1940er-Jahre) auslaufen lassen darf: Geschafft! Alle Kehren sind nummeriert und mit einer Höhenzahl versehen, was manchen anspornt, andere jedoch schier verzweifeln lässt. Die meisten schaffen es und meistern den Asphalt-Tatzelwurm. Die Motorradfahrer nehmen den Helm herunter und lassen sich samt Maschine vor dem Ortler (3905 m) ablichten. Das Stilfser Joch ist ein echter Bikertraum!

König Ortler

Der Berg, immerhin der höchste Südtirols, zeigt sich als mächtiger Klotz mit vergletscherten

Graten. Das Eis hat sich allerdings auch hier stark zurückgezogen in den zwei Jahrhunderten seit der Erstbesteigung. Das war 1804, und der Bezwinger stammte aus dem Passeiertal. Zusammen mit zwei Begleitern startete Josef Pichler in der Nacht zum langen Anstieg: »Um 1.30 Uhr morgens verließen die drei Männer das Dorf Trafoi, stiegen zu dem Unteren Ortlerferner und dann zu den Hinteren Wandln empor, worauf sie dann über den Oberen nach 10 Uhr die Spitze erreichten.« Eine mutige Tat, zumal die Pioniere auf ihrer Route (die schon lange nicht mehr begangen wird) ohne Seil und Pickel unterwegs waren.
Den heute üblichen Normalweg über den Tabarettakamm entdeckte im Jahr 1865 der Suldener Führer Johann Pinggera. Am Seil hatte er Julius Payer (1841–1915). Der aus dem tschechischen Teplitz stammende Kartograf, Expeditionsteilnehmer und Alpinist gilt als großer Erschließer des Ortlermassivs; hier bestieg er – meistens zusammen mit Pinggera – über 50 Gipfel.

Nationalpark versus Skigebiet

Das Stilfser Joch hat einem der größten Nationalparks Italiens seinen Namen gegeben. Wer an einem Sommertag oben auf dem Pass ankommt, wird vielleicht an der Aussagekraft all der Hochglanzprospekte mit Bildern unbefleckter Natur zweifeln. Zumal es direkt am Joch hineingeht in eines der letzten Sommerskigebiete der Alpen, per Seilbahn selbstverständlich. Zehn Liftanlagen und 30 Kilometer präparierte Pisten – mitten im Nationalpark. Der wurde 1935 gegründet, er ist nach einer Erweiterung 1346 Quadratkilometer groß und erstreckt sich über drei italienische Provinzen.
Trotz all der Verwüstungen lohnt es sich, den kleinen Abstecher zur Dreisprachenspitze (2843 m) zu unternehmen, auf der – Nomen est omen! – Graubünden, Südtirol und die Lombardei zusammentreffen: Hier hat man eine großartige Aussicht!

Sulden

In Gomagoi zweigt die Straße nach Sulden ab, wo Reinhold Messners Yaks weiden, die Feriengäste nach dem Ortler gucken und im Winter fleißig gewedelt wird. Längst ist der Talschluss nicht mehr ein »End' der Welt«, wie ihn ein Journalist aus Innsbruck vor 200 Jahren beschrieb, der Sulden als »Sibirien Tirols« bezeichnete, »allwoh die Bauern mit den Bären aus einer Schüssel essen und die Kinder auf den Wölfen daherreiten«. Zwei Generationen später, 1863, öffnete die erste Herberge am Fuß des Ortlers ihre Pforten: die Pension Eller, heute nur noch eines von immerhin 28 Hotels des beliebten Urlaubsziels.

WELT AUS EIS

Das *Messner Mountain Museum Ortles* entführt uns in die Welt des Eises, und das passt mit Blick auf die Gletscher rund um Ortler und Königsspitze bestens. Die eisigen Welten des Hochgebirges und der Pole werden hier anschaulich thematisiert, Gefahren und Schrecken ebenso wie Polfahrten und Eisklettern. Nicht fehlen darf in dieser Messner-Ausstellung natürlich der Schneemensch Yeti. Gezeigt wird weiter eine große Sammlung von Eisgeräten aus zwei Jahrhunderten. Während draußen die Ferner vor sich hin schmelzen, Auswirkung des Klimawandels, verspürt der Besucher im unterirdisch angelegten Museum möglicherweise ein leichtes Frösteln, und es zieht ihn zurück ans Tageslicht. Eine Nacht in der Antarktis, bei Temperaturen von minus 50 Grad Celsius – nein danke!

WEITERE INFORMATIONEN

Messner Mountain Museum Ortles:
I-39029 Sulden, Tel. +39 04 73/61 35 77, www.messner-mountain-museum.it

Das weiße »Gold« von Laas wird hoch am Berg gebrochen und mittels einer Seilbahn und einer Schienenbahn ins Tal gebracht, wo man den Marmor dann in kleinere Stücke zersägt.

6 Laas – das »weiße Gold« aus dem Berg

Marmor und Marillen

Das »Gold« von Laas ist weiß, härter als das edle Metall – und auch sehr kostbar. Abgebaut wird es droben am Berg, in Laas wird es dann zu größeren und kleineren Blöcken verarbeitet, bevor es seinen Weg hinaus in alle Welt antritt, bis nach Abu Dhabi und New York.

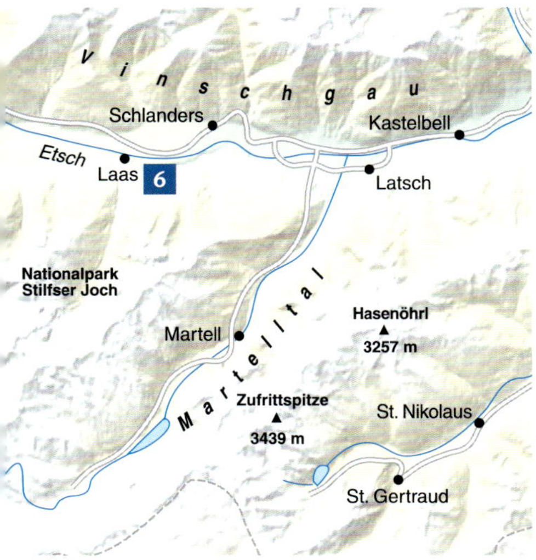

Der Brunnen auf dem Dorfplatz ist aus Marmor, die Pflastersteine sind es auch, ebenso die Apsis der Pfarrkirche gleich um die Ecke, die Straßenschilder, die Gehsteige. Nur die »Laaser Würfel«, die man hier kaufen kann, sind, obwohl schneeweiß, aus Schokolade.
Laas ist voller Marmor, weißem Marmor von höchster Qualität, reiner und härter als jener aus Carrara. Das gesamte hiesige Vorkommen wird auf etwa 30 Millionen Kubikmeter geschätzt. Gebrochen wird er bereits seit 1883 am Laaser Jennwandstock. Zunächst wurde im Tagebau gearbeitet, Anfang des 20. Jahrhunderts wurde dann der Abbau in den Berg verlegt. Wer den Jennewandbruch besucht, ist überwältigt von den Dimensionen der Bruchhallen: Sie sind bis zu 40 Meter hoch, 30 Meter breit und weit über 100 Meter lang! Die Marmorblöcke reisen vom Bruch am Drahtseil hinunter zum Endpunkt der Marmorbahn, dann geht's flach talauswärts zum Bremsberg (1353 m). Hier werden die Marmorblöcke auf den Schrägaufzug verladen, eine kurze Flachbahn befördert sie schließlich zum Marmorlager beim Bahnhof Laas.

Die Vinschger Marille

Die süßen Marmorwürfel kann man in Laas bei Venustis an der Vinschgaustraße 10 kaufen, direkt vom Hersteller. Thomas Tappeiner, in Laas aufgewachsen, hat auch die Marille in seinem Sortiment, allerdings als Schokolade. Die echte Marille gehört, meint er, genauso zum Vinschgau wie der Laaser Marmor.
www.schlanders-laas.it

Der mittlere Vinschgau ist reich an Kunstschätzen. Schloss Kastelbell kann im Rahmen von Führungen besichtigt werden.

7 Latsch – das Dorf unter dem Sonnenberg

Südtirol in vier Dimensionen

Wer im Bauerndorf Latsch die Seilbahn hinauf nach St. Martin im Kofel nimmt, lernt den Vinschgau in all seinen Dimensionen kennen, denn von oben erkennt man die gewaltigen Höhenunterschiede. So überragt das Hasenöhrl (3257 m) die Etsch um zweieinhalb Kilometer!

Hohe Bergketten rundum sorgen im Vinschgau und vor allem am Sonnenberg für ein ganz spezielles, extrem trockenes »Steppenklima«, weshalb die Bauern seit jeher gezwungen waren, die Bewässerung ihrer Felder zu organisieren. Die Lösung kann man überall im Vinschgau sehen: Waale. Sie leiten auch heute noch, trotz vieler moderner Beregnungsanlagen, das kostbare Nass aus den Seitentälern auf die Felder.

Wasserwosser nennen das die Einheimischen, und sie wissen um den Wert dieser vielfach uralten und oft kilometerlangen Anlagen. Sie müssen gepflegt, gegebenenfalls repariert werden, und dafür ist der Waalwächter zuständig. Ein einfaches System informierte früher über das Funktionieren des Waals: die Waalschelle, ein vom Wasser angetriebener Hammer. War das Klopfen nicht mehr zu hören, wusste man, dass der Kanal undicht war.

Dorfspaziergang und Seilbahnfahrt zusammen ergeben auch eine kleine Zeitreise, vermitteln sie doch einen guten Eindruck des für den Vinschgau typischen Nebeneinanders von Alt und Neu, von Tradition und Moderne. Vor einem halben Jahrtausend entstand der kunstvolle Schnitzaltar des Schwaben Jörg Lederer (um 1470–1550) in der Latscher Spitalkirche, erst vor wenigen Jahren dagegen wurde das Bürogebäude bei der Talstation der St.-Martin-Seilbahn bezogen, ein futuristisch wirkender Kubus mit streng geometrischen Linien, mattgrün schimmernd, der vermeintlich über einer Wasserfläche schwebt.

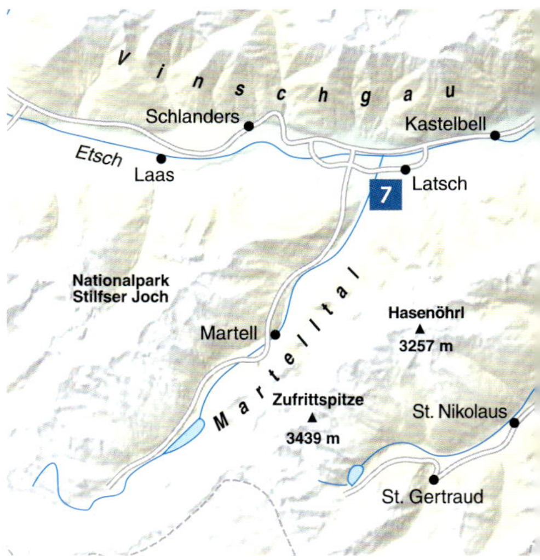

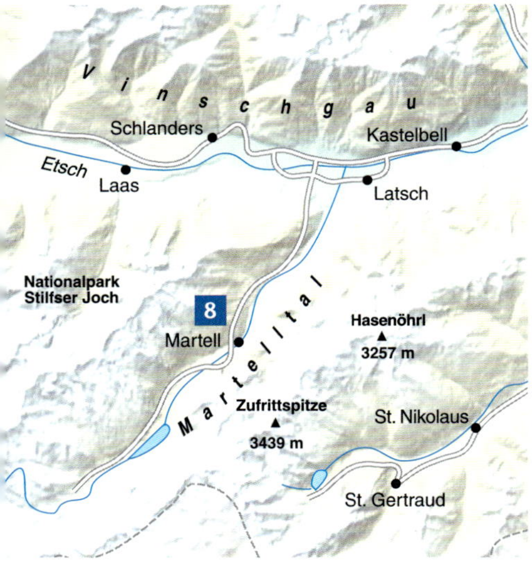

8 Martelltal – hohe Gipfel, mächtige Gletscher

Erdbeeren auf Eis

Im Martelltal reifen die Erdbeeren, während ganz hinten im Quellgebiet der Plima Gletscher hinabziehen. Das Tal ist ein Südtiroler Unikum: Es ist ein ideales Gelände für den Massenskilauf, aber trotzdem gibt es keine Seilbahnen, Pisten und Schneekanonen, stattdessen viel hochalpine Natur – und eben Erdbeeren, die mittlerweile im ganzen Land berühmt sind.

Kontraste im Martelltal: Über dem Talschluss stehen vergletscherte Dreitausender, drunten an der Plima werden die schmackhaften Erdbeeren geerntet (rechts oben). Beliebter Stützpunkt im inneren Martelltal ist die Zufallhütte (rechts unten), schönster Gipfel die Königsspitze (unten).

Auch das schönste Bild hat zuweilen ein paar weniger schöne Flecken. Beim Martelltal sind es zwei, und beide bestehen aus Stein: die Sperre des Zufrittsees (1850 m) und die Ruine des Hotels Paradiso. Der Speichersee fügt sich bei Vollstau bestens in das an dieser Stelle recht enge Tal mit seinen bewaldeten Flanken ein, doch vor 30 Jahren führte sein Wasser beinahe zu einer ganz großen Katastrophe. Nach heftigen Unwettern öffnete der Schleusenwärter die Grundschleusen, was zu einer gewaltigen Flutwelle führte (eine Million Kubikmeter!). Die Spur der Verwüstung reichte bis in die Latscher Industriezone unten im Etschtal! Wie durch ein Wunder gab es weder Verletzte noch Tote. Eine Tafel erinnert an den Tag:
»Der Mensch wollt' die Natur bezwingen/
und ihr mit Gier Profit abringen./
Sie forderte dann grausam zurück,/
jedoch kein Menschenleben zum Glück./
Drum wurde geschaffen dieser Ort,/
als Dank und Ermahnung immerfort.«
Auch das Hotel Paradiso sorgt seit seiner Errichtung (1933–35) für Kontroversen. Der Bau des Mailänder Architekten Gio Ponti, obwohl durchaus originell, wurde von den Einheimischen stets als Fremdkörper in der »paradiesischen« Bergkulisse empfunden – was vermutlich auch

beabsichtigt war. Hier sollte ein Stück städtisch-faschistisches Lebensgefühl mitten ins bäuerlich deutsche Südtirol gepflanzt werden. Ponti plante aber noch ungleich Größeres, im Auftrag des italienischen Fremdenverkehrsamtes sollte zwischen Bozen und Cortina d'Ampezzo eine 160 Kilometer lange Seilbahnanlage samt Hotels und Restaurants an den zahlreichen Stationen entstehen. Da nimmt sich das »Paradiso« vergleichsweise bescheiden aus. Der Hotelbetrieb wurde mit Ausbruch des Zweiten Weltkriegs eingestellt, nach kurzer Wiederaufnahme ging es 1946 in Konkurs.

Hohe Gipfel, mächtige Gletscher

Hat man Erdbeerfelder, Stausee und das »Paradiso« erst einmal hinter sich gelassen, ist bald der schönste Teil des Tals erreicht. Das geht allerdings nur zu Fuß, doch die kleine Wanderung zur Zufallhütte (2265 m) schaffen auch Untrainierte in einer Stunde. Und wer noch ein Stück weiter taleinwärts spaziert, genießt bald freie Sicht auf die ganze fantastische Fels- und Eiskulisse, bis zum Zufallferner und zu den Zufallspitzen (3757 m). Zufall? Nein, eigentlich müsste es »zum Fall« heißen, denn gemeint ist nicht des Schicksals unwägbares Walten, sondern der stattliche Wasserfall der Plima, nach dem Spitzen, Gletscher und Hütte benannt sind. Vor dem Bergbach hatten die Marteller schon immer einen Heidenrespekt, und um die Gefahr von Hochwassern, etwa nach Ausbrüchen von Gletscherseen, zu bannen, bauten sie bereits Ende des 19. Jahrhunderts im flachen Talboden hinter der Zufallhütte eine mehrere Hundert Meter breite Mauer.

Heute ist diese Gefahr gebannt, und eine andere hoffentlich auch: Noch vor wenigen Jahren geisterte das Projekt einer Skischaukel zwischen Sulden und dem Martell durch die Gazetten. Manche sahen bereits ein Skigebiet ähnlich jenem am Kronplatz heranwachsen. Wer schon einmal im Sommer den geschundenen Hausberg von Bruneck besucht hat, wird dem Martelltal bestimmt kein ähnliches Schicksal wünschen.

Der gleichen Ansicht sind bestimmt auch die Skitourengeher, gilt dieser Teil der Ortlergruppe doch als ein echtes Dorado für jene, die sich eine Abfahrt im stiebenden Pulverschnee »by fair means« verdienen wollen. Und hinterher wird man auf den Einkehrschwung in die Zufallhütte nicht verzichten, ist die Küche des Hauses doch mindestens so berühmt wie die Abfahrt vom Cevedale.

SCHLEMMEN UND KRAXELN

Wie wär's mit einem kleinen Abenteuerurlaub in hochalpiner Umgebung mit der ganzen Familie? Auf der *Zufallhütte* ist das kein Problem, da gibt es neben Massenlagern auch Zimmer in unterschiedlicher Größe. Es wird der Lage entsprechend »auf hohem Niveau« gekocht (legendär ist der Apfelstrudel), und die Hütten-Crew meistert auch größeren Andrang souverän. Die hochalpine Umgebung bietet Tourenmöglichkeiten für jeden Geschmack, und gleich oberhalb der Hütte gibt es sogar eine Via ferrata mittlerer Schwierigkeit (den Murmele-Klettersteig). Wer nach einer längeren Tour etwas geschlaucht ist, kann sich in der Sauna neben dem Haus entspannen. Neueste Attraktion ist der Schluchtenweg, auf dem man durch die wilde Klamm der Plima in etwa einer Stunde zur Zufallhütte aufsteigen kann.

WEITERE INFORMATIONEN

Zufallhütte: I-39020 Martelltal,
Tel. +39 04 73/74 47 85,
www.zufallhuette.com
Tourismusverein Martelltal: Dorf 96,
I-39020 Martell; Tel. +39 04 73/74 45 98,
www.martelltal.info

Jeweils im Frühsommer wandern die Südtiroler Schafe über hohe Pässe in ihre Weidegründe im benachbarten Ötztal.

Über die Malser Haide laufen mehrere Waale. Am Horizont der Ortler (oben). Moderne Berieselungsanlagen im Obervinschgau (rechts oben). Kostbares Nass, hergeleitet aus alpinen Regionen: das Aquädukt am Tarscher Jochwaal (rechts unten).

Wege am Wasser – die Südtiroler Waale

Wie das Gletscherwasser auf die Felder kommt. »Wasserwosser« kennt jeder im Vinschgau. Gemeint ist das Wasser, das von den Bergen auf die Kulturflächen in Talnähe geleitet wird, oft über mehrere Kilometer, auch durch felsiges Gelände. Dass diese Bewässerungsmethode im Vinschgau und in der Meraner Gegend starke Verbreitung fand, hat einen simplen Grund: ein vertikales Landschaftsprofil, das für viel Sonne, aber wenig Niederschlag sorgt.

Solch eine Landschaft freut die Urlauber, bereitete den Bauern aber schon immer Probleme. Not macht erfinderisch, auch wenn es partout nicht regnen will. Wasser gab's ja reichlich, vor allem im Sommer. Da schwitzten die Gletscher der Ötztaler Alpen und des Ortlermassivs ordentlich, doch auf den – überwiegend sonnseitigen – Hängen über der Talsohle kam nur wenig davon an. Also baute man Kanäle mit meist geringem Gefälle, die das begehrte Nass aus den Bergen heraustrugen (daher der Begriff Tragwaal). Im Zielgebiet wurde das Wasser dann auf die Felder verteilt, exakt nach Maßgabe der Waalordnungen.

Historische Wasserwege in den Alpen

Waale sind keine Südtiroler Erfindung. Man begegnet ihnen vor allem in trockenen inneralpinen Regionen, etwa im Wallis (wo vor 100 Jahren noch rund 2000 Kilometer in Betrieb waren), im Aostatal und rund um Briançon. Auch in der unmittelbaren Nachbarschaft Südtirols wurden da und dort Waale angelegt, so im Inntal (Landeck) und im Nonsberg. Über den Ursprung all dieser Kanäle kann man nur mutmaßen. Urkundlich erwähnt werden Waale seit dem Mittelalter. Aus dem Jahr 1227 stammt der erste schriftliche Nachweis einer künstlichen Bewässerung: Graf Ulrich von Ulten schenkte sein Wasserrecht aus dem Rametzbach bei

Meran dem Kloster Steingaden. Ein halbes Jahrhundert später wird in Schlanders erstmals ein »Crazewal« genannt, und ab dem frühen 15. Jahrhundert tauchen dann vermehrt Waalordnungen in den Dorfbüchern auf.
Ein uralter Waal ist jener von Algund (mit dem Plarser und dem Gratscher Waal), der seine Schöpfe wenig unterhalb der Töll hat. Er wird bereits 1333 in einem Schriftstück genannt. Margarete Maultasch, Gräfin von Tirol, soll die Errichtung des Waals sowie die Verteilung des Wassers unter den Bauern veranlasst haben. Der »Leiter am Waal« wurde mit dem Unterhalt beauftragt. Heute ist der Hof eine beliebte Einkehr, und den Waal gibt's auch noch.

Der Marlinger Waal

Der längste wasserführende Waal Südtirols verläuft rechts der Etsch und führt von der Töll zwölf Kilometer weit bis nach Oberlana. Am Marlinger Berg existierten im 18. Jahrhundert bereits mehrere kleine Kanäle, wie ältere Urkunden belegen. Initiiert wurde der Bau des Tragwaals durch die Mönche des Kartäuserklosters im Schnalstal, die ihre Weingüter in der Marlinger Gegend ausreichend mit Etschwasser versorgt wissen wollten. Die Kosten für das ambitionierte Unterfangen liefen dann ziemlich aus dem Ruder, was zum Streit zwischen den Kartäusern und den Bauern in Marling führte. Erst 1756 – 19 Jahre nach dem ersten Spatenstich – ging der Waal in Betrieb. Längst ist er ein Hit unter den Meraner Wanderwegen: Man spaziert mit dem Wasser von der Töll nach Lana, stets den Meraner Talkessel und den Hausberg der Kurstadt, den Ifinger, im Blick. Infotafeln am Weg vermitteln allerlei Wissenswertes über das Südtiroler Waalwesen. Und verhungern muss unterwegs garantiert niemand, dafür sorgen mehrere Einkehrmöglichkeiten.
Es ist ein Glück, dass man im Land rechtzeitig auf die touristische Bedeutung der Waale aufmerksam geworden ist. So konnte das Waalsterben, das nach dem Zweiten Weltkrieg mit der Einführung moderner Berieselungsanlagen einsetzte, gestoppt werden. 1935 gab es in Südtirol noch etwa 350 größere Tragwaale, ein halbes Jahrhundert später sind immerhin noch 35 von ihnen in Betrieb.

Der Eishof im Pfossental (oben). Bauen einst und jetzt: die uralten Bauernhöfe und der Vernagt-Stausee (rechts oben). Nostalgie pur verströmt der urkundlich bereits 1581 erwähnte Oberraindlhof – heute ein sehr beliebtes Gasthaus, wo's noch Schnalser Nudeln gibt (rechts unten).

9 Schnalstal – zwischen Tradition und Moderne

Der Mann im Eis

Das Schnalstal, das längste Seitental des Vinschgaus, ist das Tal des Ötzi, das Tal der Schafe, die alljährlich über hohe Pässe auf die Weiden in Nordtirol ziehen, und das Tal von Leo Gurschler, der einen zu großen Traum träumte. Hier gibt es ein altes Kloster, das heute ein Dorf ist, und über der Mündung thront Schloss Juval, Museum und zeitweise Wohnsitz von Reinhold Messner.

Ob Schafe Frühaufsteher sind? An einem Tag im Juni jedenfalls schon. Für mehr als tausend Schafe geht es über den Berg, über die hohen Pässe hinten im Schnalstal, das Hoch- und das Niederjoch (3016 m), zu den Weidegründen im Nordtiroler Ötztal. Ein beschwerlicher Weg, da und dort liegt noch der Schnee vom vergangenen Winter, der Pfad ist oft schmal und steil. Mitten in der Nacht startet der Treck in Vernagt und Kurzras. Kürzer ist der Weg von Kurzras; mehr als 1300 Höhenmeter liegen zwischen Vernagt und dem Niederjoch (das kurioserweise höher ist als das Hochjoch). Es ist ein langer Geisterzug, der da in dunkler Nacht unterwegs ist, zitternde Lichtkegel, vielstimmiges Blöken, dazwischen menschliche Stimmen. Immer wieder verdecken Wolken die Mondsichel, es ist empfindlich kühl, doch das macht den Tieren nichts aus. Im Dämmerlicht, eine gute Stunde später, wird der lange Zug allmählich sichtbar: farbig markierte Schafe auf ihrem Weg zum Tisenberg, von ein paar Dutzend Treibern und vielen Hunden geführt. Transhumanz nennt sich diese archaisch uralte Form der Weidewirtschaft mit wechselnden Standorten, die ihre Ursprünge in den Westalpen hat und mittlerweile weitgehend verschwunden ist. Im Schnals- bzw. Ötztal gibt es sie – wissenschaftlich nachgewiesen – seit mindestens 6000 Jahren.

In Schloss Juval (unten) werden ferne Bergwelten und fremde Kulturen lebendig (ganz unten). Denkmal für den Schnalser Tourismuspionier Leo Gurschler (rechts oben). Ein beliebtes Wanderziel: die Spronser Seen in der Texelgruppe (rechts unten).

Ötzi und der »König des Schnalstals«

Vor fast so langer Zeit war ein Mann hier unterwegs, und auch er wollte über den Alpenhauptkamm: Ötzi. 5300 Jahre ist es her, dass er am Tisenjoch (3206 m) starb, heute liegt seine Mumie im Museum in Bozen, und Zigtausende wollen jedes Jahr den »Mann im Eis« sehen. Auch im Schnalstal kann man auf seinen Spuren wandeln, und dazu muss man nicht einmal den fünfstündigen Anstieg zur Fundstelle unternehmen. Im ArcheoParc beim Dorf Unser Frau (1527 m) können Besucher Ötzis Lebensraum,

seine Welt entdecken, beim Gang durch das Museumsgebäude und bei einem Abstecher ins Freigelände mit seinen drei (rekonstruierten) steinzeitlichen Hütten. Hier darf der Homo sapiens des frühen 21. Jahrhunderts sogar eine echte Zeitreise unternehmen und nach Art seiner Vorvorfahren Brot backen, Bogen schießen und töpfern.

Ötzi ist längst weltberühmt, vor 35 Jahren war das im Schnalstal ein anderer: Leo Gurschler (1947–1983), denn er brachte die moderne Zeit. Aus dem armen Südtiroler Bergtal, noch ganz bäuerlich geprägt, sollte eine touristische Top-Destination werden, Ganzjahresskilauf inklusive. Gurschler initiierte den Bau der Gletscherseilbahn auf die Grawand, damals die »höchste Seilbahn Südtirols«, baute das Hotel seiner Eltern um und aus. Die Zahl der Gästebetten im Tal stieg in wenigen Jahren um das Zigfache an. Doch Erfolg macht gelegentlich blind, das Gurschler-Imperium musste weiter wachsen, mit immer mehr geliehenem Geld. Im Talschluss von Kurzras (2011 m) entstand Anfang der 1980er-Jahre ein modernes Feriendorf. Damit hatte sich der »König des Schnalstals«, wie Gurschler gelegentlich genannt wurde, endgültig übernommen. 1982 war er pleite, der Schuldenberg fast so hoch wie die Gipfel im Schnalstal. Ein Jahr später nahm sich Leo Gurschler das Leben, gerade 36 Jahre jung.

Der mächtige Baukomplex in Kurzras wirkt heute immer noch modern, das Bemühen des Architekten, einen Bezug zur alpinen Umgebung zu finden, ist nicht zu übersehen. Und Gurschlers Seilbahn auf die Grawand – mit der Bergstation auf 3212 Metern die höchste in Südtirol – fährt immer noch. Der Sommerskilauf auf dem Hochjochferner wurde allerdings eingestellt – mangels Eis.

Einst Kloster, heute Dorf

Nicht mehr gebaut werden darf in Karthaus (1327 m), das auf einer kleinen Anhöhe gegenüber der Mündung des Pfossentals thront und als Ensemble unter Denkmalschutz steht. Der

Name ist kein Zufall, geht die Siedlung doch auf ein 1326 gegründetes Kartäuserkloster zurück. Nach dessen Auflösung im Jahr 1782 entwickelte sich in den und um die verlassenen Bauten herum ein kleines Dorf, das 1924 durch einen Brand weitgehend zerstört wurde. Erhalten (und sorgfältig restauriert) blieben z. B. das Priorhaus, einige Mauern und der Südflügel des großen Kreuzgangs. Der Rundgang durch das historische Ensemble führt an dem kleinen Gewürzgarten des ehemaligen Klosters vorbei. Ein paar dieser feinen Kräuter finden sich auch in der Küche des Hotels Zur Goldenen Rose wieder. Das Haus steht ebenfalls auf den Fundamenten des Klosters, und im uralten Weinkeller lagern einige ganz feine Tropfen.

Bei Karthaus zweigt die Straße ins Pfossental ab, das gegen den Ötztaler Hauptkamm ansteigt und bei Wandersleuten hoch im Kurs steht. Ganz besonders populär ist der wenig anstrengende Ausflug vom Straßenende bis zum Eishof (2071 m; 2 Std.), der zudem als Themenweg mit zahlreichen Tafeln über verschiedene Aspekte der Almwirtschaft, ihrer Geschichte und Kultur informiert.

Der Eishof wurde bereits um 1300 als »Eppo ze Eise« erwähnt und bis 1897 ganzjährig bewohnt – die höchstgelegene Dauersiedlung in den Ostalpen. Im Jahr 1973 brannte das Anwesen bis auf die Grundmauern ab, ist dann aber wieder aufgebaut worden. In den 1980er-Jahren gab es konkrete Pläne, im Pfossental einen Stausee anzulegen; der Hof wäre dann in den Fluten verschwunden. Das Projekt scheiterte – glücklicherweise – am Protest der Schnalstaler.

Der Schnalser Waal und Schloss Juval

Ein Stück unterhalb von Karthaus, bei Altratheis, wird der Schnalser Waal gefasst, einer der längsten in Südtirol. Er stammt aus dem frühen 16. Jahrhundert und leitet das Wasser des Schnalser Bachs elf Kilometer weit auf die Felder oberhalb von Tschars. Der Waal ist noch heute in Betrieb – und ein beliebter Wanderweg. Das liegt nicht zuletzt daran, dass der Wasserweg im Mündungsbereich ganz in der Nähe von Schloss Juval vorbeiläuft. Hier im Vinschgau wurde die Idee des Messner Mountain Museum geboren. In dem Schloss, dessen Kernsubstanz auf die Zeit um 1200 zurückgeht, zeigt der berühmte Südtiroler Alpinist u. a. seine Tibetika-Sammlung, eine Galerie mit Bildern heiliger Berge, eine große Maskensammlung aus fünf Kontinenten, den Tantra-Raum und den Expeditionskeller: Mythos Berge.

Nach der Reise durch die Welt der Berge kehrt man gern beim Schlosswirt Juval neben dem Schloss ein. Wie wär's mit einer Südtiroler Marende (die Produkte stammen von Bauern aus der Umgebung), dazu einem Glas Vinschgauer Wein? Die besondere Empfehlung für den Weg ins Tal: Am Schnalser Waal entlang gelangt man in etwa anderthalb Stunden nach Tschars, garantiert auch für empfindliche Knie geeignet.

WANDERN IN MAJESTÄTISCHER KULISSE

Rund ein Viertel des 1976 gegründeten *Naturparks Texelgruppe* befinden sich auf dem Gebiet der Gemeinde Schnals, die sich damit auch als günstige Basis für Touren anbietet. Der Park ist mit einer Fläche von 334 Quadratkilometern der größte Südtirols; er reicht bis vor die Tore Merans und hat in der Hohen Wilde (3480 m) seinen höchsten Gipfel. Die Texelgruppe wird den Zentralalpen zugeordnet und ist überwiegend aus kristallinem Gestein aufgebaut. Der »Meraner Höhenweg« umrundet das Gebirgsmassiv in Höhenlagen zwischen 1200 und 2900 Metern. Er ist in fünf Tagesetappen (Gehzeit sechs bis neun Stunden pro Tag) zu bewältigen.

WEITERE INFORMATIONEN

ArcheoParc Schnalstal: www.archeoparc.it
Schloss Juval: Das Museum ist vom vierten Sonntag im März bis 30. Juni und vom 1. August bis zum ersten Sonntag im November 10–16 Uhr geöffnet (Mi Ruhetag). Shuttlebus zum Schloss vom Vinschger Bauernladen an der Talstraße.
Tourismusbüro Schnalstal: Karthaus 42, I-39020 Schnals; Tel. +39 04 73/67 91 48, www.schnalstal.com

Das Kirchlein St. Prokulus, das außerhalb von Naturns in den Apfelhainen steht, bewahrt die möglicherweise ältesten Fresken im deutschsprachigen Raum. Berühmt ist der eigenartige »Schaukler« aus dem 7. oder 8. Jahrhundert.

10 St. Prokulus bei Naturns – der »Schaukler«

Der Heilige auf der Schaukel

An Naturns, ein paar Kilometer von Meran entfernt, lässt sich die rasante Entwicklung des Tourismus beispielhaft beobachten, auch der damit verbundene Landschaftsfraß. Nur draußen vor dem Dorf, inmitten der Apfelhaine, scheint die Zeit stehen geblieben zu sein: im Kirchlein St. Prokulus.

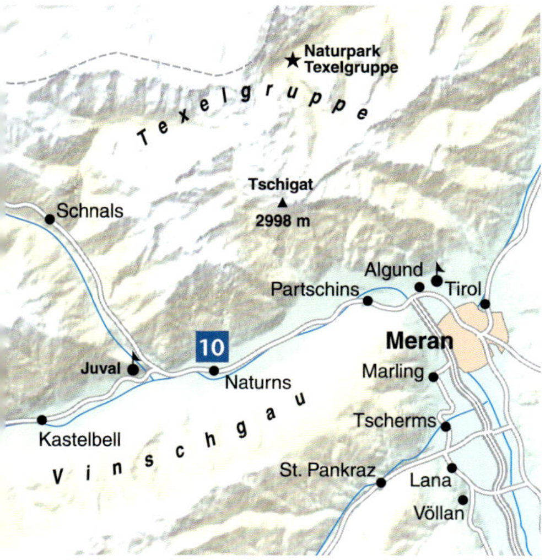

Das Gotteshaus wird ins 7. Jahrhundert datiert und bewahrt einzigartige Fresken – wahrscheinlich die ältesten im deutschsprachigen Raum (7. oder 8. Jh.). Sie sind darüber hinaus sehr rätselhaft: Da ist jener eigenartige »Schaukler« (man beachte seine Hände!), der von zwei Figuren aufmerksam beobachtet wird und schon mal als Darstellung der Flucht des Paulus aus Damaskus (oder des heiligen Vigilius aus Verona?) gedeutet wurde. An der Eingangswand fällt eine Rinderherde mit Hund und Hirte auf – besteht da ein Zusammenhang mit dem Kirchenheiligen, der als Viehpatron und Wasserheiliger verehrt wird?
In gotischer Zeit wurde das ursprünglich flach gedeckte Kirchenschiff erhöht und eingewölbt, die vorkarolingischen Fresken wurden übermalt (und so konserviert). Die abgelösten Wandmalereien aus dem 14. Jahrhundert kann man im modernen Museum von St. Prokulus besichtigen, zusammen mit Funden, die bei neueren Ausgrabungen ans Tageslicht kamen, u. a. Mauerreste einer spätrömischen Villa. Auf dem Gottesacker neben der Kirche wurden während der Pestzeit (17. Jh.) viele Seuchenopfer begraben. Das interessante Museum führt den Besucher durch Vinschgauer Kulturgeschichte.
Naturns wirbt mit 315 Sonnentagen pro Jahr, und bei so viel Schönwetter wird auch klar, weshalb die nach Süden gerichtete Bergflanke des Vinschgaus Sonnenberg heißt.
www.naturns.it

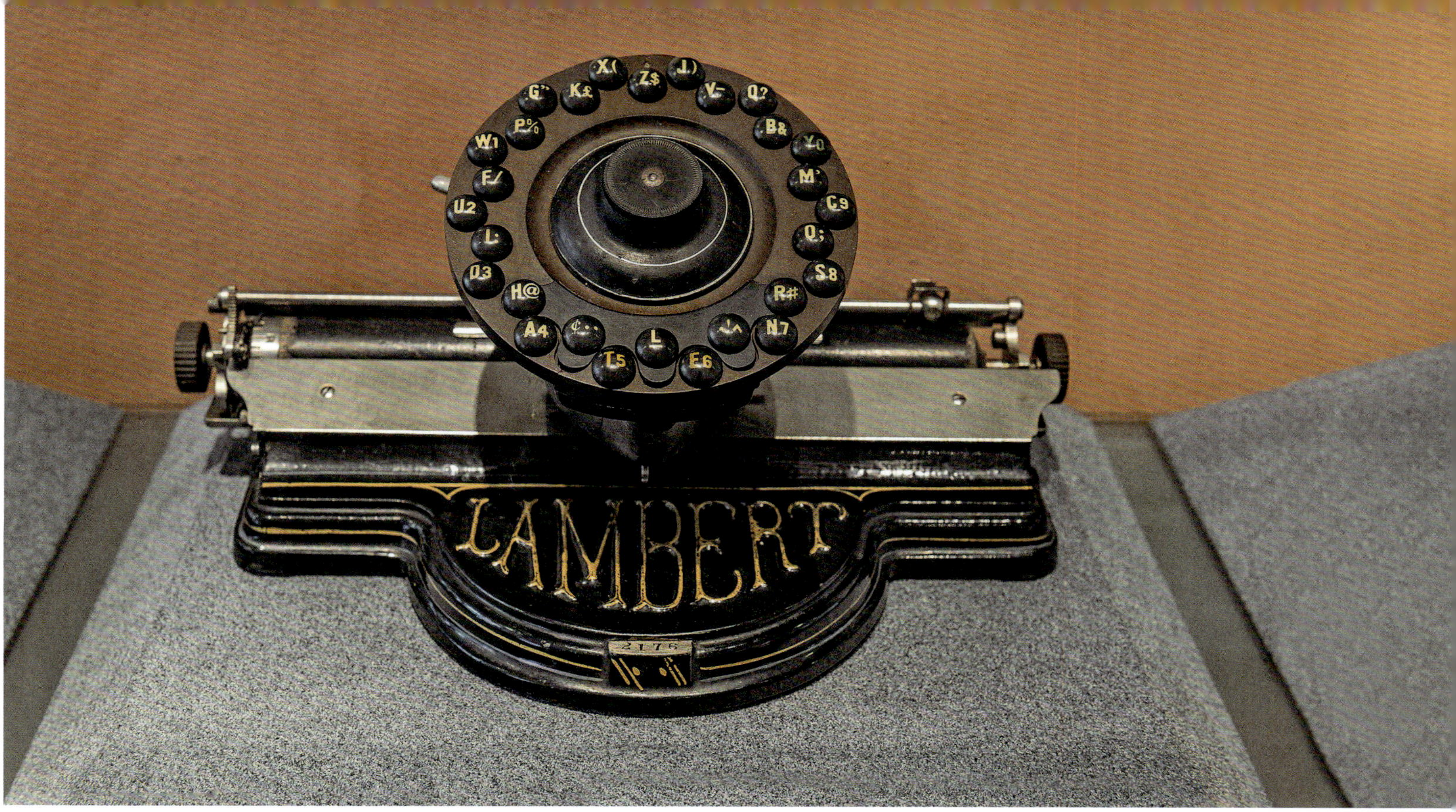

11 Partschins – Geburtsort der Schreibmaschine

An den Hang gebaut

In Partschins kennt man nur zwei Richtungen: hinauf oder hinab. Das Dorf liegt zwar im Tal, der Zielbach hat aber viel Geschiebe aus der Texelgruppe herausbefördert und so für eine ziemlich schräge Topografie gesorgt. Drei Museen gewähren einen nostalgischen Blick in vergangene Zeiten.

In Partschins gibt es zwei interessante Museen. Jenes im Dorf selbst ist dem (Mit-)Erfinder der Schreibmaschine, Peter Mitterhofer, gewidmet, jenseits der Etsch, im ehemaligen Bad Egart, herrscht Onkel Taa über sein originelles K.-u.-k-Museum.

Hinauf und hinab über immerhin vier Stockwerke geht's auch im Peter-Mitterhofer-Museum. Wer ein Faible für Mechaniken hat, wird sich leicht zwischen all den sensationellen Schreibmaschinen-Modellen verlieren, die hier präsentiert werden. Peter Mitterhofer (1822 bis 1893) gilt als einer der Erfinder der Schreibmaschine; eines seiner ersten Modelle (1864) ist im modernen Partschinser Museum ausgestellt, ebenso die dänische Malling Hansen (1867), eine »Schreibkugel«, und die legendäre »Enigma« aus dem Zweiten Weltkrieg, eine Chiffriermaschine, mit der die deutschen U-Boote ausgerüstet waren. Mit ihren rund 2000 Exponaten dokumentiert die Ausstellung die technische Entwicklung von der Erfindung der ersten Schreibmaschine bis zum Beginn des Computer-Zeitalters.

Um Mechanik geht es auch im Hotel Hanswirt in Rabland, wo auf vielen Gleisen kleine Züge unterwegs sind. Vier Sterne nicht nur für Küche und Wellness des Hauses, sondern auch für die Modelleisenbahn!

Ein herrliches Durcheinander gibt's jenseits der Etsch, beim Bahnhof Töll im ehemaligen Bad Egart, zu bestaunen: Habsburger Antiquitäten, Südtiroler Folklore und Freilichtmuseum mit Kunst und Kuriosem. Onkel Taa herrscht mit königlicher Grandezza (und Zigarre) über sein K.-u.-k-Museum, und das Minirestaurant verspricht sogar »kaiserlichen Genuss«.
www.bad-egart.com

Passeiertal/Meran

Eiskristalle und Weinberge

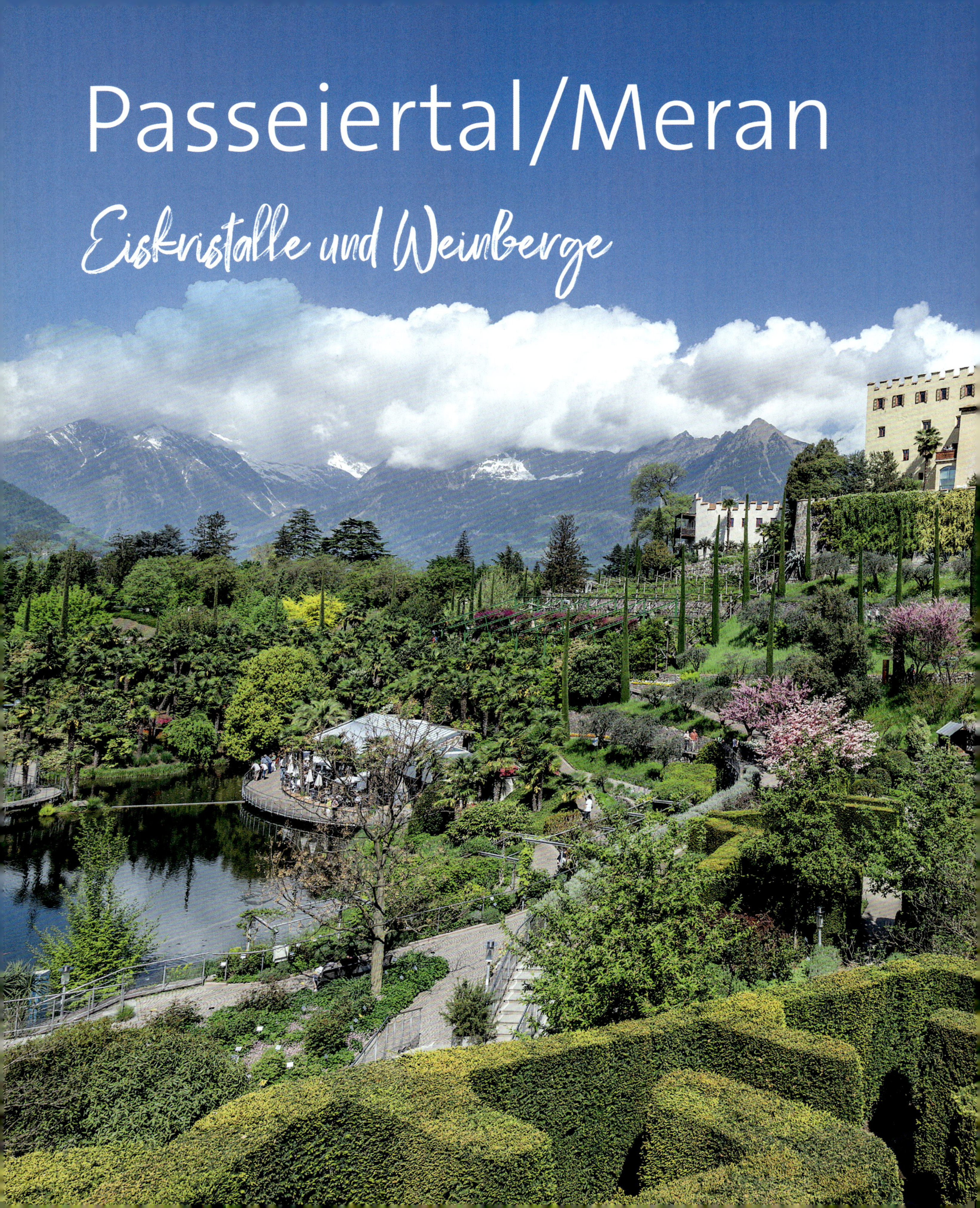

Schloss Trauttmansdorff und seine Gärten (links). Braucht Kraft und Geschicklichkeit, damit's richtig knallt: Goaßlschnalzer (oben). Noch ein echter Südtiroler: der Haflinger, aus dem Vinschgau stammend, heute vor allem in der Meraner Gegend und in den Sarntaler Bergen heimisch (unten).

Die schönste Meraner Promenade: der Tappeinerweg. Blickfang ist der markante Turm der Pfarrkirche.

Vom Timmelsjoch nach Meran

Wo der Süden beginnt

Wer den Weg übers Timmelsjoch wählt, erlebt die ganze Vielfalt Südtirols: Gletscherberge am Pass oben, Bauernland im Passeier, Weinberge und mediterranes Flair rund um Meran. Nach der langen Talfahrt genießt man bei einer Marende in einem der vielen Wirtsgärten das schöne Gefühl, im Süden angekommen zu sein.

Wenn man von Nord- nach Südtirol will, motorisiert natürlich, hat man die Wahl zwischen drei Übergängen: dem Reschenpass (1507 m) im Westen, dem Timmelsjoch (2474 m) und der Brennerroute (1370 m). Fraglos am schönsten ist jener über das **12 Timmelsjoch.** Die Strecke, unter Mussolini in den 1930er-Jahren im Zusammenhang mit dem Vallo Alpino begonnen, aber erst in den 1960er-Jahren vollendet, macht es möglich, Südtirol sozusagen oben zu betreten, an der Nahtstelle zwischen den Ötztaler und den Stubaier Alpen. Hinter der Scheitelhöhe mit ihren beiden kleinen Museen geht's nur noch bergab, mit den Temperaturen dafür aufwärts. Von den obersten Schleifen der Strecke genießt man freie Sicht auf die Dreitausender rund ums Passeiertal, manche mit weißer Kappe, wie der markante Hochfirst. Die Sarntaler Gipfel, die hinter Moos in Passeier allmählich näher rücken, sind nicht so hoch, deshalb auch eisfrei und präsentieren sich in den Farben Grau und Grün. In St. Leonhard, dem Hauptort der Talschaft, mündet eine weitere Passstraße, jene vom Jaufen (2099 m). Sie verbindet das alte Fuggerstädtchen Sterzing an der Brennerroute mit dem Passeiertal. Noch so ein Kurvenkarussell.

Meran, einst Hauptstadt Tirols

Zwei Kilometer hinter St. Leonhard kommt ein geschichtsträchtiger Platz ins Bild: der Sandwirt, das Geburtshaus des Tiroler Freiheitshelden Andreas Hofer (Museum). Weiter talauswärts, auf der Höhe von Riffian zeigt sich auf der gegenüberliegenden Talseite der stattliche Flecken Schenna, darüber ragt der markante Zacken des Ifingers in den Himmel. Vorbei an den Resten der Zenoburg fährt man zuletzt nach **13 Meran** hinein. Die traditionsreiche Kurstadt, der Kaiserin Elisabeth zu Weltruf verhalf, ist gerade dabei, ihr etwas verstaubtes Image abzulegen, wovon die moderne Therme von Matteo Thun, ein Wellnesspalast der Superlative mit 25 Pools, eindrucksvoll Zeugnis ablegt. Schlicht überwältigend und ein Muss für jeden Meran-Besucher sind die Gärten von **14 Schloss Trauttmansdorff.** Auf einer Fläche von rund zwölf Hektar blüht und duftet es hier vom Frühling bis weit in den Herbst: lebendige Natur in allen Facetten. Sisi residierte übrigens bei ihren Meran-Aufenthalten immer im Schloss Trauttmansdorff. Ganz in der Nähe, an der Mündung des Naiftals, liegt die Talstation der großen Seilbahn ins ausgedehnte Wander- und Skigebiet von Meran 2000.

Keinesfalls das Letzte: das Ultental (Val d'Ultimo)

Tief eintauchen in die Geschichte des Landes Tirol kann man nur ein paar Kilometer vor den Toren der Stadt. **15 Schloss Tirol** beherbergt in seinen Mauern das Südtiroler Museum für Kultur- und Landesgeschichte. Der Gang durch das Schloss ist eine Reise durch die Jahrhunderte, garniert mit hübschen Ausblicken auf das Etschtal. Hinter dem breiten Bergrücken des Vigiljochs (wo übrigens das Meraner Thermalwasser herkommt) versteckt sich ein Landstrich, der so ganz anders ist als das mondäne Meran: das **16 Ultental.** Hier gibt es Bauernwelt statt Lifestyle, Bergwege statt Promenaden und Hausmannskost statt Vier-Gänge-Menüs. Zwischen Lana, dem Südtiroler Apfeldorf schlechthin, und den Gipfeln im hintersten Tal liegen über 3000 Höhenmeter und fast 40 Straßenkilometer. Südtiroler Kontraste.

Toureninfo

Start: Timmelsjoch (2474 m)
Ziel: Meran (325 m)
Länge: 50 km, mit Ultental 90 km
Dauer: 1–2 Tage
Beste Reisezeit: Sommer bis Herbst. Am Timmelsjoch gilt eine Wintersperre.
Sehenswertes: Passstraße, Meraner Altstadt, Gärten von Trauttmansdorff, Ultental
Unterkunft: Hotel Alpenland in Stuls, Genießer- und Wanderhotel Jägerhof an der Südrampe des Jaufenpasses, Hotel Villa Tivoli in Meran

Weitere Infos

Schön flanieren lässt es sich auf der Meraner Passerpromenade: sehen und gesehen werden. Etwas ambitioniertere Fußgänger wandern auf dem zwölf Kilometer langen Marlinger Waalweg von der Töll nach Oberlana (4 Std.).

0
3 km
N
Timmelsjoch
Passo del Rombo
2509
12
Angern
Hochgurgl
Schönau
Berprato
Bergbaumuseum
Schneeberg
Schneeberg
Passeier
Rinnerspitze
Monte Rinna
2824
Hohe Ferse
Monte Tallone Grande
2669 m
Hochspitze
Punta Alta
2424 m
Flading
Gaude
Bichl
Colle
Ratschingstal / Valle di Racines
Weisser Kogl
3407
Gurgler
Schartl
2927
Obergurgl
Wurmkogl
3082
Breslauer
Hütte
Gampleskogl
3408
Fluchtkogel
3497
Vernagt-
hütte
Vent
Königskogl
3060
Draunsberg
Monte Drone
2775
Hohe Kreuzspitze
Monte Altacroce
2744
44bis
Brandenburger
Haus
Guslar-Spitze
3151 m
Talleitspitze
3407
Ramolkogl
3549
Hohe Mut
2669
Schönwies-
hütte
Granatenkogl
Monte dei Granati
3316
Jaufenpass
Passo di Monte Giovo
Rofental
Ramolhaus
Langtaleregg-
hütte
3166
Rauhejoch
Monte Scabro
2925
Moos in Passeier
Moso in Passíria
Weisskogel-
hütte
Mutspitze
3257
Kreuzspitze
3457
Niedertal
Hinterer
Spiegelkogl
3426
Hochebenkamm
Hohe First
Monte Principe
3403
Stieberfälle
Hintereis-Ferner
Hochjoch-
hospitz
Grossgurgler-Ferner
Sankt Leonhard
in Passeier
San Leonardo
in Passíria
Oberer
Rofen-Berg
3029
Nieder
Diemkogel
3312
Hochwilde-
hütte
Rotmoos Joch
3155
Innerhütt
Osteria Capanne
di Dentro
Punta di
Tramontana
2103
Neue
Samoarhütte
Schalfkogl
3537
Hinterer Seelenkogl
Cima delle Anime
3470
Pfelderer Tal
Val di Plan
Hitterberg
Monte delle Capanne
2368
Sankt Martin
in Passeier
San Martino
in Passíria
Am Hintern Eis
Punta della Vedretta
3269
Matatzspitze
Montaccio
2179
Mutmal-Spitze
3528
Lazins
Passeiertal
Val Passiria
Finalspitze
Punta di Finale
3514
Hintere Schwärze
3624
Cima di
Quaira
3462
Sefiarspitze
Monte Tavolino
2846
Graue Wand
Croda Grigia
3251
Gross Kadl
Gran Cadola
3171 m
Similaun
3602
Faulwand
Croda Marcia
3410
Hohe Wilde
L. Altissima
3482
Erenspitze
Punta dell'Onore
2758
Texelgruppe
Giogaia di Tessa
Kurzras
Maso Corto
Masogelato
Eishof
Eisjöchl
Passo Gelato
2895
Eissjöchlhütte
Schweinsteg
Sant'Orsola
Mahdalm
Passer
Fiume Passirio
Parco del Gruppo di Tessa
3280
Rötenspitze
2875
Monti
Vernagt Stausee
Lago di Vernago
Vernagt
Vernago
Vorderkaser
Casera di Fuori
Hohe Weisse
Cima Bianca Grande
Spitzhorn
Il Corno
2541
Klammeben
Prenn
Prene
Hirzerspitze
Punta Cervina
2781
Unser Frau in Schnals
Madonna di Senáles
Roteck
Monterosso
3336
Langsee
Lago Lungo
Rötelspitze
Cima Rosa
2625
Saltaus
Saltúsio
Stafellhütte
Tascheljöchl
Giogo Tasca
2757
Nockspitze
Cima del Dosso
2713
Texelspitze
Cima Tessa
3317
Tschigat
Gigot
3000
Mutspitze
Monte Mutta
2292
Riffian
Rifiano
Verdins
Videgg
Viadacqua
Schnals
Senáles
Gerstgraserspitze
Punta della Croce
3136
Karthaus
Certosa
Katharinaberg
Santa Caterina
Kuens
Cáines
Obertaser
Tasa di Sopra
Alpplattspitze
Laste di Verdins
2679
Schnalstal / Val di Senáles
Zielspitze
Cima di Tel
3006
Vellau
Velloi
Dorf Tirol/
Tirolo
Schenna/
Scena
Meran 2000
Mastaunspitze
Mastaun
3199
Penaudbach
Rio di Finailo
Rattisio
Nuovo
Algund
Lagundo
15
Sankt Georgen
San Giorgio
Schupfer-
hof
Partschins
Parcines
Obermais
Maia Alta
Rotwandhütte
Rifúgio Parete
Rossa
Zerminigerspitze
Monte Cermigna
3108
38
Marling
Marlengo
13
Meran/
Merano
Falsleben
Vermoi Spitze
Il Marzolo
2930
Schloss
Juval
Naturns/
Naturno
Garten und Schloss
Trauttmansdorff
14
St. Prokulus
Staben
Stava
Pláus
Pláus
Aschbach
Rio di Lagundo
Untermais
Maia Bassa
Hafling/
Avelengo
Tschars
Ciárdes
Tschirland
Cirlano
Schloss
Dornsberg
Schloss
Lebenberg
Schloss Fragsburg
Castello Verruca
Voraner Joch
Monte di Verano
1932
Sankt Martin am Vorberg
San Martino al Monte
Schlanders/
Silandro
Kastelbell
Castelbello
Tabland
Tablà
Tscherms
Cérmes
Etsch
Fiume Adige
Sinich
Sinigo
Rauhe Bühl
Colle Scabro
2026
Vigiljoch
Monte San Vigilio
Goldrain
Coldrano
Castello
Untermontan
Latsch/
Láces
Latschinig
Lacinigo
Pawigl
Pavicolo
Niederlana
Burgstall
Póstal
Vöran/
Verano
Möltner Joch
Monte di Méltina
Aschl
Eschio
1734
Mairing
Morter
Castello
Obermontan
Tarsch
Tárres
Lana
Lana di Sotto
Hochwart
Guárdia Alta
2608
Gargazon
Gargazzone
Mölten
Méltina
Haselhof
Untervinschgau
Völlan
Foiana
Schloss
Leonburg
38
Etsch
Fiume Adige
Rontscher Joch
Monte dei Romici
2734
Sankt Pankraz
San Pancrazio
Schlaneid
Salonetto
Versein
Vallensina
Bad Salt
Bagni di Salto
Hoher Dieb
Il Gran Ladro
2718
Peilstein
Il Sasso
2542
Äusserer Berg
Monte di Fuori
1671
Naraun
Narano
Weinstrasse
Verschneid
Frassineto
Ultental / Val d'Ultimo
Tisens
Tésimo
Martell
Martello
Flimberg
Monte Flim
2359
Sankt Walburg
Santa Valburga
Egg
Dosso
Mitterbad
Bagni di Mezzo
Platzers
Plazzóles
Prissian
Prissiano
Vilpian
Vilpiano
Hasenöhrl
L'Orecchia
di Lepre
3257
Arzkersee
Lago di Quaira
Bad Gfrill
Bagni di Caprile
Kreut
Novale
Breiteben
Laugenspitze
Monte Luco
2433
Grissian
Grissiano
Nals
Nálles
Terlan/
Terlano
Tuverspitze
Cima di Tovo
3097
Muteck
Monte Muta
2658
Kuppelwies
Pracúpola
Ober Alach
Alago di Sopra
Wechsel
Monte del Cambio
1658
Gampenjoch
Passo delle Palade
1518
Burg Neuhaus
Soy Scharte
Passo di Soi
2888
Zoggler Stausee
Lago di Zóccolo
Monte
Cornicolo
2311
Malga Castrin
Andrian
Andriano
Klaus
Siebeneich
Hochwart
Vedetta Alta
2626
Hofbichl
Monte Salomo
1818
Zufrittspitze
Gioveretto
3439
Urlärchen
Sankt Nikolaus
Santa Nicólo
Unsere Liebe Frau
Senale
Mandelspitz
Monte Ometto
2396
Malgasot
Garitkofel
Monte Macaion
1866
Weissbrunner
See
Spiel Dosso
2178
Malga
di Brez
Sankt Felix
San Felice
Burg
Hocheppan
Schloss Korb
Grün-
see
16
Sankt Gertraud
Santa Gertrude
Ilmenspitz
Monte degli Olmi
2656
Monte Ori
1877
Ris. Nat.
Palù Longia
Rio Novella
Missian
Missiano
Proveis
Proves
Sinablana
Tanna
Sankt Pauls
San Páolo
Schloss
Sigmundskron

12 Timmelsjoch – über den Ötztaler Hauptkamm

Oben einsteigen!

Rund 2500 Meter über dem Spiegel des Mittelmeers liegt das Timmelsjoch, der uralte Übergang vom Ötz- ins Passeiertal, ganz unten dann Meran. Da kann es schon passieren, dass einen oben ein paar Schneeflocken umtanzen und ein eisiger Wind bläst, und zwei Stunden später sitzt man auf einer Passerpromenade in der Kurstadt und genießt die südlich-warme Sonne.

Andreas Hofer, der tragische Tiroler Held, wurde im Passeiertal geboren (rechts oben). Im Mooseum werden Besucher zu einer spannenden Zeitreise eingeladen (rechts unten). In den Serpentinen unterm Timmelsjoch (unten).

Schon erstaunlich, dass es zwei Diktatoren brauchte, um eine Straße übers Timmelsjoch zuwege zu bringen. Ohne die Angst Mussolinis vor seinem übermächtigen »Verbündeten« nördlich der Alpen wäre der Übergang wohl nie ausgebaut worden, würden sich zwischen Zwieselstein und Moos bis auf den heutigen Tag bloß Wanderer und Kühe begegnen. Der Duce wollte einen Alpenschutzwall errichten, ließ dafür Straßen und Festungswerke an der Nordgrenze Italiens anlegen. Auch eine Straße aus dem Passeiertal hinauf zum Timmelsjoch entstand in den 1930er-Jahren. Sie wurde allerdings nie fertiggestellt – wie übrigens große Teile des Vallo Alpino. In den 1950er-Jahren erinnerte man sich im Norden und Süden Tirols der unvollendeten Trasse. Es sollte allerdings noch einige Jahre dauern, bis der alt-neue Alpenübergang eröffnet werden konnte. Die Nordtiroler Rampe war bereits 1959 fertig, doch erst knapp ein Jahrzehnt später hieß es endlich: Freie Fahrt übers Timmelsjoch!

Zukunft am Timmelsjoch

Damit ist die Geschichte dieser Hochalpenstraße noch nicht zu Ende erzählt. Auf italienischer

Seite wurde bis zur Jahrhundertwende immer wieder nachgebessert, verbreitert und begradigt: nicht schön, aber zweckmäßig. Das führte schließlich zu einer bemerkenswerten Initiative, gespeist aus der seit 2006 auch für die Südtiroler Passrampe erhobenen Maut. Ihr Ziel: ein Straßenzug, der sich optimal in die Landschaft einfügt, aber kein weiterer Ausbau, dafür ein besseres öffentliches Transportangebot. Zu diesem schönen Straßenzug passt die »Timmelsjoch-Erfahrung«, ein Erlebniskonzept aus fünf Stationen zwischen Hochgurgl und Moos, die über verschiedene naturkundliche und historische Aspekte informieren. Dazu gehören auch das vom Südtiroler Architekten Werner Tscholl (der u. a. das Messner Mountain Museum in Sigmundskron gestaltete) entworfene Passmuseum und die beiden Granaten bei Moos im Passeiertal.

Ein kleines Kuriosum: Bis heute konnten sich die Kartografen nicht über die exakte Höhe des Passscheitels einigen. Die Angaben reichen je nach Kartengrundlage von 2474 (aktuelle Angabe der offiziellen Österreichkarte) bis zu 2509 Metern.

Der Tiroler Nationalheld

Die Passfahrt endet in St. Leonhard in Passeier, am Fuß eines weiteren Passes: des Jaufen (2099 m). Nur ein paar Kilometer weiter talabwärts tritt uns die Tiroler Geschichte entgegen: Andreas Hofer. Im »Sandwirt« wurde am 22. November 1767 jener Mann geboren, der in Tirol Heldenstatus genießt als Anführer des Aufstandes von 1809 gegen die bayerische und napoleonische Besatzung Tirols. Zum Kampf musste der Gastwirt, Pferde- und Weinhändler allerdings eher gedrängt werden, und auch wenn er mit seinen Landsleuten Bayern und Franzosen am Bergisel dreimal vernichtend schlug, blieb Andreas Hofer – seinem Kaiser in unerschütterlicher Treue verbunden – nur eine Randfigur im europäischen Machtpoker. Nach verlorenen Kämpfen versteckte er sich auf der Passeirer Pfandleralm, wo er schließlich gefangen genommen wurde. 1810 ließ ihn Napoleon in Mantua standrechtlich erschießen. Andreas Hofer – Held oder Tor? Diese Frage kann das Museum Passeier im »Sandwirt« nicht beantworten, auch wenn unter dem Titel »Helden & Hofer« seine Rolle hinterfragt wird. Neben dem Themenschwerpunkt präsentiert das Museum eine volkskundliche Sammlung; angegliedert ist ein Außenbereich mit mehreren Gebäuden aus dem Passeiertal (16.–19. Jh.), dem Heilig-Grab-Kirchlein (1691) und der in historisierendem Stil erbauten Herz-Jesu-Kapelle von 1899.

MUSEUM IM BUNKER

Faschismus, Eiszeiten, Bergbau und ein Rudel Steinböcke – das alles findet sich im *Bunker Mooseum* unter einem Dach, in der alten Mussolini-Festung, die eine moderne Glasumhüllung bekommen hat. Die Stimmen des Duce und Hitlers lassen beim Aufstieg durch eine enge Wendeltreppe fast klaustrophobische Gefühle aufkommen, doch da hat man schon einige 10000 Jahre Passeirer Geschichte hinter sich – Gletscherschwund, Archäologie und Geschichten aus der »guten alten Zeit« inklusive. Auf der Gefechtsebene entsteigen die Besucher dem Bunker auf ein Freigehege, das ein Rudel Steinböcke beherbergt. Faszinierend!

WEITERE INFORMATIONEN

Bunker Mooseum: Dorf 29a, I-39013 Moos im Passeier, Tel. +39 0473/648529, www.bunker-mooseum.it
Museum Passeier: Passeirerstraße 72, I-39015 St. Leonhard in Passeier, Tel. +39 0473/659086, www.museum.passeier.it
Tourismusverein Passeiertal: www.passeier.tal.it
Timmelsjoch Hochalpenstraßen AG: www.timmelsjoch.com

Vor hundert Jahren war das Kurhaus die große Attraktion Merans, schön gelegen am Ufer der Passer (oben). Wie in Bozen laden auch die Meraner Lauben zum Flanieren und Shoppen ein, sogar bei Schlechtwetter. Wenn die Sonne scheint, sitzt man gern bei einem Apéro draußen (rechts).

13 Meran – Nostalgie und Moderne

Kurstadt an der Passer

Meran war schon einiges in seiner Geschichte: Tiroler Hauptstadt, vergessenes »Kuhstadtl«, dann Kurort und Treff der High Society. Und gerade – so scheint es – häutet sich die Stadt am Eingang ins Passeiertal erneut, verpasst sie sich ein neues, moderneres Image. An ihrer Beliebtheit als Reise- und Urlaubsziel wird sich wenig ändern, dafür sorgen unter anderem Klima und Kulisse: beides erstklassig.

Natürlich wissen die Meraner, was sie an der Kaiserin aus dem fernen Wien hatten. Schließlich war es Elisabeth, die das ziemlich verschlafene Städtchen an der Passer durch ihren ersten Kuraufenthalt 1870 zurück in den Fokus der europäischen Hautevolee schubste. Zeitungen gab's zu K.-u.-k-Zeiten ja schon, Klatschspalten auch, und so erfuhr die Schickeria bald, wohin die Prominenz zur Erholung reiste. Aus der ehemaligen Hauptstadt Tirols wurde so ein Kurort von Weltruf. Dass Sisi mit ihrer Entourage damals ausgerechnet in jenem Schloss Trauttmansdorff logierte, dessen Gärten heute die Top-Sehenswürdigkeit Merans sind, ist eine nette kleine Pointe. So ist die Kaiserin in gewissem Sinn erneut angekommen in »ihrem« Schloss, und der Weg von der Stadt herauf, den sie vor über hundert Jahren oft nahm, ist heute ausgeschildert: natürlich als »Sissi-Weg«.
Die österreichisch-ungarische Monarchie ist längst Geschichte, das Reisen eine Angelegenheit der Massen. Elisabeths steinernes Ebenbild sitzt an der Sommerpromenade, ihr Blick lässt allerdings nicht erkennen, ob der Kaiserin das muntere Treiben unserer Zeit gefällt. Bestimmt hätte sie sich aber gern in jenem Restaurant niedergelassen, in dem Andrea Fenoglio seit 1991 – inzwischen mit einem Michelin-Stern geadelt – magistral den Kochlöffel schwingt: im »Sissi«.

AGE
ALPIN
LIFESTYLE
OU

Die Altstadt

Vom Restaurant sind es nur ein paar Schritte bis in die Meraner Lauben. Reiseführer vermerken gern, dass sie ein Stück länger sind als jene in Bozen. Das Gedränge ist vergleichbar, und in den Schaufenstern dominiert Mode. Das Thema interessiert, natürlich, und es lässt sich sogar noch vertiefen: im Frauenmuseum Evelyn Ortner, das seit 2011 im Gebäude der Volksbank untergebracht ist.
Eher als Männerbastionen wird man die »Festungen« an beiden Enden der Laubengasse bezeichnen: die Pfarrkirche St. Nikolaus, ein sehenswerter Bau der Gotik mit seinem unverkennbaren achteckigen Turmabschluss auf der einen, die Landesfürstliche Burg (15. Jh.) auf der anderen Seite.
Durch das Bozner Tor – eines der drei erhaltenen alten Stadttore – und über die Postbrücke kommt man in wenigen Minuten zur Spitalkirche zum Heiligen Geist. Kunstliebhaber werden diesen kleinen Abstecher nicht versäumen. Merans vielleicht schönstes Gotteshaus, ein spätgotischer Bau, der Stefan von Burghausen (einem Schüler des Bayern Hans von Burghausen) zugeschrieben wird, besticht sowohl durch seine ausgewogenen Proportionen in einem originellen Grundriss mit Umgangschor als auch durch seinen reichen plastischen Schmuck. Neun Säulen tragen das schöne Sternrippengewölbe.

Moderne Architektur am Rand der Altstadt: die Meraner Therme (unten). Gartenbaukunst an der Gilfpromenade (ganz unten). Von der Sonne verwöhnt: das Burggrafenamt (rechts oben). Im »Pfefferlechner« wird Bier gebraut (rechts unten).

Matteo Thuns Meraner Therme

Bloß 200 Meter, aber mehr als sechs Jahrhunderte liegen zwischen der Spitalkirche und dem neuen Hingucker Merans, der modernen, von Matteo Thun entworfenen Therme, einem Wellnesspalast der Superlative mit 25 Pools, Saunen, Dampfbädern und einem schönen Park. Das radonhaltige Wasser wird übrigens nicht in Meran, sondern am Vigiljoch gefasst, seit den 1960er-Jahren schon.
Bemerkenswerte Architektur auch auf der anderen, der orografisch rechten Seite der Passer: das Meraner Kurhaus, ein Juwel des Jugendstils, das in mehreren Etappen entstand und erst 1914 mit dem Bau der Kuppel und des großen Kursaals vollendet wurde. Die Pläne dazu stammten von dem Wiener Architekten Friedrich Ohmann. Ihm schwebte ursprünglich ein noch weit größerer Komplex vor, doch der Ausbruch des Ersten Weltkriegs setzte diesen Plänen ein abruptes Ende. Angestoßen hatte den Bau eines neuen Kurhauses Josef Valentin Haller, fast vier Jahrzehnte lang Bürgermeister Merans, das er vom schlechten Ruf eines »Kuhstadtl« befreien und zu neuem Ansehen in der Welt (vor allem der Reichen und Schönen) verhelfen wollte.

Ein Spazierweg und ein Rennplatz

Auch ein anderer Name ist eng mit dem Aufschwung Merans in der zweiten Hälfte des 19. Jahrhunderts verbunden: Dr. Franz Tappeiner. Der aus Laas stammende Tappeiner ließ sich nach dem Medizinstudium in Meran nieder, wo er mit großem Erfolg praktizierte. Ihm verdankt Meran seine schönste Promenade, den »Tappeinerweg«, den der Arzt 1893 auf eigene Kosten anlegen und mit mediterranen Gewächsen bepflanzen ließ, die an dem südseitigen, windgeschützten Hang des Küchelberges bestens gedeihen: Himalajazeder, Korkeiche, Ölbaum, Eukalyptus, Bambus, Magnolien, Chinesische Hanfpalmen, Agaven und viele mehr. Der beliebte Spazierweg wurde später bis Gratsch verlängert. Er verläuft nahezu eben und bietet einen bezaubernden Blick über den Meraner Talkessel und seine Bergumrahmung. Jenseits der Etsch, an dem zum Vigiljoch ansteigenden Hang, liegt Marling, auch ein beliebter Ferienort. Gleich diesseits des größten Südtiroler Flusses erstreckt sich eine weite Grünfläche: der 1935 angelegte Meraner Pferderennplatz, ein Denkmal des italienischen Faschismus. Er hatte einen Vorgänger, kleiner natürlich, aber bei den Kurgästen sehr beliebt. Seit 1896 werden hier allerlei Wettbewerbe ausgetragen, 2013 zum 74. Mal der Große Preis von Meran, ein Jagdrennen über 5000 Meter. Eingeläutet wird die Turfsaison traditionell am Ostermontag mit dem Haflinger-Galopprennen, einer bei Groß und Klein sehr beliebten Veranstaltung mit einem attraktiven Rahmenprogramm.

Der echte Pferdehimmel, wenn es ihn denn gibt, liegt einen Kilometer über der Kurstadt, auf dem sanftwelligen Bergrücken des Tschögglberges: Hafling (1290 m). Das Kirchlein St. Katharina – vom Etschtal aus gut sichtbar – markiert gewissermaßen den Eingang zu diesem kleinen Paradies für die blondmähnigen Vierbeiner. Einer von ihnen ziert – wen wundert's? – das Wappen der Gemeinde. Der Haflinger gilt übrigens als sehr ausdauernd, sanftmütig und intelligent. So lautet ein Sarntaler Spruch: »Das Haflingerrössl macht alles, kann alles, versteht alles; nur Zeitung lesen kann es nicht.«

Meran alpin

Meran hat auch eine alpine Seite, was durch die Weite der nach Süden offenen Talmulde am Zusammenfluss von Etsch und Passer buchstäblich etwas in den Hintergrund rückt. Mutspitze (2294 m) und Ifinger (2581 m) ragen schon beachtlich hoch in den Himmel, zwei Kilometer und mehr über den Meraner Promenaden, und der erste Dreitausender ist auch nicht mehr weit. Der »Meraner Höhenweg« umrundet die gesamte Texelgruppe zwischen 1000 und fast 3000 Höhenmetern – ein intensives, mehrtägiges Bergerlebnis.

BIERBRAUER IM WEINLAND

Südtirol ist Weinland, klar, und das gilt für die Meraner Gegend ganz besonders. Dass Mitte des 19. Jahrhunderts zwei Meraner Kaufleute auf die Idee kamen, oberhalb der Kurstadt eine Brauerei zu eröffnen, erstaunt deshalb ein wenig, hatte vielleicht auch mit dem aufkommenden Tourismus und den Trinkgewohnheiten mancher Gäste (vor allem der deutschen) zu tun. Heute besitzt die Brauerei Forst – seit 150 Jahren im Besitz der Familie Fuchs – fast ein Bier-Monopol in Südtirol. Da tut Abwechslung gut, und für die sorgt der »Pfefferlechner« in Lana, ein Buschenschank mit eigener Hausbrauerei. Zum frisch gezapften »Pfeffer« passt bestens ein warmer Bauchspeck mit Hopfenbrot oder Rettich mit Schnittlauch.

WEITERE INFORMATIONEN

Frauenmuseum Evelyn Ortner: Meinhard 2, I-39012 Meran, Tel. +39 04 73/23 12 16, www.museia.it
Brauerei Forst: Vinschgauer Straße 8, I-39022 Forst/Algund, Tel. +39 04 73/26 01 11, www.forst.it
Pfefferlechner: St.-Martinsweg 4, Lana; Tel. +39 04 73/56 25 21, www.pfefferlechner.it
Kurverwaltung Meran: www.meran.eu

Ein Netz von Spazierwegen durchzieht die Gärten von Trauttmansdorff (oben). Dort grünt und blüht es fast das ganze Jahr über (rechts unten). Das Touriseum präsentiert anschaulich die Entwicklung Südtirols vom Bauernland zur weltweit bekannten Tourismus-Destination (rechts oben).

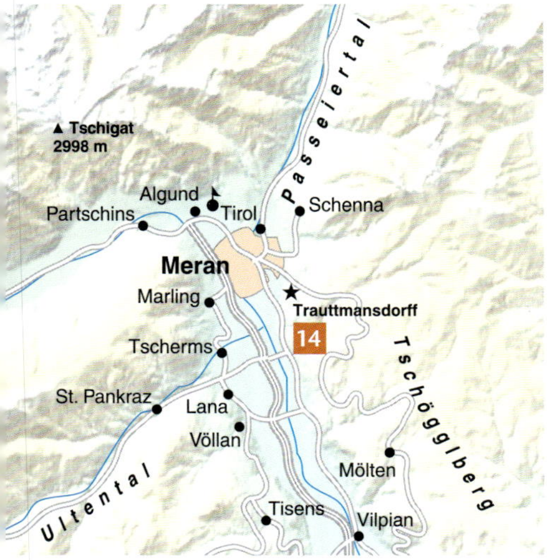

14 Schloss Trauttmansdorff – wo es grünt und blüht

Die schönsten Gärten des Landes

Natürlich schwebt auch hier über all der blühenden Pracht der Geist der Kaiserin, die für Meran so etwas wie den Schlüssel zur Wiedergeburt darstellte. Schließlich war sie 1870 Gast im Schloss Trauttmansdorff, was der Yellow Press ihrer Zeit nicht entging und der Stadt zu neuem Ruhm verhalf. Sisi-Fans spazieren auf dem nach der Kaiserin benannten Weg hinauf zu den Gärten des Schlosses.

Seit ihrer Eröffnung im Juni 2001 werden die Gärten von Schloss Trauttmansdorff mit Auszeichnungen überhäuft; erst 2013 kürte sie die Garden Tourism Conference in Toronto zum »Internationalen Garten des Jahres«. Man kann solchen Wettbewerben durchaus skeptisch gegenüberstehen, fast eine halbe Million Besucher pro Jahr sprechen aber für sich: Trauttmansdorff ist ein Big Point des Südtiroler Tourismus und eine wirklich genial realisierte Gartenlandschaft, von der auch Meran erheblich profitiert. Allerdings – das darf nicht unterschlagen werden – drohen die Gärten auch irgendwie ein Opfer ihrer Beliebtheit zu werden. Denn allzu viele Besucher schaden dem Zauber des Platzes, beeinträchtigen das Naturerlebnis. Das leidet auch unter einer Manie, die epidemisch um sich greift: fotografieren und filmen statt zu schauen.

Tausend Pflanzen, Farben und Düfte

Denn auf einer Fläche von rund zwölf Hektar gibt es ja so viel zu sehen, zu riechen. Der Besucher erlebt ein faszinierendes Fest der Sinne, das sich übers Jahr ständig wandelt: lebendige Natur in tausend Farbfacetten, herrlich duftend. Die Saison auf Trauttmansdorff startet im Frühling mit einer Farbenorgie. Überall blüht es bunt, man kann das Leben riechen, und das Auge ist überwältigt von einer einmaligen Vielfalt. Die

Gärten verwandeln sich in einen Blumenteppich: Narzissen, Tulpen und Kaiserkronen mit ihrem typischen Laubblattschopf, Asiatischer Hahnenfuß (Ranunkel) und Islandmohn und viele andere Pflanzen sorgen für ein herrlich buntes Bild, Kamelien und japanische Zierkirschen für exotische Akzente. Die Rhododendren-Zeit beginnt (rund 400 verschiedene Züchtungen), die Pfingstrosen entfalten ihre tiefrot-üppigen Blüten. Im Sommer verströmt das lila Lavendelfeld unterhalb des Schlosses seinen Provence-Duft; Oleander und Seidenakazie blühen, und im großen Teich schwimmen Seerosen und Lotosblüten. Der Herbst bringt die Laubbäume zum Leuchten, ihre Blätter färben sich rot und gelb; Trauben, Granatäpfel, Feigen und Oliven reifen. Und auf den Gipfeln der Texelgruppe liegt schon der erste Schnee.

Raritäten

Auch so manche sensationelle Überraschung haben die Gärten zu bieten. Hier steht heute ein aus Sardinien stammender, rund 700 Jahre alter Olivenbaum mit einem Stammumfang von drei Metern! Eine echte Rarität ist die Wollemia nobilis, ein Nadelbaum, der als ausgestorben galt, bis er in Australien von Wildhütern wiederentdeckt wurde. Ein weiteres Exemplar kann seit 2006 im Farntal bewundert werden. Im gleichen Jahr übernahmen die Gärten die Patenschaft für den »Versoaln«, die weltweit größte und wahrscheinlich auch älteste Rebe. Bei Schloss Katzenzungen in Prissian breitet sich ihr Laubdach über eine Fläche von fast 20 mal 20 Meter aus. Sehr interessant sind auch die bepflanzten Lehmwände, die Orangerie, die im Sommer blühenden Hortensien und die Sukkulenten-Halbwüste mit vielen stacheligen Exponaten.

Vielfältige Flora und Fauna

Überwältigend ist die Vielfalt der Gartenlandschaften: In den Waldgärten überraschen ein Reisfeld und ein Teegarten, in den Sonnengärten kann man den Süden erleben, in den Terrassengärten mit Beispielen europäischer Gartenarchitektur blühen den Sommer über 80 verschiedene Rosensorten. Auch den Landschaften Südtirols ist ein Bereich der Gärten gewidmet: Auwald, Obstanger, Bauerngarten, ein Weinberg mit alten Rebsorten. Und auch Tiere haben natürlich ihren Platz in den Gärten, u. a. Papageien (in der Voliere), Enten, Schafe und Pfauen.

AMÜSANTE TOURISMUS-HISTORIE

Im neugotischen Schloss Trauttmansdorff, das auf den Fundamenten einer Burg aus dem 13. Jahrhundert steht, befindet sich das *Touriseum*, das auf originelle Weise die Geschichte des Südtiroler Fremdenverkehrs von den Anfängen bis in die Gegenwart thematisiert. Besonders bei den kleinen Besuchern kommt das Südtirol-Spiel gut an: ein Flipper-Automat, von Grödner Holzschnitzern gestaltet, der zu einer rasanten, aber nicht ganz ernst gemeinten Fahrt durch das Tourismusland Südtirol einlädt. Eine neue Ausstellung ist dem Schloss und seinen Bewohnern gewidmet, darunter als berühmtestem Gast Kaiserin Sisi.

WEITERE INFORMATIONEN

Schloss Trauttmansdorff:
St.-Valentin-Straße 51 a, I-39012 Meran,
Tel. +39 04 73/23 57 30,
www.trauttmansdorff.it
Touriseum: Tel. +39 04 73/27 01 72,
www.touriseum.it

Luftiger Aussichtspunkt: der Skywalk
in den Gärten von Trauttmansdorff

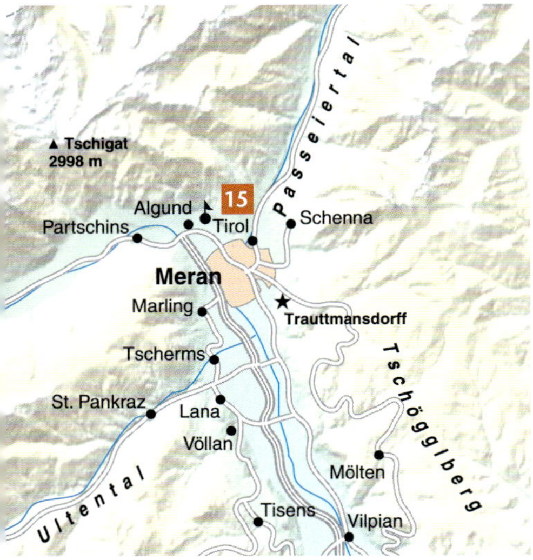

15 Schloss Tirol – eine Reise durch Jahrhunderte

Das Stammschloss des Landes

Wer sich für die Geschichte Südtirols interessiert, muss dem Schloss Tirol, in dem einst die Landesfürsten residierten, seine Reverenz erweisen. In seinen alten (mittlerweile sorgsam restaurierten) Mauern spaziert man durch die Jahrhunderte, erlebt Aufstieg und Niedergang der Grafen von Tirol und kann das wechselvolle Schicksal Südtirols nachvollziehen.

Es mag ja Zufall sein, dass die beiden Highlights von Dorf Tirol »Burgen« sind: das Castel im Ort und das mächtige Schloss Tirol auf einem schmalen, steil abfallenden Moränenrücken oberhalb von Gratsch. Während Gerhard Wieser in der Trenkerstube des Hotels Castel seit Jahren für kulinarische Spitzenleistungen sorgt, wird in der Stammburg des Landes Tiroler Geschichte lebendig. Ein alter Spruch sagt: »Nur der Herr des Schlosses Tirol ist auch der Herr des Landes Tirol«. Ein Historiker berichtet sogar von einem Bauern, der stets, wenn er das »G'schloß« nannte, seinen Hut zog.

Tempi passati

Südtirol hat zwar noch einen Landesfürsten, der jetzt Landeshauptmann heißt, doch dürfte wohl niemand mehr bei seiner Erwähnung den Hut lüpfen. Er residiert auch nicht in Schloss Tirol wie jene Grafen von Vintschgau, die das Schloss erbauten und sich fortan Grafen von Tirol nannten. Es erlebte seine Glanzzeit im 14. Jahrhundert, als der deutsche Kaiser bei der Vermählung seines Sohnes mit Margarethe von Maultasch auf dem Schloss weilte: »Am Montag danach, den 11. Hornung 1342 zu morgens, ritt der Kayser mit dem präutigam und der praut von Tyrol gen Meran in des Bischofs von Trient

Ein wehrhafter Bau: Schloss Tirol, heute Museum (unten). Die Kreuzigungsgruppe in der Schlosskapelle (rechts oben). Flugvorführung in Gufyland – etwas für die ganze Familie (rechts unten).

Behausung. Allda ... saß der Kayser und liehe der Fürstin und ihrem gemahl zwei land, Kärnten und Tyrol.«

Nach der Verlegung des Regierungssitzes unter Erzherzog Sigmund »dem Münzreichen« nach Innsbruck im Jahr 1363 verlor Schloss Tirol an Bedeutung und verfiel zunehmend. Im 16. Jahrhundert stürzte ein Teil der Feste in die Tiefe – kein Wunder angesichts des wenig stabilen Untergrunds. Während der Zeit der bayerischen Herrschaft (1807) wurde die Burg sogar öffentlich versteigert.

Heute ist das aufwendig restaurierte Schloss Tirol im Besitz des Landes und beherbergt das Südtiroler Museum für Kultur- und Landesgeschichte. Der Gang durch das Schloss wird zur Reise durch die Jahrhunderte, garniert mit reizvollen Ausblicken auf das Etschtal. Die Burgkapelle – doppelstöckig mit umlaufender Holzgalerie – wurde im 14. Jahrhundert fast vollständig ausgemalt. Überregionale Bedeutung besitzt der plastische Schmuck an Kapellen- und Palasportal, dessen Motive der Forschung bis heute Rätsel aufgeben. Möglicherweise stammt er von jener romanischen Kirche, deren Fundamente (samt denen zweier Vorgängerbauten) in den 1990er-Jahren unterhalb vom Schloss entdeckt und teilweise freigelegt wurden. Im Sommer finden auf Schloss Tirol übrigens regelmäßig interessante Soireen mit alter Musik statt.

Am Weg zum Schloss

Ein gemütlicher Spaziergang führt von Dorf Tirol hinüber zum Schloss. Links unterhalb des Sträßchens zeigt sich Schloss Brunnenburg, im Kern aus spätromanischer Zeit, um 1910 »im rheinischen Burgenstil abscheulich pompös« (Sayn-Wittgenstein) wieder aufgebaut. Es beherbergt neben dem Südtiroler Landwirtschaftsmuseum eine Ezra-Pound-Gedenkstätte. Der exzentrische amerikanische Dichter – ein Bewunderer Mussolinis – bewohnte das Schloss bis zu seinem Tod im Jahr 1972.

Am Eingang zum Köstengraben führt der Weg nach Schloss Tirol durch das Knappenloch, einen kurzen Tunnel, der unter Kaiser Leopold I. im 17. Jahrhundert angelegt wurde. Rechts oberhalb in dem bewaldeten Graben stehen ein paar Erdpyramiden, allerdings weder an Anzahl noch Form mit denen am Ritten vergleichbar.

REHAZENTRUM FÜR VÖGEL

Das wird auch Kinder interessieren: Nach der »Eroberung« von Schloss Tirol gibt's an dem Burghügel noch etwas Spannendes zu erleben, nämlich Flugvorführungen der ganz besonderen Art. Hier demonstrieren Greifvögel, die Jäger der Lüfte, ihre Flugkünste. Das *Pflegezentrum für Vogelfauna* nimmt verletzte Tiere auf, pflegt sie, um sie später nach Möglichkeit wieder in ihren natürlichen Lebensraum entlassen zu können. Auf einem schön angelegten Weg, der an zahlreichen Volieren vorbeiführt, erfährt man im Vorbeigehen so manches über diese Tiere, ihre Funktion im Naturkreislauf und ihre Lebensweise. Wer von uns hat schon mal einen Karakara aus der Nähe gesehen oder einem Gänsegeier beim Flug zugeschaut?

WEITERE INFORMATIONEN

Schloss Tirol: Schlossweg 24, I-39019 Dorf Tirol, Tel. +39 04 73/22 02 21, www.schlosstirol.it

Pflegezentrum für Vogelfauna: Schlossweg 25, I-39019 Dorf Tirol, Tel. +39 04 73/22 15 00, www.gufyland.com

Landwirtschaftsmuseum Brunnenburg: Ezra-Pound-Weg 3, I-39019 Dorf Tirol, Tel. +39 04 73/92 35 33, www.museen-suedtirol.it

Blick vom Weg zum Hasenöhrl auf den Arzkarsee und das Ultental (oben). Solides Fundament: Das Haus am Stein blieb bei einem verheerenden Hochwasser der Falschauer, das alles rundum mitriss, einfach stehen – unversehrt (rechts).

16 Ultental – Bauernland vor den Toren Merans

Urlaub im Meraner Land

Der kürzeste Weg in hochalpine Regionen, wenn man in Meran Urlaub macht? Jener ins Ultental natürlich. Unten mehr Schlucht als Tal, öffnet es sich hinter St. Walburg zu einem alpinen Paradies, über dem die Dreitausender thronen. Das Ultental war lange Zeit ein vergessener Winkel Südtirols, ist aber keineswegs »das Letzte« *(l'ultimo)*.

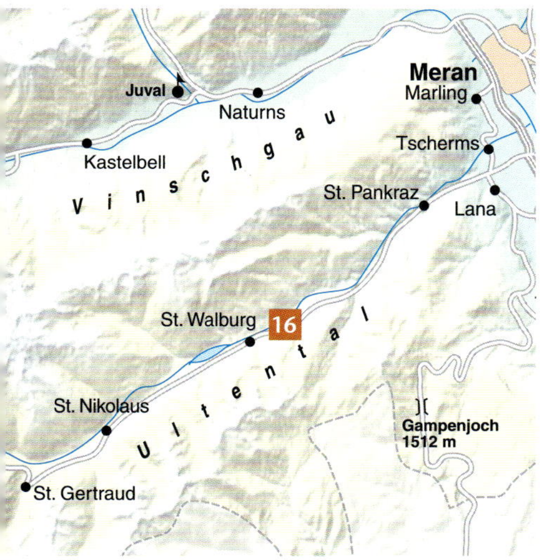

Lana, das Südtiroler Apfeldorf schlechthin, liegt unmittelbar am Eingang zum Ultental, ganz hinten über dem Talschluss markiert die Hintere Eggenspitze (3443 m) den höchsten Punkt dieses Landstrichs, der bezüglich Lebensräume von mediterranen Breiten bis in die Arktis reicht. Letztere ist allerdings seit einiger Zeit auf dem Rückzug, was man an schwindenden Gletschern und einer langsam, aber stetig weiter nach oben wandernden Waldgrenze ablesen kann.

Heilbad und Wintersport

Ulten war immer Bauernland, auch armes Land, trotz der Nähe zu Meran, war allerdings auch früh schon Tourismusziel. Der Fremdenverkehr konzentrierte sich auf das Mitterbad im Marauntal, einem waldigen Nebenast des unteren Ultentals. Berühmtheiten wie Kaiserin Elisabeth und der Maler Franz von Defregger besuchten im 19. Jahrhundert die Heilquelle, die bereits 1418 als »Mitern Pad« urkundlich genannt wurde. Bei einem Aufenthalt dort soll Thomas Mann seine »Buddenbrooks« vollendet haben. Der spätere Reichskanzler Otto von Bismarck war von der Tochter des Badwirts besonders angetan, was den Ultner Burschen natürlich gar nicht passte. Als »Stadtfrack aus der Fremd'« wurde er bezeichnet, von dem man nicht einmal sicher wisse, ob er »Franzoser oder Christ« sei.

Das Bad ist heute nur noch Ruine, dem Verfall preisgegeben. Dafür hat sich im Talinnern der moderne Tourismus etabliert, man sieht's an einigen etwas groß geratenen Hotelbauten, und ein familienfreundliches Skigebiet fehlt auch nicht. Möglich wurde diese Entwicklung durch die ENEL, den staatlichen italienischen Energiekonzern, der in den 1950er-Jahren Ulten »entdeckte« und – um seine Pläne verwirklichen zu können – endlich für eine ordentliche Straßenzufahrt sorgte. So gelangen Ausflügler, Wanderer und Gipfelstürmer heute vergleichsweise komfortabel bis hinauf zum Weißbrunner See, und nach der Besteigung der Zufrittspitze (3439 m) bleibt dann sogar noch ausreichend Zeit für einen Veneziano auf der Passerpromenade Merans, bevor zum Vier-Gänge-Menü gerufen wird.

Das Hasenöhrl

Wer's lieber gemütlicher mag, bleibt gleich im Tal, sucht sich eine Bleibe und genießt am Abend bei einem Spaziergang den Blick auf den Dreitausender mit dem schönsten Namen weitum: das Hasenöhrl (3257 m). Das lässt sich vergleichsweise leicht besteigen, und die Werkstraße zum Arzker See verkürzt den Weg zum Gipfel erheblich. Der markierte Anstieg führt westlich des Marcheggs, beim Latscher Jöchl, an einem Kulturdenkmal der besonderen Art vorbei: dem Tarscher Jochwaal. Er leitete das Wasser von der Ultner auf die Vinschgauer Seite des Kamms, ein Stück weit als Aquädukt. Der hochalpine, über zwei Kilometer lange Waal wurde 1782 erbaut; er diente (zusammen mit den Siebenbrunnen, einer Quelle) der Bewässerung von Feldern im Vinschgau.

Ein paar Jahrhunderte alt: die berühmten Ultner Lärchen (unten). Herzlich willkommen (rechts oben)! Heinrich Pöder und sein Speck (rechts unten).

Ulten einst und heute

Ulten hat den Anschluss an die Moderne erst recht spät geschafft, was die einen als Vorteil, andere eher als Nachteil empfinden. Immerhin blieb das Tal so von manchen Architektursünden verschont, wie sie andernorts in Südtirol zur Genüge zu sehen sind, und in den holzgetäfelten Stuben des „Eggwirt" in Sankt Waldburg könnte man glauben, die Zeit wäre einfach stehen geblieben. Gemütlich ist's halt, und was auf den Tisch kommt, ist bodenständig gut, ganz nach Ultner Art.

Ob man das vom »Arosea Life Balance Hotel« auch sagen kann, wagen wir zu bezweifeln. 5000 Quadratmeter Beauty und Wellness sind vielleicht doch ein wenig zu viel Lifestyle für ein Tal, das stolz ist auf seine bäuerlichen Wurzeln. Denen kann man im Ultner Talmuseum nachspüren, das mit seiner Räucherküche und der Ultner Stube ein Bild der guten alten Zeit präsentiert, als die Welt noch in Ordnung und die Kirche im Dorf war. Das Gebäude von 1827 musste allerdings erst einmal »umziehen«, bevor es am neuen Platz als Museum eröffnet werden konnte.

Noch anschaulicher erlebt man den bäuerlichen Alltag in Ulten bei einer Wanderung auf dem »Höfeweg«, der von Kuppelwies taleinwärts nach Sankt Gertraud führt. Die schönen Bauernhäuser an der Sonnenseite des Tals haben teilweise mehrere Jahrhunderte auf dem Buckel.

In moderner Zeit hat man eine Straße zum Hof gebaut, damit das Leben etwas leichter wird, und die Antenne am Dach bringt die weite Welt in den kleinen Ultner Kosmos. In gut drei Stunden wandert man gemütlich bis nach Sankt Gertraud, zurück geht es auf der anderen Talseite. Dabei führt der Weg an den größten Ultnern vorbei: den Urlärchen, einer Gruppe mächtiger Lärchen, die mehr als 800 Jahre alt sein dürften. Der größte dieser Giganten hat einen Umfang von rund acht Metern!

Ein Großer war auch jener Mann, der bis zu seinem Unfalltod 1994 das Gasthaus Enzian am Weißbrunner See führte: Giancarlo Godio. Geboren im Piemont, prägte er in den 1970er- und 1980er-Jahren die Entwicklung der neuen Südtiroler Küche ganz entscheidend, was ihm auch – damals eine Sensation – einen Michelin-Stern eintrug. Heute ist das Haus am Stausee, einst Geheimtipp und dann Mekka der Feinschmecker, eine Halbruine. Immerhin: Die Erinnerung an den Ausnahmekoch lebt im »Primo Godio« weiter, einem renommierten Gastronomiepreis.

Nationalpark Stilfser Joch

Der Weißbrunner See (1972 m) liegt bereits innerhalb des 1935 gegründeten Nationalparks Stilfser Joch, der mit einer Fläche von 1346 Quadratkilometern zu den größten Schutzgebieten der Alpen zählt. Er erstreckt sich über die drei italienischen Provinzen Südtirol, Trentino und Sondrio (was seine Verwaltung nicht unbedingt erleichtert) und wird in den Randbereichen leider durch Stauseen und Skigebiete erheblich beeinträchtigt.

Dass der Weißbrunner See eine (schmale) Straßenzufahrt hat, verkürzt so manche Wanderung im innersten Ultental, und per pedes wäre wohl auch kaum jemand zu Giancarlo Godio gepilgert. So kann man nahe der 2000-Meter-Höhenkote ausgeruht zur Tour starten, der Aufstieg zu der im Sommer bewirtschafteten Höchster Hütte (2561 m) ist dann nur noch eine halbtägige Wanderung. Das Haus, 1909 von der Alpenvereinssektion Höchst am Main erbaut, kam nach dem Ersten Weltkrieg an Italien und musste in den 1950er-Jahren dem Grünsee, der zur Kraftwerksgruppe Ulten gehört, weichen. Das Gebäude wurde knapp oberhalb der Staumauer neu errichtet und dient als Stützpunkt für die Zufrittspitze und die Hintere Eggenspitze, deren Besteigung allerdings solides alpinistisches Können voraussetzt. Ein leichteres, aber ebenfalls sehr lohnendes Ziel ist der Gleck (2957 m) mit markiertem Weg und großem Panorama (3 Std. vom Weißbrunner See).

SÜDTIROLS BESTER SPECK

Über Geschmack kann man bekanntlich streiten, beim Essen sowieso. Wenn sich allerdings Gambero Rosso zu einer geradezu hymnischen Beurteilung hinreißen lässt und eine Jury den Speck von Heinrich Pöder zum besten Südtirols kürt, ist klar: Da hat jemand ein besonders feines Händchen für Schweinefleisch. Pöder züchtet seine Tiere selbst, er ernährt sie gesund und zerlegt sie nach der Schlachtung höchstpersönlich. Die Trockensalzung erfolgt mit Augenmaß, auch die Räucherung, die sechs bis acht Wochen dauert. Zuletzt muss der Speck sieben bis acht Monate reifen, erst dann geht er über den Ladentisch: zart, aromatisch und völlig frei von jeglichen Konservierungsstoffen. Schmeckt einfach himmlisch!

WEITERE INFORMATIONEN

Tourismusverein Ultental: Hauptstraße 104, I-39016 Sankt Walburg; Tel. +39 04 73/79 53 87, www.ultental-deutschnonsberg.info

Heinrich Pöder: Gegend 64, Sankt Pankraz; Tel. +39 04 73/78 71 47 (Hinweisschild an der Straße nach Sankt Pankraz)

Bozen/Unterland

Mediterranes Flair

Die Wandmalereien von Schloss Runkelstein gelten als die wertvollsten profanen Fresken Südtirols (links). Mittelpunkt der Landeshauptstadt Bozen ist der Waltherplatz mit der gotischen Domkirche (oben). Ein wichtiger Wirtschaftszweig im Unterland: der Weinbau (unten).

Inmitten von Weinbergen: die Kirche des Weilers Mazon oberhalb von Neumarkt

Von Bozen ins Unterland

Äpfel, Reben und viel Sonne: der Süden Südtirols

Bozen ist nicht nur Südtirols Hauptstadt und Wirtschaftszentrum, es ist auch Tor zum Süden. Eine heitere, mitunter fast bukolische Atmosphäre prägt das Unterland, die Berge treten zurück, machen Platz für Apfelplantagen und Weinberge. Hingetupft in diese Idylle: schmucke Weindörfer und viele noble Ansitze.

18 **Bozen** ist zwar nicht die Heimat des Ötzi, wie man vielleicht annehmen könnte; hier hat er aber seine (letzte?) Ruhestätte gefunden. Ein Abstecher zum Archäologiemuseum ist Pflichttermin für Bozen-Besucher. Ich trödle allerdings lieber am Obstmarkt herum, von dem schon Goethe fasziniert war, schaue dem geschäftigen Treiben auf dem Waltherplatz zu oder verfüge mich ins »Batzenhäusl«. Ganz in der Nähe drängen sich Einheimische und Touristen durch die Lauben, Bozens berühmte (und auch bei Regen trockene) Einkaufsmeile. Sie ist Mittelpunkt der historischen Stadt; an ihrem Rand, direkt an der Talfer, steht ein Bauwerk der Moderne: der Kubus des Museions, symbolträchtig nach beiden Seiten hin offen, zur Altstadt und zum italienischen Stadtteil. Ein Stück weiter flussaufwärts thront Schloss Runkelstein, eine der zahlreichen Burgen rund um die Landeshauptstadt. Da ist es nicht mehr weit bis zur wilden Sarner Schlucht. Sie vermittelt den Zugang zu einem Landstrich, der ganz den gängigen Südtirol-Klischees entspricht: das 17 **Sarntal.** Doch was andernorts mehr Schein ist, wird hier wirklich gelebt: Traditionen, Mundart und Brauchtum sind lebendig wie eh und je. Das kann man vom 19 **Ritten** nicht unbedingt behaupten. Er geriet schon früh in den Sog der Stadt, das weite Mittelgebirgsplateau wurde zur bevorzugten Sommerfrische der Bozner. Nach dem Bau einer Straßenverbindung mit Bozen setzte in den 1960er-Jahren ein veritabler Bauboom ein.

Auf ins Überetsch!

Südtirol ist nicht nur Wein-, sondern auch Burgenland. Das wird besonders augenfällig bei einer Fahrt von Bozen ins Überetsch. Alte Mauern reihen sich aneinander, manche lange schon Ruinen, andere noch heute bewohnt, sogar als Hotels. Den Auftakt macht Sigmundskron, das auf einem schroffen Porphyrfelsen über der Etsch thront. Die pittoreske Burgruine beherbergt ein Museum, und zwar ein ganz besonderes, das 20 **MMM Firmian** (Messner Mountain Museum Firmian). Hausherr ist Reinhold Messner, und natürlich sind Berge und Bergsteiger sein Thema.

Die berühmteste Burg im Überetsch ist 21 **Hocheppan** auf einer felsigen Kuppe über Sankt Pauls, mit weitem Blick übers Land. Die 22 **Südtiroler Weinstraße** führt von Eppan nach Kaltern, dem Zentrum des Weinanbaus. Es folgen noch mehr alte Mauern, Weinberge rundum und schließlich die größte (und wärmste) Badewanne des Landes: der Kalterer See, gerade einmal sechs Meter tief, überragt vom Turmstummel der Leuchtenburg hoch am bewaldeten Mitterberg.

Der Grand Canyon

Wendepunkt der Fahrt ins Unterland ist Salurn, die südlichste Gemeinde Südtirols, nur einen Steinwurf von der Provinzgrenze entfernt – und das sieht man auch. 24 **Neumarkt** dagegen, nur wenige Kilometer weiter etschaufwärts gelegen, ist mit seinen erkergeschmückten Laubengängen ein typischer Tiroler Ort. Vorbei am Porphyrrücken von Castelfeder erreicht man Auer, wo die Straße zum Regglberg abzweigt. Der Abstecher lohnt sich, versteckt sich zwischen den bewaldeten Höhen doch eine Sensation: die 23 **Bletterbachschlucht,** der Grand Canyon Südtirols.

toureninfo

Start: Bozen (266 m)
Ziel: Bozen (266 m)
Länge: 70 km, mit Abstechern 170 km
Dauer: 1–2 Tage
Beste Reisezeit: Frühling und Herbst
Sehenswertes: MMM Firmian, Hocheppan, Kalterer See, Bletterbachschlucht
Unterkunft: Schloss Englar in Eppan, Seehotel Ambach am Kalterer See, Schlosshotel Aehrental in Kaltern, Gasthof Krone in Aldein

Weitere Infos

Das Unterland mit dem Burgenparadies Überetsch ist ein ideales Radlerrevier, auch für weniger Ambitionierte. Überaus beliebt ist die Rundtour, die ins Überetsch und anschließend am Fuß der Mendelkette nach Salurn führt, dann auf dem Flussdamm zurück nach Bozen (70 km).

MERAN/
MERANO
Gärten und Schloss
Trauttmansdorff
Marling
Marlengo
Aschbach
Rio di Lagundo
Schloss
Lebenberg
Untermais
Maia Bassa
Falsleben
Hafling/
Avalengo
Kreuzjoch
Giogo della Croce
2084
Capanna Sarentino
Astfeld
Campoiasta
Sarnthein/
Sarentino
Villanderer Berg
Monte Villandro
2509
Villanders Alpe
Gravetscher Berg
Monte di Gravecciо
1747
Feldthurns/
Velturno
Kloster Säben
Monastero
di Sabiona
Villanders
Villandro
Klausen/
Chiusa
Schloss Fragsburg
Castello Verruca
Tscherms
Cérmes
Sinich
Sínigo
Voraner Joch
Monte di Verano
1932
Sankt Cyprian
San Cipriano
Schloss
Reinegg
Putzen
Pozza
Bad Dreikirchen
Tre Chiese
Vigiljoch
Monte San Vigilio
Oberlana
Lana di
Sopra
Pawigl
Pavícolo
Lana
Niederlana
Lana di Sotto
Burgstall
Póstal
Vöran/
Verano
Aschl
Eschio
Möltner Joch
Monte di Meltina
1734
Bad Schörgau
Bagni Serga
Kampidell
Campitello
Sarntal / Val Sarentino
Tanzbach
Rio Danza
Rittner Horn
Corno di Renon
2260
Barbian
Barbiano
Lajen/
Laion
Tschövas
Ceves
Waidbruck/
Ponte Gardena
Unterhornhaus
Rifúgio Corno di Sotto
Schwarzseespitze
Cima Lago Nero
2070
Tre Vie
Saubach
San Ingenuino
Trost-
burg
Völlan
Foiana
Schloss
Leonburg
38
Fiume Adige
Etsch
Gargazon
Gargazzone
Mölten
Méltina
Flaas
Valas
Sankt Pankraz
San Pancrazio
Schlaneid
Salonetto
Versein
Vallensina
Langfenn
Lávena
Talfer
Torrente
Tálvera
Halbweg
E 45
12
Sankt Michael
San Michele
Äusserer Berg
Monte di Fuori
1671
Naraun
Narano
Tisens
Tésimo
Weinstrasse
Verschneid
Frassineto
Hinternobls
Montóppio di
Dentro
508
Renón
Erdpyramiden
Piramidi di terra
Kematen
Wangen
Vanga
Valle Isarco
Kastelruth/
Castelrotto
Sankt Oswald
San Osvaldo
Mitterbad
Bagni di Mezzo
Prissian
Prissiano
Vilpian
Vilpiano
Kreut
Novale
Vordernobls
Montóppio di Fuori
Sankt Johann
San Giovanni
Seis
Siusi
Sankt Valentin
San Valentino
Platzers
Plazzóles
Bad Gfrill
Bagni di Caprile
Laugenspitze
Monte Luco
2433
Grissian
Grissiano
Terlan/
Terlano
Jenesien
San Genésio
Ritten
19
Campodazzo
22
Sankt Konstantin
San Costantino
Ruine Salegg
Castel Salego
Wechsel
Monte del Cambio
1658
Nals
Nálles
Locher
Oberbozen
Soprabolzano
Gampenjoch
Passo delle
Palade
1518
Burg Neuhaus
Klaus
Glaning
Cologna
Burg
Rafenstein
L´Assunta
Wolfsgruben
Costalovara
Eisacktal
Völs am Schlern
Fiè allo Sciliar
Andrian
Andriano
Siebeneich
Schloss
Runkelstein
Unterinn
Auna di Sotto
Eisack
Schlern
Monte Sciliar
2564
Hofbichl
Monte Salomo
1818
Alte Grieser
Pfarrkirche
18
BOZEN/BOLZANO
Fiume Isarco
Schloss
Prösels
Ums
Umes
Naturpark Schlern
Parco Naturale
dello Sciliar
Unsere Liebe Frau
Senale
Moritzing
San Maurizio
Aicha
Aica
Prösels
Présule
Malgasot
Garitkofel
Monte Macaion
1866
Messner Mountain
Museum Firmian
Karneid
Cornedo
all´Isarco
Blumau
Prato all´Isarco
Tschafon
Monte Cavone
1743
Malga
di Brez
Sankt Felix
San Felice
21
Burg
Hocheppan
Schloss Korb
Missian
Missiano
20
Steinegg
Collepietro
Breien
Brie
Tiers
Tires
Ris. Nat.
Palù Longia
Rio Novella
Monte Dentro
1508
Sankt Pauls
San Páolo
Schloss
Sigmundskron
Aichnerstall
Tierser Tal / Val di Tires
Castelfondo
Salobbi
Raina
Dovena
Rio della Malga
Berg
Monte
Eppan/
Appiano
Kohlern
Eggental / Val d´Ega
Stern
Unter-
eggerhof
Zipperle
Nigerpass
Passo Nigra
1690
Castèl Vigna
Castelfondo
Sankt Jakob
San Giácomo
Sternwarte
Obergummer
Tatbühel
Montallo di Nova
Carnalez
Rivo
Fondo
Penegal
Monte Penegal
1737
Sankt Michael
San Michele
Pineta
Gummer
San Valentino
di Campo
1759
Welschnofen
Nova Levante
Ris. Nat.
Palù Tremole
Brez
Belvedere
Montiggler Seen
Laghi di Monticolo
Montiggl
Monticolo
Ponte
Nova
Karersee
Carezza
el Lago
Cloz
1363
Sankt Nikolaus
San Nicolò
Leifers/
Laives
Ronzone
Pfatten
Vadena
Planbühel
Monte Quaira di Nova
1648
42
Sarnónico
Ruffrè
Mendelpass
Passo di Mendola
Kaltern/
Caldaro
St. Helena
Karersee
Lago di Carezza
Cavareno
Sankt Anton
Sant´António
Branzoll
Bronzolo
Deutschnofen
Nova Ponente
Dorfen
Villa
Dambel
E 45
Kalterer See
Lago di
Caldaro
Göllerspitze
Monte Colle
1096
Maria
Weissenstein
Pievalle
Dorfer
Obereggen
San Floriano
Amblàr
Sankt Josef am See
San Giuseppe al Lago
Rauth
Novale
Romeno
Málgolo
Don
St. Jakob
Göllersee
Lago di Colle
Bacher
Látemar
2846 m
Sálter
Südtiroler
Weinstraße
Monte Pausabella
1791
Aldein
Aldino
Bletterbach-
schlucht
23
22
Altopiano della Predaia
Tavòn
Monte Roen
2116
Söll
Sella
Auer/
Ora
Corno Bianco
2316
Passo di
Lavazè
1805 m
Reiterjoch
Passo di Pampeago
1996
Córedo
Tramin/
Termeno
Sonne
Fölser
Niggl
Pala di Santa
2492 m
Smarano
Radein
Montan
Montagna
Monte
Cisìon
1563
48
Kaltenbrunn
Fontanefredde
Corno Nero
2439
Monte Agnello
2357
Sfruz
Truden
Trodena
La Cugola
2077
Passo di
Pramadiccio
1431
Dosso
Branchi
2274
Tres
Pinzon
Pinzano
Schloss
Enn
Glen
Gleno
Val di Fiemme
24
Kurtatsch
Cortáccia
Naturpark
Varena
Neumarkt/
Egna
Predazzo
Segno
Corno di Tres
1812
Il Solombo
1412
Daiano
Vervò
22
Solaiolo
Carano
Cavalese
Tésero
Panchia
Zanon
48
Mollaro
Margreid
Magrè
Horn-Spitz
Monte Corno
1781
Parco Naturale
Trudner Horn
Roda
Dárdine
Sankt Florian
San Floriano
Altrei
Anterivo
Castello-Molina
Zjano
di Fiemme
Toss di Ton
Fennberg
Favogna
Monte Corno
Laag
Laghetti
Masi di
Cavalese
Lego
Zanolin
Stramentizzo
Kurtinig
Cortina
Vigo
Anàunia
Craunel
1873
Capriana
Malga Sádole
Etsch / Fiume Adige
Halseck
Dosso del Colle
1616
Ris. Nat. La Rocchetta
Monticello
1857
Dorà
Malga Prati
del Salice
Dos di Mezzodi
1847
Corona Alta
2224
Roverè
della Luna
Buchholz
Pochi
Valle
Rifúgio
Paion
Monte
Hader-
burg
Salurn/
Salorno
12
Gráuno
Piscine
Montalbiano
Molina Cadino
N
0
3 km

Der Durnholzer See ist ein beliebtes Ausflugsziel mit vielfältigen Wandermöglichkeiten (oben). Der Sarner Kirchtag ist eines der größten Volksfeste Südtirols (rechts unten). Heinrich Schneider kocht im »Auener Hof« auf höchstem Niveau, was ihm zwei Michelin-Sterne eingebracht hat (rechts oben).

17 Sarntal – nah bei Bozen, aber ganz anders

Südtirols bäuerliches Herz

Es ist eine Welt für sich, das Sarntal mit seinen Almen und Bergen, der Landeshauptstadt zwar ganz nah, aber doch weit weg von der Hektik und dem Trubel Bozens. Hinter der engen Sarner Schlucht gehen die Uhren ein wenig anders, da gibt die Sonne den Takt vor, man lebt mit alten Bräuchen, und die Tracht ist nicht nur Schaustück am Kirchtag.

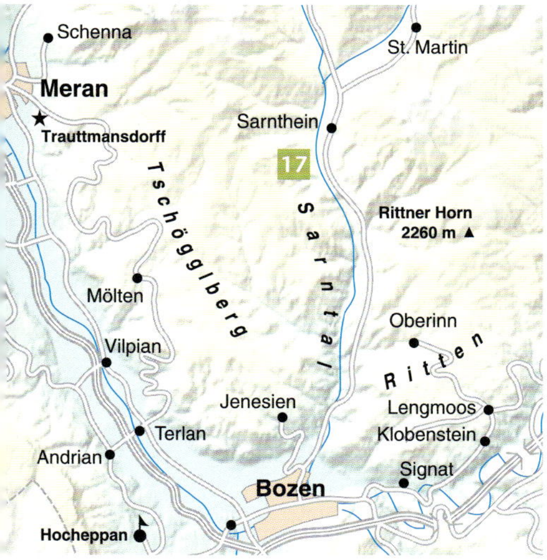

Das Sarntal, so heißt es oft, sei eine kleine Welt für sich. Das mag an der Sarner Schlucht liegen, durch die sich die Talfer erst zwängen muss, bevor sie sich im Talkessel von Bozen mit dem Eisack vereinigt. Die alte Straßenverbindung wurde immer wieder durch Muren verlegt oder vom Hochwasser beschädigt. Erst in den 1930er-Jahren, in der Zeit des Faschismus, bekam das Tal eine sichere, durch 24 Tunnels verlaufende Zufahrt, die dann auch gleich übers Penser Joch (2215 m) nach Sterzing weitergeführt wurde. Das Sarntal hatte nun Anschluss an die große Welt, und sogar Innsbruck war nicht mehr so ganz weit weg.

Der Sarntaler ist bekannt für seinen Witz und seine Schlagfertigkeit, dazu stark in der Tradition verwurzelt, auch heute noch. Zwischen der Sarner Schlucht und dem Penser Joch haben sich Mundart, Brauchtum und die traditionelle Tracht, die man in den Dörfern nicht nur an Feiertagen sieht, weitgehend erhalten. So ist der uralte, wohl im germanischen Mythos der Wintersonnenwende wurzelnde Brauch des »Klöckelns«, der in den drei ersten Donnerstagnächten im Advent mit einigem Lärm veranstaltet wird, noch sehr lebendig.

Ein weitum bekanntes Original war der Sarner Toni, Gastwirt an der Straße ins Tal. Er erhob den Wegzoll, der damals zwei Kreuzer pro Person betrug. Bei ihm soll allerlei Prominenz eingekehrt sein; es heißt, dass auch Sisi einmal zu Gast beim Sarner Toni war. Als sie ihm huldvoll fünf

Gulden Trinkgeld zustecken wollte, lehnte er mit den Worten ab: »Kaaft's enk gscheider a Tüechl, den Hals zuzuluckn!« Das Dekolleté der Dame war dem Toni wohl etwas zu offenherzig.

Sarnthein

Rund zehn Kilometer lang ist die Mündungsschlucht der Talfer. Von der wildromantischen Kulisse bekommt man im Auto heute nicht mehr allzu viel mit, denn die Straße verschwindet wiederholt im Berg. Auch auf den schroffen Porphyrzahn des Johanneskofels erhascht man nur noch einen kurzen Blick zwischen zwei Tunnels. Hinter der Klamm öffnet sich das Tal, es wird zunehmend alpiner, Berge zeigen sich, die bis weit in den Frühling Schneehauben tragen. Hauptort ist Sarnthein, ein hübscher Flecken von ganz eigenwilligem Charme. Vielleicht liegt das daran, dass er sich nicht so recht entscheiden kann, ob er noch Dorf oder schon ein Städtchen sein will. Immerhin ist die Gemeinde flächenmäßig die größte Südtirols. Einige Häuser im historischen Ortskern, den die Hauptstraße umgeht, haben durchaus städtischen Zuschnitt. Zu einem kleinen Museum umgestaltet wurde das restaurierte Rohrerhaus, das im Kern wohl bis ins 13. Jahrhundert zurückreichen dürfte.

Die wuchtige Pfarrkirche von 1850 erntet bei Kunstfreunden wenig Anerkennung – Sayn-Wittgenstein bezeichnete sie sogar als »einen leider ziemlich häßlichen modernen Bau« –, ganz im Gegensatz zur Kirche St. Cyprian, die hervorragende Fresken der Bozner Schule (um 1400) bewahrt.

Durnholzer See

Ein paar Kilometer hinter Sarnthein, beim Weiler Astfeld, lohnt sich ein Abstecher zum Durnholzer See (1545 m). Das seichte Gewässer (maximale Tiefe 13 m), fast einen Kilometer lang, liegt in einer weiten, teilweise bewaldeten Talmulde. Entstanden ist es vermutlich durch einen prähistorischen Bergsturz.

Der See ist Ausgangspunkt schöner Alm- und Gipfelwanderungen. Wer hoch hinauswill, steuert mit Vorteil zunächst den Weiler Reinswald an (Zufahrt) und lässt sich mit der Gondelbahn bis zur Pichlberghütte (2130 m) hinauftragen. Dort sind die Gipfel rund um die Kassianspitze (2581 m) dann nur noch etwa zwei Gehstunden entfernt.

HAUTE CUISINE AUF DEM BERG

Das Wortspiel liegt nahe: Wer auf so hohem Niveau (topografisch: 1622 m) kocht, muss auch kulinarische Höhen erklimmen. Im Fall von mancher Berghütte trifft eher das Gegenteil zu, doch was Heinrich Schneider im *Auener Hof* auf den Teller zaubert, ist absolute Spitze. Das Menü »Terra« beispielsweise gibt's wahlweise mit vier bis zwölf Gängen – lauter Köstlichkeiten. Wie wär's mit Stockfisch-Gnocchi im Staudensellerie-Minzsaft samt Heutasche? Oder Rehrücken mit aromatischen Blüten, Buchweizen und Püree von gebackenen Kartoffelschalen? Eine wichtige Rolle in Schneiders Küche spielen übrigens heimische Wildkräuter – und Fantasie. Und damit der Genuss garantiert nicht zu kurz kommt, mietet man gleich eines der acht Zimmer und erfreut sich im Turm-Whirlpool ganz entspannt am sensationellen Dolomitenblick.

WEITERE INFORMATIONEN

Auener Hof: Auen 21, I-39058 Sarnthein; Tel. +39 0471/62 30 55, www.auenerhof.it
Rohrerhaus: Runggenerstraße 10, I-39058 Sarnthein, Tel. +39 0471/62 27 86, www.rohrerhaus.it

Wenn der Tag vergeht: Abend über Bozen (oben). Die Häuser an der Bozener Sparkassenstraße entstanden an der Wende vom 19. zum 20. Jahrhundert, überwiegend in historischen Bauformen (rechts).

18 Bozen – viel mehr als nur Südtirols Hauptstadt

Eine Stadt im Wandel

Bozen hat sich verändert, und zwar zu seinem Vorteil. Die Landeshauptstadt ist bunter, moderner geworden, ohne dabei ihr Erbe zu verleugnen. Neben Altem steht oft Neues, der Blick geht eher in die Zukunft als zurück in jene gute alte Zeit, die ja auch nicht immer so gut war, wie ein Blick in die Historie beweist. Bozen heute: eine Stadt voller Überraschungen.

Wie heißt es so schön? Das einzig Beständige ist der Wandel. Das passt ganz gut auf die jüngere Geschichte der Südtiroler Landeshauptstadt, auch auf ihre Zukunftsperspektiven. Vor gerade mal gut einem Jahrhundert – der Ausbruch des Ersten Weltkriegs stand bevor – war Bozen eine Kleinstadt, Handwerk und Gewerbe dominierten, ein paar Hotels versorgten die Touristen, und alles zusammen ernährte rund 13 000 Einwohner. Nach dem Krieg war die K.-u.-k-Monarchie dann Geschichte, und aus Südtirolern wurden mit einem Mal Italiener. Im Gefolge des Faschismus kamen zigtausend Einwanderer aus dem Süden, die Tiroler wurden zu einer Minderheit in ihrer Heimat. Westlich der Talfer, zur Etsch hin, entstand ein neues Wohnquartier, sogar mit Lauben wie drüben im historischen alten Bozen, allerdings im faschistischen Protzstil, und talabwärts, vor den Toren der Stadt, siedelten sich große Staatsbetriebe an.

Wohlstand und ein Eismann

Nach der zweiten Weltkatastrophe ging's bergauf, Südtirol erkämpfte sich seinen Autonomiestatus, wobei auch ein paar Bomben explodierten. Mit dem Tourismus (und großzügigen Zuwendungen u. a. aus Bayern und Rom) kam der Wohlstand, das »Land an der Etsch und im Gebirg'« entwickelte sich zu einem Wachstumsmotor für die italienische Wirtschaft, und die Südtiroler Volkspartei (SVP) sorgte für stabile politische Verhältnisse. Die rußgeschwärzten

Am Abend lädt die Altstadt Bozens Jung und Alt zu einem kleinen Bummel ein (unten). In der Bozner Altstadt, zwischen Obstmarkt und Waltherplatz, herrscht oft ein ziemliches Gewusel. Einkaufen, einkehren oder sich einfach treiben lassen, schauen (ganz unten)? Originelles Detail an der Fassade der Bozner Domkirche: ein steinerner Wasserspeier (rechts oben). Die Johanneskapelle der Dominikanerkirche ist zur Gänze ausgemalt; die Künstler pflegten einen stark von Giotto beeinflussten Stil (rechts unten).

alten Fabrikareale aus Mussolinis Zeit wichen modernen Bürohäusern, Lagerhallen und Fertigungsstätten. Umfragen sahen Bozen in Sachen Lebensqualität bald an der Spitze aller italienischen Städte.
Schließlich erwies sich ein Toter aus längst vergangener Zeit als ein absoluter Glücksfall: Ötzi, die Gletschermumie vom Tisenjoch, 1991 entdeckt, bescherte Bozen einen echten Medien-Hype. Fast über Nacht wurde aus einem verschlafenen Kleinmuseum mitten in der Stadt eine erste Adresse in der Kulturlandschaft, die Besucher aus aller Welt an den Eisack lockte. Dabei ist noch nicht einmal geklärt, ob es sich bei dem Mann im Eis tatsächlich um einen Südtiroler (und nicht etwa einen Italiener) handelt.

Aufbruch in die Zukunft

Mittlerweile ist Bozen dabei, sich ein weiteres Mal zu erneuern. Hier wird – im Gegensatz zum übrigen Italien – gebaut und für die Zukunft geplant. Seit 2008 steht an der Nahtstelle zwischen Alt- und Neustadt, nur ein paar Schritte von der Talfer, das Museion. Mit seiner Glas-Aluminium-Haut ist das Museum für moderne und zeitgenössische Kunst ein echter Hingucker, nicht ohne Absicht zwischen der (deutschen) Altstadt und dem (italienischen) Bozen positioniert. Geplant wurde der Bau vom Berliner Architekturbüro KSV (Krüger, Schuberth, Vandreike), und wer das Museion betritt und hinaufsteigt ins oberste Geschoss, kann den konzeptionellen Grundgedanken leicht nachvollziehen. Die beiden Stirnseiten des 54 Meter langen und 25 Meter hohen, silbern glänzenden Kubus sind riesige Schaufenster – nach dem Motto: öffnen und verbinden statt zu trennen.
Ein mächtiger neuer Stadtturm steht direkt an der Autobahnausfahrt Bozen-Süd: der gläserne Salewa Cube. Dass in den Bau eine Kletterwand – halb in-, halb outdoor – integriert ist, passt natürlich bestens zum großen Bergsportausrüster, signalisiert aber auch: Mit Bozen geht's nach oben.
Ein ganz großes Bauprojekt, das die Stadt nachhaltig verändern wird, befindet sich erst im Planungsstadium: die Neugestaltung des Bahnhofareals. Rund 30 Hektar groß ist das Gelände, heute eine hässliche Brache, die urbanistisch aufgewertet werden soll. Einen Wettbewerb, an dem 138 Architekturbüros teilnahmen, gewann das Konzept des Wieners Boris Podrecca, der bereits das Bozener Hotel Greif umgestaltete – er plant ein neues Quartier zwischen dem flussnahen Boden (den die Einheimischen seiner Schattenlage wegen »Sibirien« nennen) und den gegen St. Magdalena ansteigenden Hängen.

Kirchen, Gassen und Wirtshäuser

Die meisten Besucher Bozens interessieren sich vor allem für Historisches, für alte Mauern, Traditionen. Die Altstadt ist und bleibt ihr erstes Ziel. Hier ist das gotische und barocke Erbe noch ganz lebendig, das Publikum sehr gemischt: italienisch, tirolerisch und – natürlich! – germanisch. Der »Kaffee nach deutscher Art« findet allerdings nur noch wenige Liebhaber, im Trend liegen Caffè und Latte macchiato. Und die Eindrücke, die ein Spaziergang durch das Geviert des historischen Bozen vermittelt, sind ganz klar vielfältiger, bunter als früher. Das liegt auch an der Trend-Mode, die in den Schaufenstern der Lauben ausliegt und die von jungen Italienerinnen mit angeborener Grazie getragen wird. Noch farbenfroher ist der Obstmarkt, und fast an jeder Ecke lockt ein Wirtshausschild zur Einkehr.

Der Weg zu den berühmten Bozner Lauben führt über den weiten Waltherplatz, vorbei am Denkmal für den möglicherweise aus Südtirol stammenden Minnesänger Walther von der Vogelweide (um 1170–1230). Es wurde während der Mussolini-Zeit auf den kleinen Roseggerplatz verbannt, steht jetzt aber wieder an seinem angestammten Platz: ein Held in Übergröße.

Er wird allerdings deutlich überragt vom 65 Meter hohen Turm des Bozner Doms. Die dreischiffige Hallenkirche mit ihrem reich gegliederten Umgangschor wurde um 1295 begonnen, aber erst Anfang des 16. Jahrhunderts vollendet – mit dem filigranen Turmabschluss im Stil der ausklingenden Gotik. Der durchbrochene Helm erinnert stark an süddeutsche Münster (z. B. Ulm); das ist kein Wunder, denn der letzte Baumeister, Hans Lutz von Schussenried, war Schwabe. Lombardische Steinmetze erneuerten 1499 das Hauptportal des Gotteshauses und versahen es mit einer Vorhalle, die auf zwei säulentragenden Löwen ruht. Der reiche plastische Schmuck des Leitacher Törls bezieht sich auf ein altes Privileg zum Weinausschank. Von Hans Lutz stammt auch die aus Sandstein gemeißelte Kanzel (1514), ein Prunkstück der

Ausstattung. Im 18. Jahrhundert bekam das Gotteshaus dann die »zum Style des Ganzen gar nicht passende« (A. Simeoner) Gnadenkapelle in barocken Formen.

Vom Waltherplatz sind es nur ein paar Schritte zur Dominikanerkirche, einem gotischen Bauwerk mit reichem Sterngewölbe. Die kleine Johanneskapelle – seitlich an den Chor angebaut – ist vollständig ausgemalt; die hervorragenden Fresken (1330–1340) sind deutlich von der Kunst Giottos inspiriert.

Ganz weltlich sind dann die Eindrücke am Obstmarkt, von dem schon Goethe fasziniert

Schloss Runkelstein ist eine der besterhaltenen Burgen der Bozner Gegend mit berühmten profanen Fresken aus gotischer Zeit (unten). Ob Walther von der Vogelweide tatsächlich ein Südtiroler war, ist bis heute nicht mit letzter Sicherheit geklärt. Sein Geburtsort wird bei Lajen vermutet (rechts oben). Ein neues Wahrzeichen der Stadt: der Salewa Cube (rechts unten).

war. Den iPhone-Besitzern des 21. Jahrhunderts geht es nicht viel anders: Es herrscht ein lebhaftes Kommen und Gehen, ein echter Augen- und Gaumenschmaus, dazu schon fast italienisches Flair. In den Lauben schlägt das merkantile Herz des alten Bozen – allerdings in neuem Gewand. Denn längst hat sich die (junge) Mode dieser Einkaufsoase bemächtigt. Geblieben ist der historische Rahmen – unter den jahrhundertealten Lauben lässt es sich auch bei Regenwetter gut shoppen. Wer mehr über die Geschichte der Handelsstadt erfahren will, unterbricht den Laubenbummel für einen Abstecher ins Merkantilmuseum, das in dem gleichnamigen, stattlichen Barockbau untergebracht ist.

Eine der ältesten Straßen Bozens ist die Bindergasse, die Anfang des 13. Jahrhunderts erstmals in einer Urkunde auftaucht und früher auch Vordere Gasse genannt wurde. An ihr stehen mehrere Wirtshäuser, darunter das »Weiße Rössl« als ältestes der Stadt. Gleich um die Ecke stößt man auf das »Batzenhäusl«, vor dem Ersten Weltkrieg ein beliebter Künstlertreff, mit eigener Brauerei, nostalgischem Interieur und dazu passender Speisekarte. Wie wär's nach der Einkehr mit einem Verdauungsspaziergang, vielleicht auf einer der Talferpromenaden oder – sozusagen im ersten Stock über den Dächern der Stadt – auf der Guntschna- oder der Oswald-Promenade, Blick auf die Dolomitenzinnen des Rosengartens inklusive?

Die alten Rittersleut

Und dann gibt es da noch den Bozner Burgenkranz. Allenthalben auf den Höhen rund um die Landeshauptstadt ragen alte Mauern in den Himmel, manche nur noch Ruinen, die Haselburg ein feines Restaurant, andere, wie etwa Karneid, in Privatbesitz. Ein Juwel unter den Südtiroler Schlössern ist Runkelstein, das einen schroffen Felsen direkt über der Talfer krönt. Fast scheint es, als wäre die Burg mit ihrem Untergrund verwachsen. Die simple Erklärung dafür: Sie wurde zur Gänze aus rötlichem Porphyr erbaut, dem in der Bozner Gegend vorherrschenden Gestein. Porphyr besitzt die nicht zu verachtende Eigenschaft, sich bei Sonneneinstrahlung rasch aufzuheizen und die Wärme lange zu speichern – sehr praktisch in kalten Winternächten. Zu Zeiten der Rittersleut kannte man den Komfort zentral beheizter Räume ja noch nicht.

Runkelstein wurde um 1237 durch die Herren von Wangen erbaut und in den Kämpfen mit Meinhard II., Graf von Tirol, bereits 1274 schwer beschädigt. Im Jahr 1385 kauften die Brüder Franz und Niklaus Vintler, reiche Kaufleute mit besten Beziehungen zum Hochadel, das Schloss

und erweiterten es. Dabei ließen sie mehrere Räumlichkeiten ausmalen. Der gut erhaltene profane Freskenzyklus ist von einzigartiger kulturhistorischer Bedeutung. Die um 1400 entstandenen Bilder zeigen Szenen aus dem höfischen Leben, aus Rittersagen *(König Artus' Tafelrunde)* sowie die Geschichte der aus dem Pustertal stammenden Vintler.

Der Altar Michael Pachers

Das bedeutendste sakrale Kunstwerk Bozens steht im Bozner Stadtteil Gries, nur wenige Gehminuten vom Benediktinerkloster entfernt: der (leider nicht vollständig erhaltene) Altar des Bruneckers Michael Pacher (um 1435 bis 1498) in der alten Pfarrkirche, entstanden 1471–75 und ohne Gegenstück in ganz Tirol.

Der Schrein zeigt die gekrönte Maria, flankiert von den Heiligen Erasmus und Michael, umgeben von musizierenden Engeln. Die 15 Gemälde auf der Rückseite des Schreins mit Darstellungen aus dem Leben Jesu (um 1480) werden einem süddeutschen Meister zugeschrieben.
Einen Besuch verdient auch das Kloster in Gries, das aus einer Burganlage hervorging und vier Jahrhunderte lang von Augustinern bewohnt wurde. 1845 bezogen die aus Muri in der Schweiz vertriebenen Benediktiner den verwaisten Komplex mit der wuchtigen Kirche in oberitalienischem Spätbarock (Deckengemälde von Martin Knoller, 1773). Sie führten sehr erfolgreich die Tradition des Weinbaus fort. Vor allem die Lagrein-Weine der Klosterkellerei erfreuen sich größter Beliebtheit.

BESUCHERMAGNET ÖTZI

Eine der größten Attraktionen Südtirols ist eine Mumie: Ötzi. Der Mann aus dem Eis zieht die Massen an, jeder will einen Blick auf den Steinzeitmenschen werfen, der vor über 5000 Jahren geboren wurde und oben am Tisenjoch unter mysteriösen Umständen den Tod fand. 1991 gab ihn das Eis am Hauptkamm der Ötztaler Alpen frei, und seit 1998 ist er im *Südtiroler Archäologiemuseum* ausgestellt. Das kann man auch makaber finden, und wissenschaftliches Interesse dürfte bei den zahllosen Besuchern wohl weniger eine Rolle spielen. Die modern konzipierte Ausstellung präsentiert viel Interessantes über die Welt des Ötzi und seine Zeit.

WEITERE INFORMATIONEN

Museion: Piazza Piero Siena 1, I-39100 Bozen, Tel. +39 04 71/22 34 13, www.museion.it
Schloss Runkelstein: Kaiser Franz-Josef-Weg, I-39100 Bozen, Tel. +39 04 71/32 98 08, www.runkelstein.info
Südtiroler Archäologiemuseum: Museumstraße 43, I-39100 Bozen, Tel. +39 04 71/32 01 00, www.iceman.it

Modernes Bauen in Südtirol

Neue Architektur in der Stadt und auf dem Berg. Länder, Landschaften leben mit und von ihren Klischees, vor allem, wenn sie beliebte Reiseziele sind. In Südtirol sind es vor allem die Berge, die das Bild prägen. Und die Kultur. Die manifestiert sich nicht nur im Brauchtum und in einer Liebe zum Traditionellen, sondern auch im architektonischen Erbe von der Romanik bis zum Barock: spitze Kirchtürme, gotische Gewölbe, Stuck und Fresken.

Und die moderne Architektur? Lange Zeit wurde sie, zumindest im Ausland, kaum wahrgenommen. Doch es gibt sie, und sie schafft sich immer mehr Raum, tritt sichtbarer neben das üppige Erbe der Altvorderen, auch abseits der Zentren. Ein Beispiel ist das Ahrntal, vor weniger als einem halben Jahrhundert noch ein »vergessener« Flecken Südtirols. Da lässt sich die Entwicklung fast wie unter einem Brennglas beobachten, an der Ahr und droben am Berg: Alpenbarock contra traditionelle Bauweise. Ein Versuch, Alt und Neu zu verbinden, Kontraste aufzulösen, bildet das rundum verglaste Wohnhaus Steger (Architekt Stefan Hitthaler, 2001). Von der Fachwelt gelobt, fand es bei den Einheimischen ein geteiltes Echo, wie auch der Ergänzungsbau des »Bühelwirt« in St. Jakob (Architekturbüro Pedevilla, 2017) mit seiner dunklen Fassade und dem tiefgezogenen, asymmetrischen Satteldach. Fast schon einen kleinen Glaubenskrieg (zumindest in sozialen Medien) entfachte das Projekt der neuen Schwarzensteinhütte (Stifter + Bachmann). Wer sich die Mühe macht und hinaufsteigt zu dem Haus, das 2018 eingeweiht wurde, dürfte möglicherweise überrascht sein, wie gut sich der holzverkleidete Baukörper in die steinige Hochgebirgswelt einfügt. Ein vergleichbar

Das von Zaha Hadid entworfene Messner-Museum Corones auf dem Kronplatz (unten)

interessantes Projekt wird zurzeit am Eisjöchl (2895 m) mit der neuen Stettiner Hütte realisiert. Noch ein architektonischer Höhenflug, buchstäblich?

Werner Tscholl

Der aus Latsch im Vinschgau stammende Werner Tscholl prägte die neue Südtiroler Architektur ganz wesentlich mit. So setzte er mit seinem Kubus aus roten Ziegeln – die Puni-Destillerie – dem mittelalterlichen Städtchen Glurns einen markanten baulichen Kontrast vor die Stadtmauer – in respektvollem Abstand. Tscholl versteht sich aber nicht nur als Schöpfer spektakulärer Bauten, er möchte auch erhalten, alte Gemäuer revitalisieren. Wie die Schlandersburg, Schloss Sigmundskron als Museum oder die Ruine Reichenberg ob Taufers, sein privates Castle. Alt und Neu stehen in Südtirol fast immer neben-, mitunter auch gegeneinander.
Die Architekten des Museion in Bozen (2008) haben ihren gläsernen Kubus an der Talfer bewusst als Schaufenster zwischen Alt- und Neustadt konzipiert, offen nach beiden Seiten: verbinden statt trennen.

Bauen mit Fantasie

Weinliebhaber wundern sich möglicherweise, dass zwischen Rebbergen und alten Mauern im Unterland moderne Bauten stehen, manche richtige Hingucker wie die einer Weinrebe nachempfundene Kellerei Tramin (Werner Tscholl, 2012) oder die erst letztes Jahr eröffnete, futuristisch anmutende Kellerei Kurtatsch (Dell'Angnolo-Kelderer). Sie stehen für den (auch kommerziell erfolgreichen) Aufstieg der Südtiroler Weine.
Die Liste bemerkenswerter architektonischer Leistungen lässt sich fast beliebig verlängern. Unweit von Bozen, im Etschboden bei Fragant, stehen die zwei Mirror Houses von Peter Pichler, die auf einer Seite völlig verspiegelt sind. Der eigentliche Hingucker am Südrand der Landeshauptstadt ist allerdings der einem Bergkristall nachgebildete Salewa Cube, eine Kletterhalle. An der Fassade reflektieren sich die Berge rund um das Etschtal, symbolhaft für die Verbindung zwischen dem Bergsportausrüster und der Natur.

Gipfel der Architektur?

An diesem Spagat hat sich auch die berühmte britisch-irakische Architektin Zaha Hadid (1950–2016) versucht, mit dem Messner Mountain Museum Corones am Gipfelrücken des Kronplatzes. Ob es sich dabei um einen futuristischen Geniestreich handelt oder eher um ein »am Berg gestrandetes UFO«?

Ein echter Hingucker: die Kellerei Tramin von Werner Tscholl (oben). Futuristisch – der Aluminiumwürfel neben dem Eingang zur neuen Kellerei Bozen (unten).

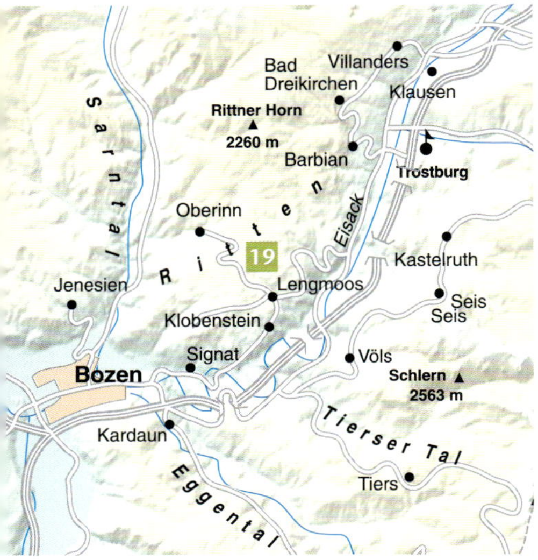

19 Ritten – wo die Sommerfrische »erfunden« wurde

Die Bozner Sommerfrische

Die Stadtnähe des Rittens war für die Bozner schon früh eine Einladung zur Sommerfrische, und die wurde tatsächlich hier »erfunden«, vom damaligen Bürgermeister der Stadt, der im Sommer einen Rittner Steinbruch besuchte. Dabei gefiel ihm die frische Luft so gut, dass er beschloss, sich hier ein Haus zu bauen. Seinem Beispiel folgten bald andere begüterte Bozner.

Hinterlassenschaft der Eiszeitgletscher: die Erdpyramiden im Finsterbachgraben (unten). Noch heute verkehrt zum Ritten die 1907 eröffnete Schmalspurbahn, lediglich die Zahnradstrecke hinauf nach Oberbozen wurde durch eine Seilschwebebahn ersetzt (rechts oben). Im Eisacktal gedeiht die Kastanie (rechts unten).

Wer schon einmal an einem heißen Sommertag in Bozen unterwegs war, kann leicht nachvollziehen, weshalb sich wohlhabende Städter bereits im 17./18. Jahrhundert gern eine Sommerfrische auf diesem Plateau leisteten. Auf dem Ritten, rund 1000 Meter über den aufgeheizten Mauern und der heiß-stickigen Luft, sind die Temperaturen erträglich, zudem weht meistens ein leichter Wind. Wie angenehm, im schattigen Garten zu sitzen und die Aussicht zu genießen.

Die Rittner Bahn

Die Geschichte des Rittens verliert sich im Dunkel prähistorischer Zeiten; immerhin sind über 50 Wallburgen nachgewiesen. Im Mittelalter führte der Brennerweg, einem uralten Pfad der Räter folgend, über den breiten, gegen das Rittner Horn ansteigenden Höhenrücken, der mit steilen Porphyrfelsen auf der einen Seite zum Eisack, auf der anderen zur Talfer abbricht. Mit den reichen Boznern kam im 19. Jahrhundert auch der Tourismus und schließlich sogar die

Eisenbahn auf den Berg. Die 1907 eröffnete Bahnlinie war zwölf Kilometer lang und führte vom Bozner Waltherplatz bis nach Klobenstein. Die Steigung nach Mariä Himmelfahrt (1176 m) überwand die von Anfang an elektrifizierte Bahn an der Zahnstange; dafür war eine spezielle Lok notwendig.

Nach einem folgenschweren Unfall kam in den 1960er-Jahren das teilweise Aus für die Rittnerbahn, und die Zahnradstrecke wurde durch eine Seilschwebebahn ersetzt. Als gravierender für die Sommerfrischen-Idylle erwies sich dann der Bau einer modernen Straße auf den Ritten. In der Folge brach ein regelrechter Bauboom über die sonnige Mittelgebirgsterrasse herein. Was hätte der aus Oberbozen stammende Heimatautor Hans von Hoffensthal (1877–1914), seinerzeit ein vehementer Gegner der Bahn, wohl zu dieser Entwicklung gesagt?

Die Idylle hat gelitten, keine Frage, die Schmalspurbahn zwischen Mariä Himmelfahrt und Klobenstein verkehrt aber immer noch, ab und zu auch als Nostalgiezüglein. In Klobenstein ist es dann nicht mehr weit zur größten Sehenswürdigkeit am Ritten: den Erdpyramiden. Die bizarren Gebilde im Graben des Finsterbachs bestehen aus Moränenschutt; wo ein größerer Felsbrocken die Erosion verhinderte, wuchsen nach und nach beachtlich hohe, schlanke Türme: Skulpturen mit Verfallsdatum.

Das Rittner Horn

Höchster Punkt des Ritten ist sein Horn (2260 m), das eine altberühmte Aussicht bietet und deshalb gern aufgesucht wird. Das liegt auch daran, dass ein Sessellift den Anstieg auf einen besseren Alpinspaziergang verkürzt, zudem ist der Weg weder steil noch steinig. Dass der Gipfel mit allerlei modernem Zierrat (Antennen) geschmückt wurde, macht ihn nicht schöner, und auch das Rittner-Horn-Haus ist nicht unbedingt als Perle der Alpinarchitektur zu bezeichnen. Das Bier schmeckt trotzdem, und versüßt wird der Aufenthalt allemal durch die faszinierende Kulisse am östlichen Horizont: das Sägezahnprofil der Dolomiten mit dem Langkofelmassiv und dem Elefantenrücken des Schlern.

Den Blick dürfen auch jene genießen, die nicht so weit aufgestiegen sind und sich mit einer kleinen Wanderrunde auf Mittelgebirgsniveau begnügt haben, etwa in der Umgebung von Wolfsgruben oder drüben in Lengstein. Von Oberbozen aus kann man einen Abstecher zu den Erdpyramiden im Katzenbachgraben unternehmen, vielleicht mit einem Schlenker über Mariä Himmelfahrt mit seinen stattlichen Sommerhäusern und der schön gelegenen Barockkirche. Einkehrmöglichkeiten gibt es am Ritten natürlich viele, etwa »Bad Siess«, wo sogar Heubäder verabreicht werden.

WANDERN UNTER KASTANIENBÄUMEN

Die Kastanie gehört fest zum Herbst, und beim Törggelen kommen die gebratenen Früchte natürlich auf jeden Tisch, wie der »Nuie«, der junge, noch trübe Wein. Den schönsten Kastanienhainen Südtirols begegnet man im Eisacktal, und da gibt es sogar einen »Keschtnweg«. Er ist über 50 Kilometer lang und führt in vier Etappen mit einigem Auf und Ab an der Westflanke des Tals von der Landeshauptstadt Bozen bis nach Brixen (oder umgekehrt). Der überwiegend komfortable Weg ist durchgehend markiert und weist nur einen längeren (im Sommer heißen) Anstieg auf, von Bozen zum Ritten. Als eigentliche »Königsetappe« gilt der Abschnitt von Unterinn nach Saubach bei Barbian, etwa fünf Stunden weit (reine Gehzeit) mit einigem Auf und Ab. Blickfang sind immer wieder die Dolomitenzacken jenseits des Eisacktals, besonders schön vom Hügelkirchlein St. Verena.

WEITERE INFORMATIONEN

Tourismusverein Ritten: Dorfstraße 5, I-39054 Klobenstein/Ritten; Tel. +39 04 71/35 61 00, www.ritten.com

Ein gesegneter Landstrich: das Überetsch mit seinen Weinbergen. In der Bildmitte der mächtige Kirchturm von St. Pauls.

Burg und Berg aus dem gleichen (Porphyr-) Stein: Sigmundskron am Mitterberg (oben). Der Bergschuh von Günther Messner, dem am Nanga Parbat verunglückten Bruder Reinholds (rechts unten). Ein Kletterer und Weltenbummler in seinem Museum: Reinhold Messner. Er bezeichnete das Projekt als seinen 15. Achttausender (rechts oben).

20 Messner Mountain Museum Firmian – Berge und Bergsteiger

Mensch und Berg

Reinhold Messners Mountain Museum (MMM) besteht aus sechs Teilen (fünf in Südtirol, eines im Bellunese), die thematisch alle im Spannungsfeld zwischen Mensch und Berg angesiedelt sind. Dies gilt auch für das MMM Firmian, das Herzstück des Museums, das auf Schloss Sigmundskron, nur ein paar Kilometer von der Landeshauptstadt Bozen entfernt, einen besonders attraktiven Platz hat.

Südtirol ist Burgenland, das sieht man besonders schön bei einer Fahrt durchs Überetsch oder in den Vinschgau. Auf so mancher Felskuppe thronen alte Mauern, manche noch bewohnt, andere längst verlassen, alle mit langer, oft wilder Geschichte, viele waren auch in blutige Händel verstrickt. In Schloss Englar kann man heute stilvoll übernachten, das gepflegte Renaissance-Ambiente inmitten von Weinbergen genießen, auch Schlösschen Warth und Schloss Korb bieten sich nostalgisch angehauchten Seelen als Quartiere an. Und dann ist da noch Sigmundskron, vor nicht allzu langer Zeit dem Verfall nahe, jetzt restauriert und als malerische Kulisse für den schönsten Stein in Reinhold Messners Museumskette MMM wiederbelebt. Die Burgruine, eine beeindruckende Anlage, ist Blickfang bei jeder Reise durch die Bozner Landschaft. Sie thront auf einem markanten Porphyrfelsen über dem Zusammenfluss von Etsch und Eisack, und aus ebendiesem Eruptivgestein bestehen ihre Mauern. Das fügt sich gut, denn Steinen ist auch Messners Museum gewidmet, ganz großen allerdings: den Bergen der Welt und ihrem Verhältnis zum Menschen, zu Kultur und Gesellschaft. Sind sie Sitz der

Götter oder nur ein geografischer (Hoch-)Punkt, den es zu erobern gilt? Furcht einflößend oder herausfordernd? Die bauliche Umsetzung von Messners Museumsidee übernahm Werner Tscholl, ein renommierter Südtiroler Architekt (»Wir haben ein Material vorgefunden – die alten Steinmauern –, und wir antworten mit einem Material: Stahl«).

Aus Formigar wurde Sigmundskron

Um die Mitte des 10. Jahrhunderts wird in den Urkunden erstmals ein befestigter Platz erwähnt, später diente die Burg unter dem Namen »Formigar« den Bischöfen von Trient als Stützpunkt. Von dieser alten Feste sind neben einigen Grundmauern die Kapellenruine (Freskenreste, 11. Jh.) und ein Viereckturm der unteren Vorburg erhalten. 1473 kaufte Erzherzog Sigmund »der Münzreiche« die Burg und ließ sie als Bollwerk gegen die im Etschtal vordringenden Venezianer großzügig ausbauen. Weil ihm das Geld ausging, musste er Sigmundskron allerdings bald verpfänden. In der Folgezeit verfiel die Anlage mehr und mehr, auch einige Besitzerwechsel änderten nichts daran. 1957 machte Sigmundskron noch einmal Schlagzeilen: Aus Protest gegen die Nichteinhaltung der Pariser Verträge (»Los von Trient!«) durch die italienische Regierung versammelten sich in der Burg 30 000 Südtiroler, angeführt vom Landeshauptmann Silvius Magnago. – Eine Ausstellung im Weißen Turm zeichnet die Geschichte von Sigmundskron nach.

Das Museum

Der Rundgang durch Burg und Museum führt zuerst zum nordseitigen Rondell, wo man Religionsstiftern aus den Bergen und ihren Schülern begegnet, dann – vorbei an fernöstlichen Fabelwesen und einem mächtigen Bergkristall – zum Palas. Im Innern sind auf mehreren Etagen die Entstehung der Alpen und die Geschichte der Erstbesteigungen thematisiert, von der ersten Bezwingung des Montblanc im Jahr 1786 bis heute.

Im Rondell Ost kreisen Installationen und Exponate um legendäre »Schlüsselstellen« an Eiger, Matterhorn, in den Dolomiten, am Cerro Torre und El Capitan. Reinhold Messner: »Es geht mir um die Erfahrung nach innen, die Eroberung jener weißen Flecken in uns, die beim Blick in die Tiefe, in der Todeszone der Achttausender oder beim Sich-Verlieren in der Natur aufbrechen.« Diese Erfahrungen hat der Südtiroler ja mehrfach gemacht, vor allem im Himalaja. Die Achttausender und die Seven Summits (die höchsten Gipfel jedes Kontinents) werden im westseitigen Rondell vorgestellt. Den Abschluss der Runde macht der Torturm (Ein- und Ausgang): Mensch und Berg, Wüste, Mythen und Fragen.

REINHOLD MESSNER – DER GRENZGÄNGER

Wer aus einer engen Welt kommt, den zieht es hinaus in die weite Welt, wer innerhalb tradierter Vorstellungen aufgewachsen ist, will später seine Grenzen ausloten. Der 1944 in Villnöß geborene Reinhold Messner geht bis ans Limit und manchmal auch noch ein Stück weiter; Widerstände haben ihn stets beflügelt, im Steilfels, jenseits der Todesgrenze im Himalaja, in der Wüste oder in der Antarktis. Der Bergbauer und Naturschützer hat mit seinen Büchern und dem MMM Bleibendes geschaffen – und auch immer wieder für belebende Kontroversen gesorgt.

WEITERE INFORMATIONEN

Messner Mountain Museum Firmian: Sigmundskronerstraße 53, I-39100 Bozen, Tel. +39 0471/63 12 64, www.messner-mountain-museum.it

21 Hocheppan – die schönste Burg im Überetsch

Trutzburg am Rand des Überetsch

Burgen gibt's viele in Südtirol, und einige davon thronen im Überetsch. Doch nur wenige entsprechen so sehr dem Klischee einer mittelalterlichen Feste wie Hocheppan. Dazu passt, dass die Eppaner beinahe Herren über ganz Tirol geworden wären. Besonders schön ist die Tatsache, dass das Highlight unter den Burgen des Landes nur zu Fuß zu erreichen ist.

Hocheppan, auf einem Felszacken über dem Etschtal thronend, spielte in der Geschichte Tirols eine wichtige Rolle (unten). Kunsthistorisch bedeutsam sind die romanischen Wandmalereien der Schlosskapelle (rechts oben) mit der ältesten Darstellung des Tiroler Nationalgerichts (rechts unten).

Das Profil ist unverkennbar und auf jeder Fahrt rund um Bozen ein Blickfang: hohe Mauern auf einem felsigen Porphyrsporn, darüber der Bergfried in den Himmel ragend, etwas tiefer am Hang der eckige Pulverturm. Das »Castro de Epan« taucht erstmals in einer Urkunde aus dem Jahr 1211 auf. Die Eppaner gehörten damals zu den einflussreichsten Familien Südtirols und machten aus ihren Ambitionen keinen Hehl. Nach jahrzehntelangen Auseinandersetzungen unterlagen sie aber den ebenso machthungrigen Grafen von Tirol; um 1300 soll das Geschlecht dann bereits ausgestorben gewesen sein.

Die mächtige, auch im Verfall noch eindrucksvolle Anlage geht im Kern auf das erste Drittel des 12. Jahrhunderts zurück. Sie umfasste ursprünglich nur den inneren Bering mit dem fünfeckigen, ungewöhnlich hohen Bergfried, dem Palas, einem turmartigen Wohntrakt an der Ostmauer und der Kapelle. Später – vor allem im 16. Jahrhundert – wurde sie erheblich erweitert, u. a. um die Vorburg an der Nordseite. Kulturhistorisch bedeutsam ist die Kapelle, vor allem durch ihre gut erhaltenen Fresken: »Die Altarwand ist mit ihren drei Apsiden ganz von der monumentalen Strenge byzantinisch beeinflusster Hochromanik erfüllt«, heißt es in einem

MAMAS KNÖDELREZEPT

Südtiroler Knödel sind recht einfach herzustellen: Für zehn Knödel ca. 150 g schnittfestes Weißbrot oder Knödelbrot in kleine Würfel schneiden. Eine halbe Zwiebel, geschält und fein zerkleinert, in Butter andünsten, mit dem Brot vermischen. 2 Esslöffel Mehl und 80 g Speck (in Würfel geschnitten) unterheben. 100 ml Milch, 2 Eier, 1 Esslöffel Petersilie und etwas Salz verrühren, dann mit dem Rest gut vermengen. Die Masse 15 Minuten ziehen lassen, anschließend mit nassen Händen (oder mit einem Löffel) Knödel formen, sie in kochendes Salzwasser geben und ca. 15 Minuten ziehen lassen (nicht kochen). Herausfischen und servieren, wahlweise in einer Brühe oder zusammen mit Krautsalat. Guten Appetit!

Kunstführer von 1965, der allerdings ein sehr reizvolles Detail unterschlägt: die sogenannte Knödelmuttergottes an der Südseite der Kapelle. Maria (liegend dargestellt) wendet sich einer kleinen Gestalt zu, die einen Knödel isst – die älteste Darstellung des Tiroler Nationalgerichts!

Wanderschuhe schnüren!

Wer sich im Innenhof von Hocheppan (628 m) zu einer Marende niederlassen und dabei den Blick übers Etschtal genießen will, muss seine Wanderschuhe schnüren. Der Weg zurück ins mittelalterliche Ambiente ist zwar nicht sehr weit, aber immerhin geht's ein Stück weit bergan. Das ist gut so, denn nach der Bewegung schmecken Speck und Wein garantiert noch besser. Anschließend kann man die Tour durch den Graben des Wieserbachs fortsetzen. Da helfen solide Eisenstiegen über eine Steilstufe, bevor es hinübergeht nach Boymont. Am Schloss aus dem 13. Jahrhundert sind der regelmäßige Grundriss (45 mal 41 m) und das Fehlen eines Burggrabens ungewöhnlich. Ins Auge fallen die schönen romanischen Triforienfenster. Vom fünfgeschossigen Bergfried (Plattform) genießt man einen bezaubernden Rundblick – wer mag, kann sich ans Zählen der Burgen und Kirchtürme rundum machen (14 Schlösser sollen es sein).

Der Dom auf dem Lande

Der mächtigste Turm ist 86 Meter hoch und gehört zum »Dom auf dem Lande«. So wird die Pfarrkirche von St. Pauls gelegentlich genannt, was man angesichts der Dimensionen des Gotteshauses (und vor allem seines Glockenturmes) durchaus verstehen kann. Erbaut wurde die Kirche in mehreren Etappen zwischen 1461 und 1552; jüngeren Datums ist der Turmabschluss mit der markanten Zwiebelhaube (vor 1650). Noch aus dem 15. Jahrhundert stammt der dreischiffige Umgangschor, und im ersten Viertel des 16. Jahrhunderts entstanden die Fassade und das dreischiffige Hallenlanghaus, dessen Kreuzrippengewölbe allerdings erst um 1550 durch Andrea Crivelli und Lorenz della Botta im Stil nachklingender Gotik ausgeführt wurde. Berühmt ist das Geläut der Kirche. Die größte Glocke wiegt viereinhalb Tonnen! Sie wurde 1701 bei Georg Grasmair in Brixen gegossen. Beim Transport und der Installation des Schwergewichts dürfte viel Schweiß vergossen worden sein.

WEITERE INFORMATIONEN

Burg Hocheppan: Hocheppanerweg 16, I-39050 St. Pauls-Missian, Tel. +39 04 71/66 22 06, www.hocheppan.com

Tourismusverein Eppan: Rathausplatz 1, I-39057 Eppan, Tel. +39 04 71/66 22 06, www.eppan.com

Bei einem Bummel durch die Überetscher Dörfer entdeckt man immer wieder hübsche architektonische Details (oben). Gehören untrennbar zusammen: Kalterer Wein und Kalterer See. Darüber am Mitterberg der Turmstummel der Leuchtenburg (rechts oben). Im Keller des Kalterer Weinmuseums (rechts unten).

22 Südtiroler Weinstraße – Überetsch und Kalterer See

Rebberge, Schlösser und Seen

Nirgends ist Südtirol dem Süden näher, scheint die Sonne schöner und schmeckt der Wein besser als im Überetsch und im Unterland. Hier sind die Berge nur noch Kulisse, jeder Hügel ein Weinberg, mindestens auf der Sonnenseite, und drunten an der Etsch stehen die Apfelbäume Spalier. Eine Landschaft, die zum Verweilen einlädt, zum Genießen, mit oder ohne Kalterer & Co.

Überetsch und Unterland sind gesegnete Landstriche, klimatisch begünstigt, dem Süden noch ein Stück näher als der Rest Südtirols. Auf fast jedem Hügel thront hier ein Schloss oder ein spitzer Kirchturm, dazwischen liegen die Weindörfer. Im Frühling verwandeln sich die Apfelplantagen an der Etsch in ein riesiges weißes Blütenmeer, im Herbst wird die Ernte eingefahren. Dass die Weinernte ordentlichen Gewinn bringt, lässt sich an den teilweise futuristischen Tempeln der Weinbaugenossenschaften ablesen. Längst mischen Südtiroler Weinbauern die Branche kräftig auf und holen bei den italienischen Weinmessen Preise ab. Vorbei sind die Zeiten, als der Genuss des Kalterers keiner war und mitunter unangenehme Nachwirkungen hatte.

Die Fahrt von Bozen nach Salurn ist eine Reise ins Adelsparadies des Überetsch, durch malerische Dörfer, vorbei an alten Burgen und vielen Weingütern, hinab zum Kalterer See, der möglicherweise noch berühmter ist als der gleichnamige Wein, und schließlich im Unterland hinaus zum südlichsten Flecken Tirols, über dem das bleiche Gemäuer der Haderburg auf einem schroffen Felsen thront.

Besonders reizvoll ist die Fahrt mit dem Rad, an der frischen Luft. Bei gemütlichem Tempo benötigt man etwa drei Stunden für die Strecke. Da bleibt ausreichend Zeit für Pausen, in einem schattigen Gastgarten oder an einem schönen Plätzchen im Grünen. Wer die eine oder andere Weinkellerei ansteuert, muss sich freilich bewusst sein, dass übermäßiger Alkoholgenuss auch unmotorisierte Zweiradler leicht aus der Spur bringt.
Die Fahrt ins Überetsch beginnt hinter Sigmundskron mit der Steigung nach St. Michael, die Radfahrer auf der Trasse der ehemaligen Überetscher Bahn bewältigen. Sie stellte 1963 ihren Betrieb ein – schade! Am Ortsrand kann man in zwei Richtungen abbiegen: rechts oder links, hinein in den Ort oder durch den Wald zu den Montiggler Seen.

Überetscher Seligkeit

Das Weindorf St. Michael ist Verwaltungszentrum der Großgemeinde Eppan, die den nördlichen Teil des Überetsch mit rund 10000 Einwohnern umfasst. Rebstöcke gibt's garantiert noch viel mehr – Eppan ist immerhin Nummer eins unter den Südtiroler Weinanbaugebieten. Beachtlich ist die Dichte an Edelsitzen, Gutshöfen, Schlössern und Gasthäusern. So führt jeder Ausflug in das hügelige Umland fast zwangsläufig zu einem schattigen Gastgarten mit Blick auf Berge und alte Mauern. Auf kleinen Wanderungen lässt sich der »Überetscher Stil« – eine Verbindung gotisch-nordischer Bauelemente wie Erker und Zinnengiebel mit solchen der lombardischen Renaissance – gleich vor Ort studieren.
Modelliert wurde das Überetsch in der Eiszeit durch den mächtigen Etschgletscher, das Eis war hier vor rund 20000 Jahren etwa anderthalb Kilometer dick! Die Montiggler Seen – der größere hat eine Fläche von immerhin etwa 18 Hektar – liegen in flachen Toteismulden. Beide Seen bieten gute Bademöglichkeiten bei sehr angenehmen Wassertemperaturen, zusammen mit dem weitläufigen Montiggler Wald bilden sie ein beliebtes Ausflugsgebiet.

Eine Weinpresse im Kalterer Museum (unten). Die Kirche St. Vigilius in Altenburg (rechts oben). Im Weingut Manincor werden Weine nach streng ökologischen Grundsätzen angebaut (rechts unten). Die Besitzer, Michael Graf Goëss-Enzenberg und Sophie Gräfin Goëss-Enzenberg, gelten als Vorreiter einer umweltgerechten Produktionsweise.

Das Weinmuseum

Eppan mag größer sein, Kaltern ist trotzdem das Weindorf des Überetsch. Da ist es nur logisch, dass sich hier auch das Südtiroler Weinmuseum befindet. Es präsentiert eine Sammlung historischer Gerätschaften, dazu wird die Arbeit im Weinberg anschaulich dargestellt, auch im Wandel der Zeit. Ein Gemälde zeigt den kleinwüchsigen Perkeo aus Salurn, der um 1716 an den Hof des pfälzischen Kurfürsten Karl III. Philipp kam, wo er als Mundschenk diente. Er soll dabei dem Wein kräftig zugesprochen haben – kein Wunder, war er doch für den fürstlichen Weinkeller zuständig.
Und das große Fass hatte ein Volumen von über 200000 Liter...
In dem ans Museum angrenzenden Garten lernt man verschiedene Methoden der Rebpflege kennen, dazu auch einige Sorten, die heute kaum oder gar nicht mehr angebaut werden wie die Bozner Seidentraube, das Gschlafene oder die Weiße Erdbeertraube.

Der Kalterer See

Noch berühmter als das Dorf ist sein See, 1,5 Quadratkilometer groß und im Sommer bis zu 28 Grad warm – ein alpenweiter Rekord! Das macht den einzigen größeren Badesee Südtirols natürlich zu einem beliebten Ziel für

alle Wasserratten und Sonnenanbeter. Andere, ebenfalls regelmäßige Besucher sind verschiedene Vogelarten (insgesamt an die 100!), die gern im zum Naturschutzgebiet erklärten dicken Schilfgürtel an der Südseite brüten. Auch viele Zugvögel machen am Kalterer See Station, darunter Kraniche, Weißstörche und Kormorane.
Das seichte Gewässer (maximale Tiefe knapp sechs Meter), ein Relikt der Würmeiszeit, liegt ein paar Meter tiefer als der Etschlauf bei Auer. Das führte immer wieder zu Überschwemmungen, weshalb man sich bereits im 18. Jahrhundert zum Bau eines Abzuggrabens (Großer Graben) entschloss, der später verlängert wurde und heute bei San Michele all'Adige in die Etsch mündet.

Mendelpass und Penegal

Die Gemeinde Kaltern reicht nicht nur hinunter zu ihrem See, sondern auch hinauf zum Mendelkamm. Der gleichnamige Pass verbindet das Überetsch mit dem Trentiner Nonstal und ist nicht nur über eine kühn angelegte, kurvenreiche Passstraße erreichbar, sondern auch mit der Standseilbahn. Die 1903 eröffnete Bahn erlebte Höhen und Tiefen und war in den 1980er-Jahren sogar vom Abbruch bedroht. Mittlerweile ist sie total saniert, und moderne Wagen verkehren auf der bis zu 64 Prozent steilen Strecke, die einen Höhenunterschied von fast 900 Metern überwindet. Geplant wurde die Bahn übrigens von einem Schweizer, dem Ingenieur Emil Strub (1858–1909).
Der Mendelpass selbst war um die Jahrhundertwende eine beliebte Sommerfrische. Dass die glanzvollen Zeiten des Tourismus hier schon lange vorbei sind, sieht man den zu groß geratenen Hotelkästen links und rechts der Straße allerdings deutlich an. Die Aussicht ist etwas eingeschränkt; wer das große Panorama erleben will, muss zum Penegal (1737 m) hinauf, zu Fuß etwa eineinviertel Stunden (markierter Weg), motorisiert auf der Gipfelstraße ein paar Minuten. Fantastisch ist der Tiefblick auf das Überetsch und den Bozner Talkessel; am östlichen Horizont stehen die Felszacken der Dolomiten – wow!
Genau im Süden, gut 20 Kilometer näher am Äquator, schmiegt sich Salurn an den Steilhang des Geiersberges. Zwischen dem Aussichtsgipfel und dem Südtiroler Grenzort liegen noch vier weitere Weindörfer: Tramin, die Heimat des Gewürztraminers, Kurtatsch mit dem höchstgelegenen Weinberg des Überetsch am Fennberg (ca. 1000 m), Margreid und Kurtinig, das im Gegensatz zu allen anderen Dörfern mitten in der Talebene liegt. Von Salurn steigt man in 20 Minuten hinauf zur Haderburg, die einen tollen Blick übers ganze Unterland bietet, dieses einzigartige Südtiroler Weinparadies. Prost!

SÜFFIG UND NACHHALTIG

Die Kunst, einen guten Wein zu kreieren, hat viel mit Tradition, Erfahrung und Gefühl für die Natur zu tun. Biodynamisch heißt das Zauberwort: mit, statt gegen die Natur arbeiten, von der Vielfalt des Lebens im Boden profitieren, und dieser Vielfalt nicht mit Chemie zu Leibe rücken. Im *Weingut Manincor,* das seit dem 17. Jahrhundert im Besitz der Grafen Goëss-Enzenberg ist, arbeitet man nach dieser Devise. Zwischen den Rebstöcken werden Getreide und Blumen gepflanzt, weiden bretonische Schafe. Die Verarbeitung der Trauben folgt modernsten önologischen Erkenntnissen. Das Ergebnis sind absolute Spitzenweine, darunter der rote Cassiano und der Weißburgunder Réserve della Contessa. Dass Manincor seinen neuen Keller samt Degustationsraum gleich unterirdisch angelegt hat, ist ein weiteres Steinchen in einem sympathischen Mosaik. Es kommt halt auf die inneren Werte an, und beim Wein ganz besonders.

WEITERE INFORMATIONEN

Südtiroler Weinmuseum: Goldgasse 1, I-39052 Kaltern, Tel. +39 0471/96 31 68, www.weinmuseum.it
Weingut Manincor: St. Josef am See 4, I-39052 Kaltern; Tel. +39 0471/96 02 30, www.manincor.com

Über dem mächtigen Graben der Bletterbachschlucht ragt das Weißhorn in den Himmel. Es lässt sich vom Joch Grimm aus leicht besteigen (oben). Rund um den gewaltigen Graben der Bletterbachschlucht informieren Tafeln über erdgeschichtliche Zusammenhänge (rechts unten). Sepp Perwanger mit einem Kochbuch seiner Großmutter (rechts oben).

23 Bletterbachschlucht – was für ein gewaltiger Graben!

Der Grand Canyon Südtirols

Das mag schon etwas erstaunen: Eine Schlucht, weitab von Langkofel, Marmolada und Drei Zinnen ist Teil des UNESCO-Welterbes Dolomiten. Das liegt daran, dass in dieser Klamm im Süden Südtirols der Aufbau der »Bleichen Berge« so lehrbuchartig aufgeschlossen ist wie kaum anderswo. Die Bletterbachschlucht ist, wie es ein Geologe einmal formulierte, ein »verirrtes Stück Dolomiten«.

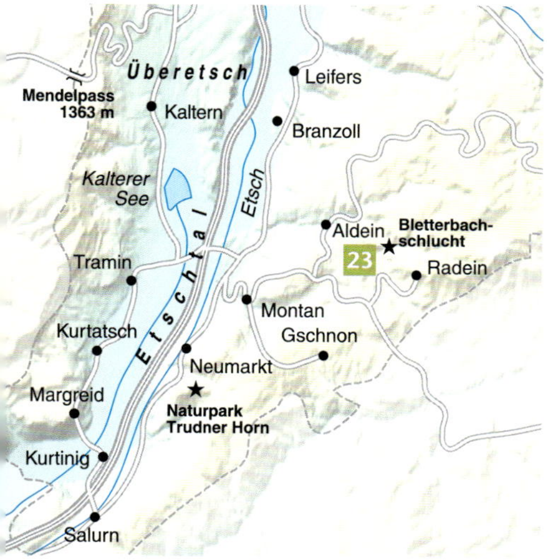

Die größte Schlucht Südtirols war lange Zeit ein übersehenes Naturwunder, versteckt zwischen bewaldeten Höhen ganz im Süden des Landes. Man wollte nach oben, zu den Gipfeln, zur schönen Aussicht – oder ins nächste Wirtshaus. Erst spät geriet die Klamm in den Fokus, und dann wurden auch Wege angelegt und dazu ein Besucherzentrum samt Parkplatz. Mittlerweile werden Führungen unter sachkundiger Begleitung angeboten. Auf der Wanderung, die nicht hinauf-, sondern hinabführt, in den Berg sozusagen, erfährt man viel Wissenswertes. Der Berg präsentiert sich hier als ein aufgeschlagenes Geschichtsbuch, allerdings als eines, auf dessen Seiten von Jahrmillionen die Rede ist: Erdgeschichte. An den Steilflanken lässt sich das Werden der Dolomiten ablesen – ein geradezu exemplarischer »Aufschluss« (so heißt das bei den Geologen), aufschlussreich auch für den Laien, diese Wanderung durch Äonen auf einem Pfad, der, entstanden durch Erosionsarbeit, die Vergänglichkeit selbst der »ewigen« Berge deutlich macht. Unglaubliche zehn Milliarden Tonnen Gestein wurden dabei vom Wasser ins Etschtal transportiert, dann vom zweitlängsten Fluss Italiens zu Sand zerrieben und aus den Alpen hinausbefördert in die Adria.

Jahrmillionen altes Gestein

Über 2000 Meter Höhenunterschied liegen zwischen dem Gipfel des Weißhorns und der Mündung des Bletterbachs in die zwanzig Kilometer entfernte Etsch – erdgeschichtlich mehr als 50 Millionen Jahre. Wie bei einer Torte sind die verschiedenen Gesteine aufgeschichtet. Das Fundament des gewaltigen »Bauwerks« besteht aus Bozner Porphyr, einem rötlichen Gestein vulkanischen Ursprungs (270–225 Millionen Jahre alt), das im Landschaftsbild rund um die Landeshauptstadt dominiert. Auf diesem Untergrund folgen übereinander Grödner Sandstein, Bellerophon- und Werfener Schichten; der »Zuckerguss« am Weißhorn (2317 m) besteht dann aus Sarldolomit. Handelt es sich beim Grödner Sandstein, der im Bereich der Bletterbachschlucht eine Mächtigkeit von 200 Metern erreicht, noch um ein festländisches Verwitterungsprodukt, so zeugen die Bellerophonschichten mit ihren Gipseinlagen bereits von – wenn auch nur seichter und sporadischer – Meeresbedeckung. Die Werfener Schichten leiten die alpine Triasfolge ein (vor rund 225 Millionen Jahren), mit ihnen beginnt die marine Sedimentation (Ablagerung).

Geoparc Bletterbach

Auf der Wanderung durch die Klamm zeigt sich die gesamte permo-triasische Schichtfolge, vom Porphyr bis zum Dolomit, in beispielhafter Weise, kaum von Geröllablagerungen beeinträchtigt. So wird der Ausflug zu einer (entspannten) Lernstunde unter freiem Himmel, und so mancher bunte, vom Wasser in Jahrtausenden rund geschliffene Stein wandert in die Hosentasche eines Junior-Erdkundlers.
Der Geo-Weg in die Klamm ist ausgeschildert; er startet beim Besucherzentrum und führt bis in den Talschluss unter dem Westabsturz des Weißhorns. Es sind zwei unterschiedlich lange Runden möglich: bis ins Butterloch (2,5 Std.) oder weiter bis in die Gorz (4 Std.). Als alternativer Ausgangspunkt kommt auch Radein (1556 m) infrage. Gutes Schuhwerk ist wichtig, denn streckenweise marschiert man im Geröll oder auf felsigem Untergrund. Schlicht grandios ist die Kulisse, mitunter fast schon beklemmend, vor allem, wenn man bis in den hintersten Winkel der Bletterbachschlucht wandert und da zwischen buchstäblich himmelhohen Mauern steht.
Viel Interessantes zur Geschichte der Dolomiten präsentiert das moderne Besucherzentrum (Zufahrt von Aldein), u. a. Fossilienfunde aus der Bletterbachschlucht sowie über 200 Millionen Jahre alte Dinosaurierspuren.

HANNA PERWANGERS LEIBGERICHTE

Radein ist eine kleine Insel, ganz fern von Hektik und Trubel, der Sonne zugewandt. Fast könnte man meinen, hier wäre die Zeit stehen geblieben, und in gewisser Weise ist sie das auch. Denn auf dem *Zirmerhof* wird man heute noch genauso herzlich begrüßt wie damals, als Hanna Perwanger, geborene Nürnbergerin, den Kochlöffel schwang. Dass sie das ausnehmend gut konnte, sprach sich rasch herum, und so wurde der Gasthof bald zu einer Institution. Mittlerweile führt Sepp, ihr Enkel, das Berghotel, und auch er orientiert sich noch an der legendären Küche seiner Großmutter. Übrigens: Wer gerade nicht vorbeischauen kann in Radein, dem sei ein Blick ins Kochbuch *Südtiroler Leibgerichte* von Frau Perwanger empfohlen, das 1967 erstmals erschien.

WEITERE INFORMATIONEN

Geoparc Bletterbach: Lerch 40, I-39040 Aldein, www.bletterbach.info
Berghotel Zirmerhof: I-39040 Radein; Tel. +39 04 71/88 72 15, www.zirmerhof.com

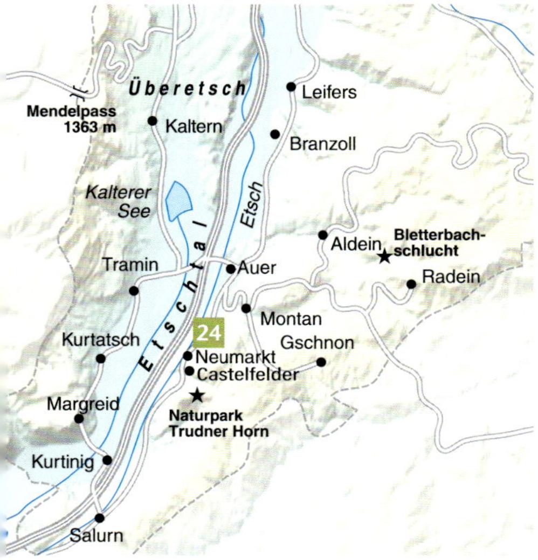

24 Neumarkt und Castelfeder – Mittelalter und noch älter

Flößerplatz und uralte Siedlung

Neumarkt mit seinen malerischen Lauben wirkt wie aus dem Mittelalter-Bilderbuch gefallen. Verglichen mit dem Urzeitplatz von Castelfeder ist es allerdings ein »neuer« Markt, im 12. Jahrhundert gegründet. Da waren die Siedlungen auf dem Porphyrrücken südlich von Auer bereits Geschichte. Nicht ganz ohne Grund wird Castelfeder gelegentlich als »Arkadien Südtirols« bezeichnet.

Flohmarkt in den Lauben von Neumarkt (unten). Castelfeder ist ein geheimnisumwitterter Platz mit langer Geschichte. Blick ins Unterland (rechts oben). Im Naturpark Trudner Horn blüht im Mai der Frauenschuh (rechts unten).

Zu Zeiten, als es weder Straße noch Eisenbahn im Etschtal gab, war der Alpenfluss hier der wichtigste Handelsweg. Die Güter wurden aufs Wasser verladen und traten dann ihre Reise nach Trento oder Verona an. Entsprechend wichtig waren befestigte Plätze am Fluss, wo die Waren gelagert werden konnten. Ein Dokument aus dem Jahr 1189 bestätigt die Gründung eines »neuen Marktes« durch den Bischof von Trient. Von seiner einstigen Bedeutung künden der eng gebaute Ortskern mit den Lauben, den zum Teil erkergeschmückten Häusern und geräumigen Höfen. Neumarkt löste Vill als Flößerplatz ab, später war es Poststation, ehe es in einen Dornröschenschlaf fiel. Heute ist der Weinbau der bedeutendste Wirtschaftszweig. Mazzon, auf einer Hangterrasse oberhalb von Neumarkt gelegen, gilt als Blauburgunder-Paradies. Wer sich davon überzeugen will, kehrt unter den Lauben bei Johnson & Dipoli zu einem Glas Roten ein. Und hinterher kann man ja im Museum für Alltagskultur

noch einen Blick in die gute alte Zeit werfen: Hier sind Tand und Gebrauchsgegenstände aus dem 19. und 20. Jahrhundert ausgestellt.
Ein ambitioniertes Projekt sieht den Aufbau eines Kunstmuseums in einem der letzten erhaltenen »Saalhäuser« des Ortes vor. Der Großraum, der den gesamten Grundriss einnimmt, diente früher als Warenlager; er soll Objekte aus der umfangreichen Würth-Sammlung beherbergen.
Vill, heute nur noch Vorort, wartet dafür mit einem Baudenkmal von Rang auf: der Kirche Unsere Liebe Frau. Ältester Teil des Gotteshauses, das zu den Hauptwerken der Tiroler Gotik gehört, ist der von Meister Konrad aus Neumarkt gestaltete Chor (1412). Langhaus und Turm wurden 1461 begonnen, aber erst Anfang des 16. Jahrhunderts vollendet. Im Innern der dreischiffigen Halle tragen Rundpfeiler ein fein verzweigtes Netzgewölbe mit viereckigen und schildförmigen Schlusssteinen.

Siedlung aus Urzeiten

Von Vill ist es etschaufwärts nur ein Katzensprung zum felsigen Rücken von Castelfeder (408 m). Erdgeschichtlich betrachtet, handelt es sich um einen Ausläufer des (ebenfalls aus Porphyr bestehenden) Mitterberges, von dem ihn heute der Etschlauf trennt. Botanisch-zoologisch ist Castelfeder durch das Nebeneinander extrem trockener und feucht-sumpfiger Standorte hochinteressant. Während man an den sonnendurchglühten Trockenhängen Berberitzen, Brombeeren, Heckenrosen, Weißdorn, Mannaesche und Perückenbaum sowie verschiedenen Hauswurzarten begegnet, gedeihen in den feuchten Senken, wo sich sogar zwei kleine Tümpel halten, Seggen, Fieberklee, Seerosen und Schwertlilien. Der Höhenrücken ist Lebensraum zahlloser Insekten, darunter mehrerer Schmetterlingsarten, in den Hecken fühlt sich die Smaragdeidechse heimisch, und mit etwas Glück kann man sogar eine Gottesanbeterin oder eine Äskulapnatter entdecken. Letztere gilt mit einer Länge von bis zu zwei Metern als größte Schlange im Alpenraum.
Richtig geheimnisumwittert ist die Siedlungsgeschichte von Castelfeder: Rund 160 prähistorische Wohngruben, Überreste einer römischen Straßenstation, langobardisches Mauerwerk sowie Fundamente einer frühmittelalterlichen Burg wurden hier ausgegraben – und damit viele Rätsel. Wen wundert's da, dass der Hügel bei den Einheimischen als »Rabenkofel« bekannt ist und – zumindest früher – mit allerlei Spuk und gespenstischen Ereignissen in Verbindung gebracht wurde. Den aufgeklärten modernen Menschen wird das kaum von einem Besuch abhalten. Doch ganz entziehen können wir uns der eigenartigen Atmosphäre dieses Platzes nicht – auch im Homo sapiens unserer Computerwelt steckt ein Rest Urmensch …

DER NATURPARK TRUDNER HORN

Der *Naturpark Trudner Horn*, der südlichste Naturpark Südtirols, ist (noch) ein kaum besuchter Geheimtipp, vielleicht weil das hochalpine Ambiente fehlt. Das seit 1980 bestehende, knapp 70 Quadratkilometer große Schutzgebiet wartet aber trotzdem mit einigen Sensationen auf, denn es beherbergt die artenreichste Flora und Fauna aller Südtiroler Parks. Einzigartig sind die verschiedenen Waldgesellschaften, vom Flaumeichen-Hopfenbuchen-Buschwald über Trockenrasen, auf denen der duftende Diptam blüht, Föhrenwälder, Buchen- und Tannenwälder bis hin zu den blumenreichen Lärchenwiesen. Im Kammbereich liegen mehrere größere Hochmoore, so am Gampen, am Schwarz- und Weißsee sowie am Langen Moos. In diesen ganz speziellen Lebensräumen gedeihen Rausch- und Moosbeeren, locken Sonnentau und Fettkraut Insekten an, um ihre karge Nährstoffration etwas aufzubessern.

WEITERE INFORMATIONEN

Museum für Alltagskultur: Andreas-Hofer-Straße 50, I-39044 Neumarkt, Tel. +39 335/8 18 75 98
Naturpark Trudner Horn: www.trudnerhorn.com

Wipptal/Pustertal

Die grünen Täler

Wie aus dem Bilderbuch: gotische Häuserzeile der Neustadt von Sterzing (links). Nur für Kletterer: der Normalweg auf die große Zinne (oben). Die stiebenden Wasser der Reinbachfälle an der Mündung des Reintals (unten).

Flüchtiges Farbenwunder: Regenbogen im Pustertal

Wipptal und Pustertal

Vom Brenner in die Sextener Dolomiten

Wer über den Brenner fährt, will meistens in den Süden, vielleicht sogar zum Gardasee. Es lohnt sich aber, in Franzensfeste den Weg ins Pustertal zu nehmen. Manche biegen in Bruneck dann nach Norden ab, um das Tauferer Ahrntal zu besuchen. Geradeaus geht's weiter ins Hochpustertal. Die Drei Zinnen locken!

Die Fahrt in den Süden startet an der Shoppingmeile am **Brenner** recht unspektakulär. Gossensaß, der erste Südtiroler Ort, wird von der Autobahnbrücke regelrecht überfahren. Doch dann, was für ein Kontrast: **25 Sterzing.** Das alte Fuggerstädtchen wirkt mit seinen gotischen Hausfassaden, den Erkern und dem Zwölferturm wie aus einem Südtirol-Prospekt entsprungen. Für viele ein Grund, hier eine erste Pause auf der Reise in den Süden Tirols einzulegen. Und wetten: Der Caffè schmeckt köstlich. Wer länger verweilt, sollte einen Abstecher ins Ridnauntal unternehmen. Ganz hinten wird einem dann klar, wo der Reichtum Sterzings herkam: aus dem Berg, genauer, dem Bergwerk am **26 Schneeberg.** Das Museum bei Maiern informiert umfassend über Geschichte und Bedeutung des Bergbaus. Unerschrockene nehmen an einer Führung in den Berg teil – sehr beeindruckend.

Ins Pustertal

Die riesige Anlage der Franzensfeste, wenige Kilometer vor Brixen, signalisiert dann: links abbiegen ins Pustertal, nach **27 Bruneck.** Hausberg des schmucken Städtchens an der Rienz ist der Kronplatz – Ski-, Aussichts- und Museumsberg in einem. Spektakulär, aber auch umstritten: das futuristische Messner Mountain Museum Corones der irakisch-britischen Stararchitektin Zaha Hadid (1950–2016).

Der Kronplatz gilt als einer der besten Aussichtspunkte Südtirols. Am südlichen Horizont stehen 100 Dolomitenzacken, nach Norden schaut man durchs grüne Tauferer Tal bis nach **28 Sand in Taufers,** das von seiner mächtigen Burg überragt wird. Noch höher in den Himmel ragen die Gipfel des Zillertaler Hauptkamms und der Rieserfernergruppe, viele von ihnen innerhalb des **29 Naturparks Rieserferner-Ahrn.** Mitten in dem 315 Quadratkilometer großen Schutzgebiet liegt das Dörfchen Rein, Ausgangspunkt zahlreicher Wanderungen und toller Gipfeltouren.

Auf der Weiterfahrt ins Hochpustertal laden die beiden schönsten Südtiroler Bergseen zu Abstechern ein: ganz hinten im **30 Antholzer Tal** der gleichnamige See und der **31 Pragser Wildsee,** ein absoluter Hotspot des Südtiroler Tourismus. In **32 Toblach** ist dann die Wasserscheide zwischen Rienz und Drau gewonnen. Der Ort gilt als Tor zu den Dolomiten; am Eingang ins Höhlensteintal liegt der idyllische Toblacher See. Abgeschlossen wird das Tal von dem mächtigen Cristallo-Massiv.

Die Sextener Dolomiten

Drauabwärts kommt man rasch nach **33 Innichen,** dessen Stiftskirche als bedeutendstes romanisches Bauwerk in ganz Tirol gilt. Wer sich für Geologie und Geschichte interessiert, wird dem Museum DoloMythos einen Besuch abstatten. Das führt viele Millionen Jahre zurück, als Dinosaurier die Welt bevölkerten und die Dolomiten noch Ablagerungen am Grund des Tethysmeeres waren.

Bei Innichen biegt man ab zu den Sextener Dolomiten. Noch vor **34 Sexten** kommen die fantastischen Felszinnen ins Blickfeld, und in dem Dorf der Bergsteigerdynastie Innerkofler kann man dann seine Uhr nach ihnen stellen: Neuner, Zehner, Elfer, Zwölfer und Einser. Was für eine Kulisse!

Der berühmteste Bergstock hier ziert sich allerdings: die **35 Drei Zinnen.** Wer ihre Nordwände zu Gesicht bekommen will, muss die

toureninfo

Start: Brennerpass (1370 m)
Ziel: Sexten (1216 m)
Länge: 110 km, mit Abstechern 240 km
Dauer: 2 Tage
Beste Reisezeit: Sommer und Herbst
Sehenswertes: Sterzing, Bruneck, Pragser Wildsee, Stiftskirche Innichen, Drei Zinnen
Unterkunft: Romantik Hotel Stafler in Mauls, Gasthof Oberraut in Amaten (bei Bruneck), Hotel Dolomitenhof im Fischleintal (Sexten)

Weitere Infos

Wem die Wanderung aus dem Fischleintal zu weit und zu anstrengend ist, nimmt am besten in Toblach den SAD-Bus und lässt sich ganz bequem via Schluderbach zum Großparkplatz beim Rifugio Auronzo (2320 m) kutschieren. Zum großen Zinnenblick ist es dann zu Fuß nur noch eine halbe Stunde.

Wanderschuhe schnüren und aus dem Fischleintal hinaufsteigen zur Drei-Zinnen-Hütte. Das dauert. Drei bis vier Stunden Gehzeit sind einzuplanen für die Anstiege durch das Altensteiner Tal bzw. über die Zsigmondyhütte und das Büllelejoch. Aber es lohnt sich.

25 Sterzing – Gotik pur hinterm Brenner

Das Fuggerstädtchen am Brenner

Für viele, die auf dem Weg zu ihrem Ferienziel in Südtirol sind, ist das Städtchen am Eingang ins Pfitscher Tal, gerade mal 15 Kilometer hinterm Brenner, die »erste Ausfahrt Süden«. In der malerischen Neustadt oder am Stadtplatz unter dem Zwölferturm genießt man dann den ersten Caffè oder einen Veneziano – zusammen mit dem schönen Gefühl, im Urlaub angekommen zu sein.

Frühmorgens in der Sterzinger Neustadt; unverkennbar der Zwölferturm (unten). Restaurants gibt es viele in Sterzings Neustadt, eines ist ganz klein, aber besonders fein (rechts oben). Die Burg Reifenstein bei Elzenbaum (rechts unten).

Das malerische Ambiente verführt unweigerlich zu einem kleinen Bummel durch die alten Gassen. Dass die Gotik dominiert, ist eine Folge des verheerenden Brandes, dem um die Mitte des 15. Jahrhunderts Teile von Sterzing zum Opfer fielen. Die Neustadt wurde neu aufgebaut, ganz im Stil der Spätgotik mit schmalen, hohen Fassaden über den Lauben, hohen Erkern und spitzbogigen Portalen. Da und dort führt ein Durchgang in einen malerischen Innenhof, zur »Kleinen Flamme« beispielsweise (wo man vorzüglich isst) oder beim Rathaus, einem stattlichen Bau mit mehrstöckigem Erker – Gotik pur. Im Hof sind ein 1589 bei Mauls gefundener Mithrasstein und ein römischer Meilenstein aufgestellt.

Eigentliches Wahrzeichen des Städtchens ist der Zwölferturm, unverkennbar mit seinem Treppengiebel, der den Stadtplatz gegen die Neustadt abgrenzt. Gegenüber, am Eingang in die Altstadt, steht die Spitalkirche zum Heiligen Geist (1380). Letzteren dürften wohl öfter Patienten angerufen haben, denen die ärztliche Kunst vergangener Zeiten nicht mehr weiterhelfen konnte.

Nördlich an dem Stadtplatz schließt die kleine Altstadt an, eigentlich nur eine Gasse und architektonisch deutlich schlichter gestaltet. Hier wohnten früher vor allem Handwerker, die für den Fuhrwerksverkehr am Brenner wichtig waren.

Nicht im, sondern vor dem Dorf: die Pfarrkirche

Die Lage am Brennerweg würde man heute als Standortvorteil bezeichnen, seinen Wohlstand verdankt Sterzing aber vor allem den ergiebigen Erzadern am Schneeberg. Und weil die Knappen den Bau einer neuen Pfarrkirche mitfinanzierten, wurde sie auf dem freien Feld vor dem Ort errichtet. Damit es die Bergleute nicht so weit zum Gottesdienst hatten.

Der mächtige spätgotische Hallenbau mit seinem seitlich angefügten, gedrungen wirkenden Turm stammt im Wesentlichen aus dem 15./16. Jahrhundert. Thomas Scheiter, ein bekannter Steinmetz seiner Zeit, schuf das reich verzierte Südportal nach Entwürfen von Matthias Stöberl. Es zeigt im Bogenfeld die thronende Madonna, darunter die Wappen des deutschen Königreichs, Österreichs und Tirols, auf dem Sturz eine Inschrift zur Grundsteinlegung durch Maximilian I. Um die Mitte des 18. Jahrhunderts wurde das Innere der Pfarrkirche barockisiert. Johann Adam Mölk, der viel in Südtirol arbeitete, schuf die farbenfrohen Deckengemälde.

Der Multscheraltar im Deutschhaus

Wenige Schritte neben der Pfarrkirche steht das Deutschhaus. Das ursprünglich als Hospiz errichtete Bauwerk kam 1254 an den Deutschen Ritterorden. Der Turm der dreiflügeligen Anlage stammt aus dem 14. Jahrhundert, ein Teil wurde 1752–54 barock umgestaltet. Die Anlage beherbergt neben dem Stadtmuseum (u. a. interessante historische Wandgemälde) das Multschermuseum, das Fragmente des legendären Flügelaltars aus der Pfarrkirche zeigt. Das große Werk kostete damals stattliche 1331 Gulden und diente bis 1779 als Hochaltar. In der Folge ging einiges unwiederbringlich verloren, diverse Figuren wurden ins Ausland verkauft. Eine abenteuerliche Odyssee erlebten die Flügelgemälde, die 1940 als Geburtstagsgeschenk Mussolinis an Göring nach Deutschland kamen, durch eine glückliche Fügung die Kriegswirren aber überstanden.

Obwohl nur noch in Fragmenten zu bewundern, ist die hohe Kunst Hans Multschers (1400–1467) augenfällig. Kein Wunder, dass der Altar des Schwaben die einheimischen Maler und Bildhauer nachhaltig beeinflusste. Die berühmten, sehr detailreichen Flügelgemälde zeigen innen das Marienleben, außen Passionsszenen. Sie stehen in der Tradition niederländischer Vorbilder und stammen möglicherweise von einem Werkstattmitarbeiter Multschers.

EINE BILDERBUCH-BURG

Auf einer felsigen Kuppe mitten im Sterzinger Moos thront *Burg Reifenstein,* Blickfang von der Brenner-Autobahn aus. Der älteste Teil der Anlage ist der 24 Meter hohe Bergfried (um 1140), dem später ein Wohnturm mit trapezförmigem Grundriss angefügt wurde (13. Jh.). 1470 kam Reifenstein an den Deutschen Ritterorden, der die Feste großzügig ausbauen ließ. Damals entstanden die Ringmauer, der Brunnenhof, die mächtige nördliche Vorburg und der Palas, dessen gotische Ausstattung größtenteils erhalten blieb. Ein Prunkstück ist der »Grüne Saal« mit seiner reichen Ornamentmalerei und der fein gearbeiteten Gittertür, die den Raum von der Kapelle trennt. Am Westende des Burghügels steht die Kapelle St. Zeno (17. Jh.).

WEITERE INFORMATIONEN

Burg Reifenstein: Infos unter Tel. +39 339/264 37 52, www.sterzing.com
Multscher- und Stadtmuseum: Deutschhausstraße 11, I-39049 Sterzing, Tel. +39 04 72/76 64 64, www.sterzing.com

Am Schneeberg im innersten Passeier schufteten im 15. Jahrhundert bis zu 1000 Knappen (oben); die Neuzeit baute eine Stollenbahn in den Berg (rechts unten). Früher kam vor allem Muskelkraft zum Einsatz (rechts oben).

26 Schneeberg – vom harten Leben der Knappen

In den Berg hinein

Lust auf ein kleines Abenteuer? Wer keine klaustrophobischen Anwandlungen hat, nicht wirklich ängstlich und gut zu Fuß ist, sollte die Tour ins Innere des Schneebergs nicht versäumen. Sie vermittelt einen nachhaltigen Eindruck vom harten, gefährlichen Leben der Knappen unter Tage. Über Jahrhunderte wurde am Schneeberg nach Erz geschürft, bis weit ins 20. Jahrhundert hinein.

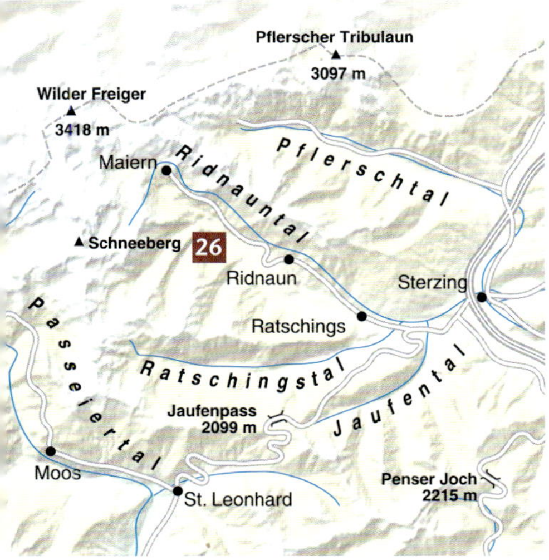

Es ist kalt und zugig. Das Licht der Akkulampe zittert über den Fels, unter den Gummistiefeln platscht das Wasser. Leicht geduckt geht man in dem Stollen, Schritt um Schritt, ab und zu knallt der Helm gegen die Tunneldecke. Fast anderthalb Kilometer lang ist der KarlStollen, dessen Eingang sich im innersten Passeiertal nahe der Waldgrenze befindet. Es handelt sich um einen sogenannten Erbstollen, über den das Wasser aus dem Bergwerk abgeleitet und Frischluft zugeführt wurde. Der Aufschlag erfolgte im Sommer 1660, und fast ein Jahrhundert (!) später wurde die Verbindung mit dem darüberliegenden, vielfach verästelten Stollensystem hergestellt. Beim Bau kam es einmal zu einem verheerenden Wassereinbruch, bei dem ein Dutzend Knappen ertranken.

Erzabbau im Hochgebirge

Der Bergbau am Schneeberg reicht bis ins Mittelalter zurück. Eine Urkunde aus dem Jahr 1237 berichtet bereits von »argentum bonum de sneberch«, vom guten Silber des Schneebergs. Bis 1979, dem Jahr der endgültigen Stilllegung, lieferte der Berg Silber, Blei- und Kupfererze, ab dem 19. Jahrhundert wurde auch nach Zinkblende gegraben. Die Erzadern ziehen sich durch den gesamten Bergkamm, der das Passeier- vom Ridnauntal trennt. Die Gruben-

eingänge liegen fast alle im Westen, der Abtransport erfolgte aber von Anfang an ins Ridnaun, zunächst mit Mulis. Später wurden immer aufwendigere Transportanlagen gebaut: Tunnels, Seilbahnen, Schrägaufzüge, zuletzt auch noch eine Erzstraße. Immerhin liegen fast zehn Kilometer Distanz zwischen den Erzgruben am Schneeberg (2355 m) und Maiern (1426 m), dazu ein hoher Übergang, die Schneebergscharte (2700 m). Um einen bequemeren Abtransport des Erzes ins Ridnaun zu ermöglichen, wurde das Joch bereits 1727 untertunnelt; der Kaindlstollen ist 385 Klafter (680 m) lang. Das Bergwerk am Schneeberg war das ganze Jahr über in Betrieb, sommers wie winters. Die Bedingungen für die Knappen waren entsprechend hart, Unfälle an der Tagesordnung, auch Spannungen zwischen den (oft im Ausland angeheuerten) Bergleuten und den Einheimischen blieben natürlich nicht aus.
In der Blütezeit des Bergbaus waren bis zu 1000 Arbeiter beschäftigt. Am Schneeberg, der seinen Namen nicht zufällig trägt, entstand ein richtiges Dorf. Auch Sterzing profitierte vom Bergsegen. Da hatten die Fugger – immer zur Stelle, wenn es etwas zu verdienen gab – ihre Niederlassung.

Der Abbau von Zinkblende bescherte dem Schneeberg eine letzte Blütezeit. 1870 baute man in Maiern eine große Aufbereitungsanlage. Im ehemaligen Arbeiterwohnhaus ist heute ein interessantes Museum eingerichtet, das alle Aspekte des Bergbaus am Schneeberg beleuchtet. Zu sehen ist auch die »größte Frauensperson Tirols«, die aus Ridnaun stammende Maria Faßnauer (1879–1917). Sagenhafte 2,17 Meter groß soll sie gewesen sein – und eine Attraktion auf Jahrmärkten und Festen in halb Europa, auch auf dem Oktoberfest in München.

Die Stollenbahn

Der »Bahnhof« liegt tief im Berg, knapp 300 Meter unter dem ehemaligen Knappendorf am Schneeberg. Ein 3,5 Kilometer langer Stollen führt ostwärts zum Eingang (1986 m) unweit vom Poschhaus im Lazzacher Tal. Das Züglein, das durchs Dunkel rattert, transportiert längst kein Erz mehr, es befördert eine Gruppe abenteuerlustiger Besucher zurück ans Tageslicht, und manche/r wird nach dem langen Marsch durch den Berg, über Stiegen und Treppen hinauf und hinab – alles nur im Schein der Stirnlampen – froh sein, endlich wieder den offenen Himmel über sich zu haben.

DER SCHNEEBERG INNEN UND AUSSEN

Wer den Schneeberg und seine Untertagewelt kennenlernen will, muss eine der angebotenen Führungen der *BergbauWelt Ridnaun Schneeberg* mitmachen. Absolutes Highlight ist die große Tour (10 Std.). Sie wird nur im Sommer/Herbst durchgeführt, wenn die Schneebergscharte (2700 m) weitgehend schneefrei ist. Voraussetzungen sind etwas Bergerfahrung und eine ordentliche Kondition. Start ist wahlweise in Ridnaun/Maiern oder an der Timmelsjochstraße/Haltestelle Schneeberger Brücke. Für Familien gibt es die Führungen »Schneeberg Kompakt« und »Schneeberg Junior« (2 bzw. 3 Std.). Empfehlenswert ist auch ein Besuch des *Südtiroler Bergbaumuseums* mit vielen interessanten Exponaten aus der langen Geschichte des Schneebergs.

WEITERE INFORMATIONEN

BergbauWelt Ridnaun Schneeberg:
Maiern 48, I-39040 Ridnaun,
Tel. +39 04 72/65 63 64,
www.ridnaun-schneeberg.it
Südtiroler Bergbaumuseum:
Maiern 48, I-39040 Ridnaun,
Tel. +39 04 72/65 63 64,
www.bergbaumuseum.it

Klein, aber fein. In der Brunecker Altstadt gibt es viel zu entdecken: architektonische Details u. a. in der Hintergasse (oben). Und natürlich lädt Bruneck nicht nur zu einem Spaziergang, sondern auch zum Shoppen ein (rechts).

27 Bruneck – Hauptort des Pustertals mit Flair

Im Zentrum des Pustertals

Die Stadt Bruneck, früher ein eher verschlafener Flecken, hat sich in den letzten Jahren ein neues Image zugelegt: innovativ, modern, aber trotzdem der Tradition verpflichtet. Der Kronplatz gilt als das größte Skigebiet Südtirols, Reinhold Messners Museum in der Burg und das Volkskundemuseum sind Anziehungspunkte für Jung und Alt, und die Stadtgasse ist eine der schönsten Einkaufsstraßen Südtirols.

Wenn der Wind von den Zillertaler Gletschergipfeln herabpfeift, ist es zwar meistens eher kühl, dafür ist die Luft glasklar. Da gerät man leicht in Versuchung, den Hausberg von Bruneck zu besuchen, den Kronplatz (2275 m), über den Paul Grohmann, der große Wiener Alpinist, vor 150 Jahren schrieb, »dass die Rundschau … eine der schönsten der Dolomiten ist, und kein Gipfel, den ich kenne, vereinigt wieder die beiden Gegensätze Marmolada und Zillertaler Ferner in solcher Weise mit der schönsten Talaussicht, die man sich denken kann.«
Das stimmt heute noch, doch ansonsten hat sich vieles verändert am Kronplatz, dem seine gutmütig-rundliche Form in gewisser Weise zum Verhängnis geworden ist. Der Massenskilauf hat ihn erobert, sogar Percha ist jüngst mit einer Gondelbahn und einer (natürlich künstlich beschneiten) Pistenautobahn beglückt worden. 30 Seilbahnen und Lifte sowie über 100 Pistenkilometer machen aus dem Berg Südtirols Skigebiet Nummer eins.

Moderne Zeiten

Oben am Berg wird fast immer gebaut, außerhalb der Skisaison natürlich, und irgendwie verhält es sich drunten im Tal ähnlich. Es ist noch gar nicht so lange her, da war Bruneck ein ruhiges Städtchen, in dem man höchstens

PIZZERIA
GATTERER
K. BERNARDI

ungewollt einen Zwischenstopp einlegte: Stau mitten im Ort. Der Bau einer Umfahrung kam nur schleppend voran, die Reischacher wollten den Anschluss an die Moderne gar nicht. Das Schloss, Wahrzeichen von Bruneck, döste vor sich hin, Gourmets machten eher einen Bogen um die Gegend.

Und heute? Als Initialzündung zu einer erstaunlichen Entwicklung könnte man die Eröffnung des Volkskundemuseums im Jahr 1980 bezeichnen, das sich bald als beliebtes Ausflugsziel erwies. In den Folgejahren wurde ein neues Verkehrskonzept mit Umgehungsstraßen und einer Modernisierung der Pustertalbahn realisiert, und im Schloss Bruneck zog mit dem Messner Mountain Museum (MMM) wieder Leben ein. Bruneck bekam ein sehr repräsentatives Rathaus, und erst jüngst öffnete die neue Stadtbibliothek ihre Pforten. Und der Brunecker Skiberg Kronplatz ist jetzt sogar ein Museumsgipfel. Hier hat Reinhold Messner vor ein paar Jahren das MMM Corones eröffnet, einen sehr ambitionierten Bau der berühmten Architektin Zaha Hadid, und die Bergstation der alten Kronplatz-Seilbahn beherbergt seit Kurzem das Museum LUMEN, das die Bergfotografie thematisiert.

Alte Mauern

Im Großen und Ganzen achtet man in Bruneck jedoch darauf, dass alles so bleibt, wie es ist, wenigstens in der Altstadt. Die besteht, etwas überspitzt ausgedrückt, gerade mal aus einer Gasse, stilgerecht mit einem Torturm auf jeder Seite – und vielen Läden dazwischen. Naschkatzen werden den süßen Versuchungen, mit denen der Acherer (Stadtgasse 8) lockt, nur schwer widerstehen können. Südtiroler Fleischspezialitäten vom Feinsten gibt es bei Karl Bernardi (Stadtgasse 36), darunter seinen legendären Speck, mit dem er schon einige Preise gewonnen hat, daneben führt er eine Riesenauswahl an feinen Südtiroler Weinen. Sein neuester Hit sind exzellente handgeschöpfte Schokoladen!

Autos bleiben in der Stadtgasse ausgesperrt, das Gedränge ist zeitweise dennoch recht beachtlich. Über den alten Häusern, von denen viele noch in gotische Zeit zurückreichen, wacht das stattliche Schloss, und auf der Talseite, vor dem historischen Geviert, lädt eine breite, baumbestandene Promenade zum Flanieren oder zu einem Apéro ein.

Wahrzeichen des Fleckens ist die Rainkirche mit ihrem originellen Zwiebelturm. Sie geht im Kern auf die Zeit der Gotik zurück, erhielt ihr heutiges Aussehen allerdings erst im 16./17. Jahrhundert. Noch jünger ist die Pfarrkirche, ein zweitürmiger Bau in neoromanischen Formen mit einer

Der Brunecker Graben (unten). Einmalig: der Stegener Markt im Herbst (ganz unten). Im Südtiroler Landesmuseum für Volkskunde wird die gute alte Zeit lebendig (rechts oben). Fein essen in historischem Ambiente kann man in der Sichelburg (rechts unten).

üppigen, aber höchst durchschnittlichen Ausstattung. Einzige Ausnahme: ein lebensgroßes, ausdrucksstarkes Kruzifix, das Michael Pacher (um 1435–1498) zugeschrieben wird. Der Künstler – als Maler wie als Bildhauer gleichermaßen begabt – führte in Bruneck 30 Jahre lang eine hervorragende Altarwerkstatt. Von seinen Arbeiten sind in Südtirol der Marienaltar in Gries bei Bozen und Teile des Laurentiusaltars in St. Lorenzen erhalten. Ein Fresko am Venezianer Tor der Innicher Stiftskirche weist ihn auch als virtuosen Maler aus. Seine späteren Werke zeigen den Brunecker als einen Künstler an der Schwelle von der Spätgotik zur Renaissance.

Zwei Museen

Das Schloss, nach 1250 als bischöfliche Residenz errichtet und später mehrfach ausgebaut, ist seit 2011 Museum. Reinhold Messner stellt im MMM Ripa die Bergvölker Asiens, Südamerikas, Afrikas und Europas vor, ihre Geschichte und Kultur. Auch die Auswirkungen des modernen Tourismus auf das Leben der Bereisten werden dokumentiert. Den passenden Rahmen bilden die historischen Mauern, und wer den Bergfried besteigt, stellt fest, dass auch die Südtiroler – natürlich! – ein Bergvolk sind: Dreitausender am Horizont und viele Bauernhöfe rundum, mitten in ihren grünen Rodungsinseln.
Bauernhöfe präsentiert auch das Südtiroler Landesmuseum für Volkskunde in Dietenheim bei Bruneck. Hier wird die Vergangenheit lebendig: Das Museum vermittelt ein umfassendes Bild vom bäuerlich geprägten Leben vergangener Tage bis zurück ins 17. Jahrhundert, mit Schwerpunkt auf der Zeit zwischen 1750 und 1850. Auf dem weitläufigen Gelände des Ansitzes Mair am Hof stehen alte Gebäude aus verschiedenen Südtiroler Regionen, original eingerichtet, und es wird traditionelles Handwerk vorgeführt. Da haben auch Kinder garantiert ihren Spaß! Das Museumsgasthaus lädt mit Südtiroler Spezialitäten zu einer gemütlichen Rast ein, natürlich in historischem Ambiente.

In die Nachbarschaft

Die Umgebung des Pustertaler Städtchens bietet viel Interessantes, sie lädt zu kleinen Ausflügen ein, zu Fuß oder mit dem Fahrrad. Der Sonnenburger Hügel in der Nachbargemeinde St. Lorenzen trägt nicht nur die Überreste eines Benediktinerinnenklosters (heute Schlosshotel), sondern auch neun Urzeitstationen, und an der Pustertaler Straße wurde 1938/39 die Römersiedlung Sebatum freigelegt. Das Museo Mansio Sebatum in St. Lorenzen informiert über das antike Erbe; ein archäologischer Lehrpfad führt zu weiteren Fundstellen von der Jungsteinzeit bis ins Mittelalter (Infotafeln; 2 Std.).
Und dann wird man natürlich auch noch der doppeltürmigen Pfarrkirche einen Besuch abstatten. Sie bewahrt mit der »Traubenmadonna« einen besonderen Schatz. Es handelt sich um ein Frühwerk (ca. 1460) von Michael Pacher und war ursprünglich Teil eines Flügelaltars.

KULINARIK IN HISTORISCHEM AMBIENTE

Die Mauern der *Sichelburg* in Pfalzen sind uralt, die getäfelten Stuben sorgen für eine behagliche Atmosphäre, und in der Küche von Mirko Mayr gehen Tradition und originell variierte neue Küche eine gelungene Verbindung ein. Im Sommer kann man auch draußen sitzen, die alten Mauern im Rücken und vor sich die Weite der Pustertaler Landschaft. Da bleibt dann nur die Frage, was besser zum Essen passt: ein Bier aus dem Batzenhäusl (vom Fass natürlich) oder ein feiner Südtiroler Wein. Natürlich kann man sich auch zu einem Glas in der geschmackvoll eingerichteten Weinlounge treffen. Herzlich willkommen!

WEITERE INFORMATIONEN

Messner Mountain Museum (MMM) Ripa: Schloss Bruneck, Schlossweg 2, I-39031 Bruneck, Tel +39 04 74/4 102 20, www.messner-mountain-museum.it
Südtiroler Landesmuseum für Volkskunde: Herzog-Diet-Straße 24, I-39031 Dietenheim/Bruneck, Tel. +39 04 74/55 20 87, www.volkskundemuseum.it
Restaurant Sichelburg: Burgweg 1 a, I-39030 Pfalzen, Tel. +39 04 74/05 56 03, www.sichelburg.it

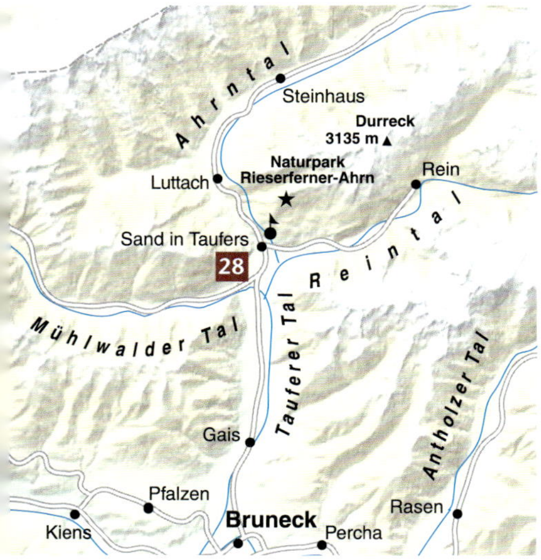

28 Sand in Taufers – am Fuß mächtiger Berge

Sandiger Boden und eine mächtige Burg

Die Berge rund um Sand mögen viel höher sein, der erste Blick gehört trotzdem der mächtigen Burg, die den Eingang zum Ahrntal bewacht. Ihr zu Füßen liegt der Ort, und das konnte man früher durchaus wörtlich verstehen: die Herren dort oben, die Knechte unten. Die Edlen von Taufers sind längst Geschichte, dafür findet im Burghof jeden Frühling ein Ritterfest statt.

In Taufers steht die Kirche nicht im, sondern vor dem Dorf: Mariä Himmelfahrt (unten). Über dem Dorf Sand erhebt sich beherrschend das Schloss Taufers. Früher konnte man das durchaus wörtlich nehmen (rechts oben). Keine Angst, hier fließt kein Blut! Beim Tauferer Ritterfest kommt niemand zu Schaden (rechts unten).

Der Ort Sand in Taufers, ein stattlicher Flecken mit gut 5000 Einwohnern, breitet sich an der Mündung der Ahrklamm aus. Sein Name deutet darauf hin, dass es vor der Regulierung des Wildbachs immer wieder zu Überschwemmungen und Murenabgängen kam. Das erklärt wohl auch, weshalb die Pfarre Taufers außerhalb des Ortes am Fuß der schroffen Pursteinwand steht. Der stattliche Bau aus massigen Granitquadern gilt manchen als »schönste gotische Kirche in den Südtiroler Tälern« (Oberhollenzer). Sie steht auf den Fundamenten eines im 13. Jahrhundert erwähnten Gotteshauses. 1503 begonnen, wurde das Gebäude 1527 von Valentin Winkler vollendet. Der Kirchenraum beeindruckt durch das reiche Netzgewölbe mit seinen runden und viereckigen Schlusssteinen. Einen markanten Akzent ins Weichbild von Sand setzt auch der Ansitz Neumelans am südlichen Siedlungsrand. Der kompakte Baukörper mit seinem hohen Walmdach zeigt vier unten quadratische, oben runde Ecktürmchen und zwei polygonale, über drei Geschosse reichende Erker. Erstaunlich ist – bei Berücksichtigung der damaligen Technik – die kurze Bauzeit: zwölf Monate, und das in den 1580er-Jahren! Der Ansitz ist Privatbesitz, kann deshalb nicht besichtigt werden.

Schloss Taufers

Für jedermann zugänglich ist dagegen Schloss Taufers, zu dem man von Sand in einer Viertelstunde hinaufsteigt. Sie sperrte früher den Zugang zum Ahrntal und damit zu dem wichtigen Handelsweg über den Krimmler Tauern ins Salzburgische. Die ältesten Teile der imposanten Anlage (Bergfried, Breiter Turm und Palas) gehen auf das 13. Jahrhundert zurück, um 1500 wurde die Burg umgebaut und stark vergrößert. Mittelpunkt ist der malerische Burghof. Im Rahmen von Führungen werden die verschiedenen Räumlichkeiten gezeigt. Dabei erfährt man Wissenswertes (und Gruseliges) über Schloss Taufers und seine Geschichte. Das Interieur stammt größtenteils noch aus dem 16./17. Jahrhundert; viele Räume sind mit Zirbenholz getäfelt, darunter der prächtige Gerichtssaal. Für kleine und große Buben ein Highlight ist die Rüstkammer mit ihren Waffen und Harnischen. Sehr unterschiedlich sind die Reaktionen auf die modernen Fresken (1967) von Lydia Roppolt – das Urteil reicht von »hilfloser Zustimmung bis zu scharfer Ablehnung« (so der Heimatkundler Josef Rampold). Über die hohe Qualität der erst 1956 freigelegten Apsisfresken in der Burgkapelle, die dem Brunecker Michael Pacher zugeschrieben werden, sind sich Fachleute und Laien dagegen einig.

Reiner Wasserfälle

Unterhalb der alten Burg rauscht das Wasser durch die Ahrklamm – eine beliebte Raftingstrecke übrigens. Stiebende Wasser gibt's auch am Eingang ins Reintal zu besichtigen, wo der gleichnamige Bach gleich mehrere Kaskaden herabstürzt. In anderthalb Stunden steigt man vom Ortsteil Winkel über den »Franziskusweg« im Wald zur obersten Wasserkaskade auf. In mehreren, schön gestalteten Stationen wird der Sonnengesang des Franz von Assisi thematisiert. Auf einem Felsrücken über dem Reinbach thronen die Überreste der Toblburg, um die sich allerlei Sagen ranken. So musste der Teufel – sagt zumindest der Volksmund – wegen einer verlorenen Wette einst den alten Weg ins Reintal pflastern. Die Energiebarone der ENEL hatten weniger die Schönheit der Schöpfung als vielmehr ihre Nutzung für den Energiehunger der Moderne im Auge, als sie vor ein paar Jahrzehnten von einem riesigen Stausee im Reintal träumten, in dessen Fluten auch das gleichnamige Dörfchen versunken wäre. Glücklicherweise ist nichts daraus geworden, das Tal ist heute Naturschutzgebiet, und die Wasserfälle rauschen wie eh und je – am eindrucksvollsten natürlich im späten Frühling, wenn droben in der Rieserfernergruppe der Schnee schmilzt.

TAUFERER RITTERFEST

Auf Schloss Taufers wird jeweils an einem Maiwochenende das Mittelalter lebendig – ein guter Grund für die ganze Familie zu einer kleinen Zeitreise. Beim Ritterfest fehlen natürlich weder Marketenderinnen noch Ritter, die sich in (unblutigen) Schwertkämpfen messen. Es erklingen alte Weisen, und Gaukler zeigen ihre Kunststücke. Man kann Handwerkern zuschauen, sich die Zukunft aus der Hand lesen lassen oder Feuerspucker bestaunen. Wer sich berufen fühlt, darf sein Geschick beim Bogenschießen oder Axtwerfen beweisen, und für die Kleinen gibt's ein Kinderprogramm. Natürlich ist auch fürs leibliche Wohl gesorgt. Ein Tipp für Rittersleut des 21. Jahrhunderts: das Ritteressen in mittelalterlichem Ambiente (nur nach Vorbestellung).

WEITERE INFORMATIONEN

Tourismusverein Taufers: Josef-Jungmann-Straße 8, I-39032 Sand in Taufers; Tel. +39 04 74/67 80 76, www.sand-in-taufers.com

Das Schloss Taufers kann im Rahmen von Führungen besichtigt werden, im Sommer täglich, im Winter nur Dienstag, Freitag und Sonntag.

Ein beliebter Tourenstützpunkt im Naturpark Rieserferner-Ahrn ist die Kasseler Hütte über dem Bachertal

29 Naturpark Rieserferner-Ahrn – dunkler Fels und gleißender Firn

Gletscher, wilde Wasser und hohe Gipfel

Südtirol ist eine Parklandschaft, nicht weniger als sieben große Schutzgebiete zählt man zwischen Alpenhauptkamm und Unterland. Einer der größten Naturparks umfasst fast die gesamte Rieserfernergruppe im Nordosten des Landes, im innersten Ahrntal reicht er sogar bis zum Hauptkamm der Zillertaler Alpen.

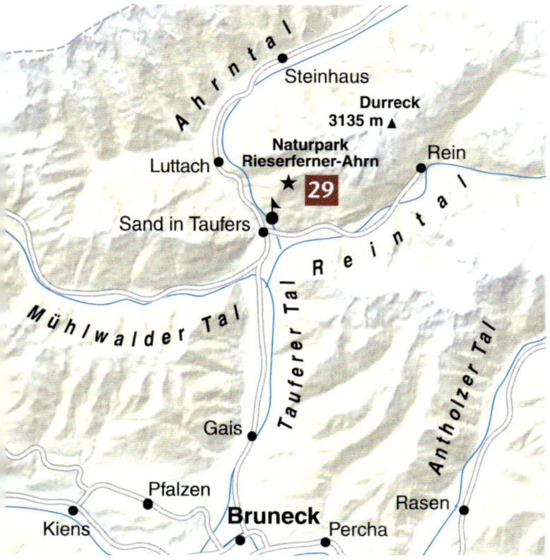

Die nordöstliche Ecke Südtirols gehört vor allem der Natur. 315 Quadratkilometer groß ist der Naturpark Rieserferner-Ahrn, und an der Dreiherrnspitze ist er so hoch, dass ein Gipfelstürmer mit dem Scheitel die 3500-Meter-Marke berührt. Gut zweieinhalb Kilometer tiefer kommen Ahr und Reinbach, die beiden größten Bergbäche des Schutzgebietes, zusammen, und dazwischen liegt eine Berg-und-Tal-Landschaft, die weit mehr als nur schöne Hochgebirgsbilder liefert.

Vergletschert ist neben der Rieserfernergruppe auch das innerste Ahrntal, das sich – parallel zum Zillertaler Hauptkamm – bis hinauf zur Birnlücke (2667 m) erstreckt. In der Geschichte des Tals spielte neben dem Handel mit Nordtirol der Bergbau eine wichtige Rolle. Als er nicht mehr konkurrenzfähig war und eingestellt werden musste, führte man (als Konjunkturprogramm) das Spitzenklöppeln ein. Es hat sich bis heute gehalten, jedoch zumeist als Nebenverdienst, und an den Fenstern so mancher Stube hängen kleine weiße geklöppelte Vorhänge.

Der Bergbau

Das alte Bergwerk von Prettau steht heute für das interessierte Publikum offen. Mit der Stollenbahn kann man einfahren ins Dunkel.

30 Antholzer Tal – Idylle unter mächtigen Granitmauern

Schönster Schmuck des Antholzer Tals ist sein See, über dessen Nordwestufer die mächtigen Gipfel der Rieserfernergruppe aufragen.

Am Fuß des Hochgall

Antholz kennt man vor allem wegen seiner Biathlon-Wettbewerbe. Eigentlich schade, ist das Tal unter dem Hochgall doch im Sommer, wenn's auf den Almen blüht und die Kuhglocken bimmeln, ein Wanderparadies. Und Biker strampeln hinauf zum Staller Sattel, der Antholz mit dem Osttiroler Defereggental verbindet.

Highlight des Antholzer Tals ist ganz klar sein See, 1642 Meter hoch gelegen und vollständig von hochstämmigem Wald umrahmt. Mit einer Fläche von 44 Hektar ist er nach dem Kalterer und dem Haider See das drittgrößte natürliche Gewässer Südtirols und im Sommer ein überaus beliebtes Ausflugsziel mit schön angelegtem Uferweg (Lehrpfad mit Infotafeln; Gehzeit etwa 1 Std., Einkehrmöglichkeit). Unmittelbar am Abfluss des Sees liegt das moderne Biathlon-Zentrum; hier wurden bereits sechsmal Weltmeisterschaften in dieser nordischen Kombination ausgetragen, zuletzt 2020, dazu jedes Jahr Weltcuprennen.

Funde auf dem Berg

Die gewaltigen Südabstürze des Rieserfernermassivs mit dem Hochgall (3436 m) als höchster Erhebung bilden die beeindruckende Kulisse des Antholzer Sees. Im Gemsbichljoch (2791 m), einer markanten Scharte am Hauptkamm des Gebirges, steht die im Sommer bewirtschaftete Rieserfernerhütte des Südtiroler Alpenvereins. Ganz in der Nähe entdeckte der Hüttenwirt 1992 verrottete Kleiderreste. Eine wissenschaftliche Untersuchung ergab, dass die Fundstücke rund 2700 Jahre alt waren. Als noch viel älter erwiesen sich Artefakte eines steinzeitlichen Rastplatzes oben am Staller Sattel: 8500 Jahre!

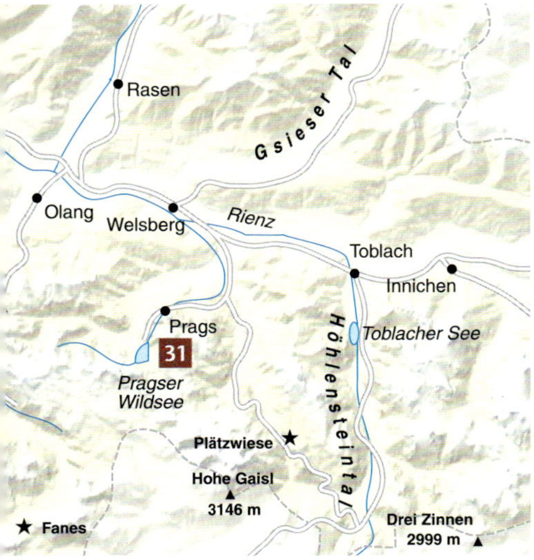

31 Pragser Wildsee – ein echtes Dolomiten-Juwel

Der schönste Bergsee Südtirols

Die Dolomiten sind rar an größeren stehenden Gewässern, was bei dem vielfach löchrigen Untergrund nicht weiter verwundert. Eine schöne Ausnahme macht der Pragser Wildsee etwas abseits des Pustertals, mit dem mächtigen Seekofel als Kulissenberg. Der Wildsee ist heute eines der beliebtesten Ausflugsziele der Region – ein echtes Highlight.

Bauernherrlichkeit im Pragser Tal (unten). Über dem Pragser Tal (St. Veit) ragt der Seekofel in den Himmel (rechts oben). Wanderrevier und Sommerfrische für das liebe Vieh: die Plätzwiese (rechts unten).

Das Landschaftsjuwel der Pragser Dolomiten schlechthin ist ihr Wildsee (1489 m), rund 30 Hektar groß und damit das größte natürliche Gewässer der Dolomiten. Umrahmt von licht bewaldeten Steilufern liegt der bis zu 36 Meter tiefe See am Nordfuß des Seekofel (2810 m), dessen Nordabstürze sich im Wasser spiegeln. Aufgestaut wurde er in prähistorischer Zeit durch einen Bergsturz, der vom Herrstein abging – heute stauen sich an Schönwettertagen die Autos auf der Anfahrt, selbst die großen Parkplätze sind dem Ansturm kaum gewachsen. Wer die Poesie dieses Bergwinkels spüren will, tut gut daran, zumindest den Wochenenden auszuweichen. Oder er macht eine große Wanderung hinauf in die Pragser Dolomiten und kommt erst wieder herunter ins Tal, wenn die Ausflügler längst ihr Eis und ihren Kaiserschmarrn verzehrt haben und nur noch ein paar wenige Besucher auf den Uferwegen unterwegs sind. Dann liegt der See, an dessen (unterirdischem) Abfluss das große Hotel steht, schon im Schatten.

Frau Emma

Das Hotel Pragser Wildsee wurde Ende des 19. Jahrhunderts errichtet, zu einer Zeit, als der Tourismus im Pustertal seine erste Blütezeit erlebte. Bauherrin war eine Frau, über die man

im *Österreichischen Biographischen Lexikon* nachlesen kann: »Hellenstainer Emma (Emerenzia), geb. Hausbacher, Gastwirtin. * St. Johann i. Tirol, 13.4.1818, † Meran (Südtirol), 9.3.1904. Wirtstochter, Nichte Johann Panzls, des Osttiroler Landesverteidigers von 1809; zeigte schon früh ungewöhnliche Tatkraft, als sie als Zwanzigjährige das Brauhaus an der Rienz bei Toblach übernehmen musste.«

Die junge Frau wusste sich durchzusetzen. Nach der Heirat mit dem Postmeistersohn Josef Hellenstainer (1843) machte sie den Gasthof Schwarzer Adler (heute Hotel Emma) in Niederdorf zu einem der bekanntesten Gasthäuser des Landes. Die Eröffnung der Bahnlinie durch das Pustertal im Jahr 1871 bildete die eigentliche Initialzündung für den örtlichen Tourismus. Wien war nun nur noch eine kurze Tagesreise entfernt, die Sommerfrische im »österreichischen Engadin« wurde bald sehr beliebt. Dazu trugen auch die gepflegten Thermalbäder in Innichen, Prags und Niederdorf bei – und die aufkommende Begeisterung für Natur und Berge. Emma Hellenstainer hatte ein feines Gespür für aktuelle Entwicklungen: Sie trat kurzerhand – als erste Frau überhaupt – dem Alpenverein bei, förderte auch das Führerwesen. Längst war sie über die Grenzen Tirols hinaus bekannt – zu ihren Gästen zählte viel Prominenz, Kaiserin Sisi war da, Kaiser Franz Joseph I., Thronfolger Franz Ferdinand und Graf Esterhazy von Ungarn. Verbürgt ist auch, dass einmal ein Brief aus Übersee, lediglich mit der Anschrift »Frau Emma in Europa« versehen, die prominente Gastgeberin im Pustertal erreichte.

Geschichtliches

Ende des Zweiten Weltkrieges hatte das Hotel für ein paar Tage prominente Besucher, unfreiwillige allerdings. Sie waren von der SS aus dem Konzentrationslager Dachau nach Niederdorf im Pustertal verschleppt worden und sollten bei Verhandlungen mit den Alliierten als Geiseln benützt werden. Die Wehrmacht befreite die 139 Personen, unter denen sich der österreichische Altbundeskanzler Kurt von Schuschnigg, der ehemalige französische Ministerpräsident Léon Blum, der Oberbefehlshaber des griechischen Heeres, General Alexandros Papagos mit seinem gesamten Stab und Angehörige des Hitler-Attentäters Claus Schenk Graf von Stauffenberg befanden, und brachte sie im Hotel Pragser Wildsee unter. Nach dem Kriegsende kamen die Gefangenen vorübergehend nach Capri, wo sie verhört und dann in die Freiheit entlassen wurden.

WANDERPARADIES PLÄTZWIESE

Ein beliebtes Ausflugsziel ist neben dem Wildsee auch die Plätzwiese, eine ausgedehnte Hochalm zwischen dem Dürrenstein (2839 m) und der Hohen Gaisl (3146 m), dem höchsten und einsamsten Gipfel der Pragser Dolomiten. Im Winter ist hier Langlauf Trumpf, im Sommer bietet das wellige Gelände schöne Wandermöglichkeiten. Ein gemütlicher Spaziergang führt zur Dürrensteinhütte (2040 m) mit Prachtblick auf das Cristallomassiv, eine hübsche Rundsicht bietet der Strudelkopf (2307 m; 1,5 Std. Aufstieg). Wer höher hinauswill, nimmt sich den Dürrenstein (2839 m) zum Ziel (2 Std. 45 Min.), der ein legendäres Panorama der östlichen Dolomiten bietet, das man an Schönwettertagen allerdings leicht mit hundert oder mehr Gleichgesinnten teilen muss.

WEITERE INFORMATIONEN

Tourismusverein Pragser Tal: Außerprags 78, I-39030 Prags; Tel. +39 04 74/74 86 60, www.prags.it

In den Wassern des Pragser Wildsees
spiegelt sich der Seekofel.

Alljährlich im Januar findet in Toblach das Ballonfestival statt (oben). Die dem heiligen Jakob geweihte Rundkapelle an der Straße nach Innichen, darüber der mehrgipflige Haunold (rechts unten). Alles handgemacht: das Brot vom Feichterhof (rechts oben).

32 Toblach – am Scheitel des Pustertals

Am höchsten Punkt des Pustertals

Das Dorf an der weiten, oft zugigen Wasserscheide zwischen Drau und Rienz hat schon sehr gute und weniger schöne Zeiten erlebt. Vor der Wende zum 20. Jahrhundert reiste die Prominenz aus halb Europa an, die Rothschilds sogar im eigenen Salonwagen. Heute gibt man sich volkstümlicher, und der Palast aus K.-u.-k-Zeiten beherbergt – sehr zeitgemäß – ein Naturparkzentrum.

Mit dem Ausbruch des Ersten Weltkriegs endete die Belle Époque auch für Toblach, der Ort wurde Truppenumschlagplatz, das große Hotel mit seinen 350 Zimmern zum Lazarett. Die Zeit zwischen den Kriegen brachte kaum Besserung, der Faschismus wucherte, erst ab den 1950er-Jahren sorgte das Wirtschaftswunder in Deutschland für einen Aufschwung. Man reiste wieder, vor allem in den Süden. Neu-Toblach wurde zum touristischen Zentrum, man baute viel, aber nicht unbedingt schön, das alte Dorf an der Mündung des Silvestertals hielt Abstand, als würde es dem Fortschritt nicht recht trauen.

Der Toblacher See

Unverändert blieb die schöne Kulisse: Bauernland rundum, darüber im Süden schroffe Felsen mit dem Drachenrücken des Haunold als Blickfang. Und dann ist da noch der Toblacher See (1251 m), schön gelegen am Eingang ins Höhlensteintal. Das rund 15 Hektar große, gerade mal vier Meter tiefe Gewässer wird schon im Fischereibuch Maximilians I. (1459–1519) erwähnt: »ain See auf Toblacher hayd der hat in ime die allerpesten vöhrn (Felchen) das sy gleich swarz seyn.« Gefischt wird hier also seit Jahrhunderten, vergleichsweise neu ist ein Naturlehrpfad, der in elf Stationen über natur-

kundliche Belange informiert. Da erfährt man u. a., dass der See Vögeln im Frühjahr und im Herbst als Nist- und Rastplatz dient. Sie finden vor allem im Schilfgürtel am Südufer ideale Lebensbedingungen. Bis in die 1960er-Jahre bekamen auch Bahnreisende den See zu Gesicht. Die Schmalspurbahn, die von Toblach nach Cortina d'Ampezzo und weiter ins Cadore führte, verlief unmittelbar am Ostufer des Sees. Geblieben ist nur die Trasse, die heute eine beliebte Bikerstrecke ist.

Mit dem Fahrrad sind es nur zehn Minuten bis nach Neu-Toblach, wo man im ehemaligen Grand Hotel viel Wissenswertes über die beiden Naturparks Fanes-Sennes-Prags und Drei Zinnen erfährt, über den Dolomitenkrieg und die Anfänge des Alpinismus. Gleich hinter dem Riesenbau wird Holz lebendig, und Bäume werden begehbar: in der WaldWunderWelt – garantiert ein Spaß für die Kids!

Kunst und Käse

Gefühlte tausend Mal kleiner als der Hotelpalast ist jenes Gebäude in Altschluderbach, beim kleinen Tierpark, das vor allem Musikfreunde gern aufsuchen: Gustav Mahlers Komponierhäuschen. Mahler weilte als Kurgast in den Sommern 1908 bis 1910 in Toblach; hier schrieb er das *»Lied von der Erde«*, die IX. Symphonie, hier begann er mit den Arbeiten an seiner X. Symphonie. Seit mehr als 30 Jahren finden in Toblach die Gustav-Mahler-Festwochen statt, eine Kulturveranstaltung von überregionaler Bedeutung – natürlich nicht im Komponierhäuschen, sondern im ehemaligen Grand Hotel.

Eine andere schöne Tradition setzt seit ein paar Jahren auch optisch einen markanten Akzent in das weite Toblacher Feld: die Schaukäserei 3 Zinnen. Hier erfährt man auf Führungen, wie die Löcher in den Käse kommen, wie lange die Käselaibe bis zur Reifung gelagert werden müssen und vieles mehr. Natürlich kann man Spezialitäten wie Innicher Weinkäse, Toblacher Stangenkäse, Kräuterkäse oder Pustertaler Räucherkäse auch kaufen. Guten Appetit!

Wer den schönsten Blick auf die nahen Dolomiten genießen will, muss hinauf. Bequeme nehmen die Straße nach Ratsberg (1580 m), wer gut zu Fuß ist, steuert die wieder aufgebaute Bonner Hütte (2340 m) am Südhang des Pfannhorns an, zwei Gehstunden vom Parkplatz über dem unteren Silvestertal. Radfahrer mit großer Lunge und kräftigen Wadeln strampeln auf der alten Militärstraße über das Bodeneck hinauf zum Markinkele – 2545 Meter über dem Spiegel des Mittelmeers und 20 Kilometer von Toblach weg. Eine echte Herausforderung!

BROT VOM FEICHTERHOF

Es gibt sie noch, die Handwerker mit Herz und Verstand, die dem Trend zur Massenproduktion von Lebensmitteln etwas Eigenes, Herzhaftes und Gesundes entgegensetzen. Bernhard Feichter vom *Feichterhof* beispielsweise, der jeden Dienstag und Freitag in seinem Holzofen ein ganz besonderes Brot backt. Die Ingredienzien werden an seinem Hof in Toblach angebaut, u. a. auch der Südtiroler Brotklee (Zigainerkraut), ein ganz besonderes Gewürz. Feichter züchtet sogar eigenes Saatgut, das dem Pustertaler Klima bestens angepasst ist. Das »Helle Hausbrot« – eine von mehreren Brotsorten des Feichterhofs – wurde 2013 als bestes Biobrot Italiens ausgezeichnet.

WEITERE INFORMATIONEN

Schaukäserei Drei Zinnen: Pustertaler Straße 3c, I-39034 Toblach, Tel. +39 04 74/97 13 00, www.3zinnen.it

Feichterhof: Zipfanger Straße 1, I-39034Toblach; Tel. +39 04 74/97 23 24, www.brotklee.it

Innichen liegt im weiten Talboden des Drautals; am Fuß des Haunold (rechts im Bild) entspringt die Drau (oben). Fast schon städtisch: das Zentrum von Innichen, bewacht vom Haunold (rechts oben). Der schönste romanische Kirchenraum Tirols ist jener der Stiftskirche Innichen (rechts unten).

33 Innichen – Tor zu den Sextener Dolomiten

Alte Mauern, uralte Steine

Das Städtchen Innichen am Eingang zu den Sextener Dolomiten bietet Kultur- und Erdgeschichte. Da ist einmal die Stiftskirche, von den Einheimischen nur der »Dom« genannt, mehr als 1200 Jahre alt und das bedeutendste Baudenkmal der Romanik in ganz Tirol. In noch viel fernere Zeiten, als Dinosaurier die Erde bevölkerten, führt das DoloMythos, ein Museum der ganz besonderen Art.

Einer Gesellschaft, die sich einerseits der digitalen Seelenlosigkeit ausliefert, gleichzeitig aber überall kraft- und sinnstiftende Plätze sucht, möchte man gern den richtigen Weg weisen. Der Weg führte früher öfter in ein Gotteshaus, hier schöpfte man Mut, ließ man sich inspirieren. Auch der Gebildete unserer Zeit kann sich der Mystik solcher Orte nicht immer entziehen. »Langsam zum Chor schreitend, spürt man die Strenge und Schwere romanischer Architektur und, könnte man sagen, ihre männliche Kraft«, schrieb vor etwas mehr als einem halben Jahrhundert Franz zu Sayn-Wittgenstein (1910–2001), und er meinte damit die Stiftskirche von Innichen. Er hatte offenbar ein gutes Gespür, denn bei seinem Besuch war der Innenraum durch die Umbauten völlig entstellt. Wittgenstein schrieb damals, man bräuchte nur »die Zutaten des 19. Jahrhunderts zu entfernen, um die romanische Klarheit und Geschlossenheit wiederherzustellen«. Wie recht er hatte!
Ein paar Jahre später war es dann so weit: 1969, exakt 1200 Jahre nach der Klostergründung, präsentierte sich das Gotteshaus, akribisch restauriert, wieder als romanisches Gesamtkunstwerk, von den Bausünden und allem fatalen Beiwerk befreit.

SPARKASSE
CASSA DI RISPARMIO
JUWELIER
SALI e TABACCHI
TRIS

Auch als Ruine noch ein eindrucksvoller Baukomplex: Wildbad Innichen. Rechts die Kapelle St. Salvator (unten). Romanische Kunst in der Stiftskirche: Detail der Kreuzigungsgruppe (ganz unten). Schmeckt's, Lina? (rechts oben).

Zwölf Jahrhunderte

Ein erstes Gotteshaus an gleicher Stelle geht auf die Zeit der Slawen-Christianisierung unter dem bayerischen Herzog Tassilo III. zurück: »Propter incredulam generationem Sclavanorum«, wie es in der Schenkungsurkunde von 769 ausdrücklich hieß: Landnahme, Missionierung als Ziel. Es war von Benediktinern bewohnt und entwickelte sich bald zu einem kulturellen Zentrum. 1143 wurde es in ein Kollegiatsstift umgewandelt, wenig später begann man mit dem Bau einer neuen Kirche. Die fiel um 1200 einem Brand zum Opfer; in den folgenden Jahrzehnten entstand das heutige Gotteshaus in romanischen Formen. Später wurde der Frontturm aufgestockt (1326) und die Vorhalle mit den beiden säulentragenden Löwen (1415) angebaut. In spätgotischen Formen gehalten ist die 1524 gestiftete Nothelferkapelle.

Im 18. und 19. Jahrhundert erlebte die Kirche brutale Eingriffe; die ursprüngliche Ausstattung wurde größtenteils entsorgt, Fresken wurden übermalt, die romanischen Fensterformen durch barocke ersetzt und die Krypta zugeschüttet. Sogar ein Abriss der Kirche war damals im Gespräch.

Einzigartig in Tirol ist der Reichtum an Bauplastiken mit ihren archaisch anmutenden Ornamenten und Tiergestalten in der Krypta, im Kirchenraum und an den drei Portalen. Das Venezianer Tor an der Südseite der Kirche, laut Inschrift von einem Meister Friedrich (um 1250), zeigt im Bogenfeld Christus als Weltenrichter zwischen den Evangelistensymbolen. Das hervorragende gotische Fresko darüber – Kaiser Otto I. zwischen den Kirchenheiligen Candidus und Korbinian – stammt von Michael Pacher (um 1480).

Im dreischiffigen Innenraum zieht zunächst die monumentale Kreuzigungsgruppe alle Aufmerksamkeit auf sich. Die drei schlichten, aber ausdrucksstarken Figuren – Christus mit Maria und Johannes zu beiden Seiten – gelten als Hauptwerk der romanischen Plastik in Tirol (Mitte des 13. Jh.) und stammen vermutlich vom Hochaltar des zweiten Kirchenbaus. Interessantes Detail: Christus steht auf dem Kopf Adams, und der zeigt deutliche slawische Gesichtszüge. Ein Hinweis auf den Gründungszweck des Klosters?

Kulturhistorisch noch bedeutender – und einzigartig in der romanischen Malerei – ist das Kuppelfresko, das wenig später entstanden sein dürfte (um 1280). Es thematisiert die Schöpfungsgeschichte, beginnend mit der Erschaffung der Gestirne und endet mit der Vertreibung aus dem Paradies. Aus gotischer Zeit stammen die übrigen Fresken, ebenso die im südlichen Querschiff aufgestellte Madonna und drei

Reliefs aus einem Marienaltar. Die Barockorgel mit ihren bemalten Flügeln datiert aus dem 17. Jahrhundert.
Ungleich älter dürfte jenes geheimnisumwitterte Exponat sein, das in der Vorhalle des Gotteshauses hängt. Der Sage nach handelt es sich um eine Rippe des sagenhaften Riesen Haunold, der in den Bergen hauste. In Wirklichkeit dürfte es sich um den Knochen eines Urtieres handeln, den der Jerusalempilger Georg Paprion von seiner Reise im 17. Jahrhundert mitbrachte. Die Wallfahrt ins Abendland muss ihn sehr beeindruckt haben, stiftete er doch nach seiner Rückkehr eine Nachbildung der Grabeskirche in Jerusalem. Sie steht am Ortseingang von Innichen, bildet zusammen mit der Altöttinger Kapelle (auch eine Stiftung von Paprion) ein malerisches Ensemble.

Dinosaurier und die Dolomiten

Eine Reise der besonderen Art kann man im DoloMythos unternehmen: zurück in die Vergangenheit, in unvorstellbar weit zurückliegende Epochen, als die Drei Zinnen nichts als Schlick und Schlamm waren, abgelagert auf dem Grund des Tethysmeeres. Auf dieser Reise begegnen dem Besucher Dinosaurier, versteinerte Muscheln, Ammoniten, Granate, Edelsteine und Bergkristalle, der sagenhafte Riese Haunold und Samblana, die Winterkönigin. Michael Wachtler hat sich mit seinem Museum einen Traum erfüllt. Ihm, der unermüdlich in seinen Bergen unterwegs war, um Geheimnisse zu entschlüsseln, um verstehen zu lernen, ist es gelungen, all die Zeugnisse aus vergangenen Zeiten zum Sprechen zu bringen. Fasziniert wandert man durch die Zeiträume, folgt den Spuren der Dinosaurier, sieht Berge entstehen, und ganz zuletzt taucht der Mensch auf, »erobert« die Dolomiten, führt sogar Krieg um diese fantastischen Gipfel. Die Dolomiten, laut dem Architekten Le Corbusier »das schönste Bauwerk der Welt«, ist ein Wunder, aber auch ein Mythos.

Gesunde Wässer

Selbst Berge sind nur scheinbar für die Ewigkeit geschaffen. Sie bröckeln, Wasser nagt am Dolomit, gefroren schafft es Klüfte und Spalten für den steten Tropfen, der Mineralien und Kalkmoleküle aus dem Gestein löst. Was dann am Fuß des Gebirges abgefüllt und verkauft wird, heißt im Fall der Sextener Dolomiten »Kaiserwasser«. Die Mineralquellen von Innichen waren schon zur Römerzeit bekannt. Auch im Mittelalter wurden die Wässer genutzt. Bis Ende des 16. Jahrhunderts verwalteten die Benediktiner des Stifts das beliebte Wildbad. 1854 erwarb Johann Graf Schreiber, ein ungarischer Arzt, das Bad und errichtete ein luxuriöses Thermalhotel, das bald zu einem Treffpunkt der Hautevolee wurde. Kaiser Friedrich III. von Preußen, Kaiser Franz Joseph I. und der österreichische Thronfolger Franz Ferdinand waren hier zu Gast. Daraufhin wurde die Quelle, die bis dahin Kupferbrunnen hieß, in Kaiserwasser umgetauft. Mit Ausbruch des Ersten Weltkrieges war es mit der Herrlichkeit vorbei, und heute ist der stattliche Gebäudekomplex nur noch eine Ruine mitten im Wald.

MIT DEM RAD DURCH SÜDTIROL

Radfahren gehört schon lange zu den beliebtesten Urlaubsaktivitäten. Und in den großen Südtiroler Tälern gibt es viele Radwege. Eine schöne Strecke verläuft durch das Pustertal, von Lienz im benachbarten Osttirol ausgehend, bis nach Brixen, ein anderer von Toblach in die Belluneser Nachbarschaft, nach Cortina d'Ampezzo. Er folgt der alten Bahntrasse und zeichnet sich deshalb durch moderate Steigungen aus. Und bei gemütlichem Tempo hat man ausreichend Muße, die fantastische Felskulisse zu genießen, den Blick etwa vom Höhlensteintal auf die Drei Zinnen und – fast noch beeindruckender – aufs Cristallomassiv. Zwei Seen liegen an der Strecke, der Toblacher See am Eingang ins Höhlensteintal, und der Dürrensee, dem nach einem heißen, trockenen Sommer häufig fast das Wasser ausgeht. (Innichen–Toblach–Cortina d'Ampezzo: 35 km, 350 Höhenmeter.)

WEITERE INFORMATIONEN

DoloMythos: Rainerstraße 11, I-39038 Innichen, Tel. +39 04 74/91 34 62, www.dolomythos.com
Radwege in Südtirol: www.suedtirol.com/biken/radwege

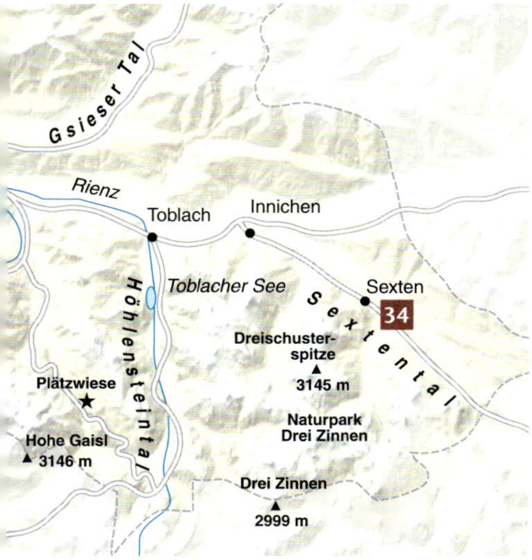

34 Sexten – was für eine gewaltige Kulisse!

Die steinerne Sonnenuhr

Sonnenuhren gibt es in Südtirol viele – wen wundert's bei dem sonnig-südlichen Klima –, doch keine von ihnen ist so groß, so beeindruckend wie die von Sexten. Eine monumentale, natürliche Uhr aus Stein, deren Stundenzeiger hoch in den blauen Himmel ragen und uns von neun Uhr vormittags bis um ein Uhr mittags die Zeit verraten – ungefähr wenigstens. Nur nicht bei Regenwetter.

Das Innerfeldtal im Winter (unten). Die »Heuharfen« gehen auf die einst hier ansässigen Slawen zurück; am Horizont die Sextener »Sonnenuhr« (rechts oben). Die Büllelejochhütte im Naturpark Drei Zinnen (rechts unten).

Sextens Sonnenuhr bilden seine Gipfel, und weil die so schön im Südosten und Süden stehen, hat man sie gleich nach dem Sonnenstand benannt: Neuner, Zehner (Sextener Rotwand), Elfer, Zwölfer und Einser. Unikate sind sie alle, Bergsteiger wissen viel über die berühmten Dolomitenzacken zu erzählen. Die Geschichten handeln gelegentlich auch von einer schlimmen Zeit, dem Ersten Weltkrieg, als Zehner und Elfer unmittelbares Frontgebiet waren und hier heftig gekämpft wurde. Neben vielen Relikten wie Stellungsresten und Stollen erinnert ein spektakulärer Höhenweg an den Kampf im Hochgebirge: die »Strada degli Alpini«. Wer diese Straße, die keine ist und abschnittsweise über schmale, extrem luftige Felsbänder verläuft, begehen will, muss allerdings schwindelfrei sein und über solides alpinistisches Rüstzeug verfügen. Das gilt erst recht für den Zwölfer (3094 m), den höchsten und schönsten Uhrzeiger. Erstmals bestiegen wurde er im Sommer 1874 von den Sextener Bergführern Michael und Johann Innerkofler, und der Aufstieg ist seither nicht leichter geworden: Schwierigkeitsgrad III der Alpenskala.

Auch der Einser ist ein reiner Kletterzacken. Er geriet im Jahr 2007 in die Schlagzeilen, als nicht weniger als 60 000 Kubikmeter Gestein an seiner Gipfelwand abbrachen und hinab ins Altensteiner Tal donnerten. Zu Schaden kam glücklicherweise niemand, das Gestein riss aber eine gewaltige Schneise in Latschen und Wald. Und über dem Fischleintal hing für ein paar Tage eine graue Staubwolke.

Einen umfassenden Blick auf die Sextener Sonnenuhr bietet der Mitterberg, dessen Festungsruine ebenfalls an die Kriegszeit 1915–17 erinnert. Noch viel weiter in die Vergangenheit führen die seltsamen Holzgestelle, die man am Sextener Sonnenhang allenthalben sieht und an denen das gemähte Gras zum Trocknen aufgehängt wird. Es handelt sich um »Heuharfen«, eine Hinterlassenschaft der einst hier ansässigen Slawen.

Val Fiscalina – das Fischleintal

Näher heran an das steinerne Wunder der Sextener Sonnenuhr führt ein Ausflug ins Fischleintal, das sich bei Bad Moos zum Sextener Haupttal hin öffnet. Männer mit Angelruten wird man da allerdings kaum zu Gesicht bekommen, trotz des verheißungsvollen Namens. Der hat rein gar nichts mit den Kiemenatmern zu tun, und wer genau hinhört, merkt auch, dass die Einheimischen das »ei« betonen. Bei der irreführenden Bezeichnung »Fischlein« handelt es sich um die Verballhornung einer lateinischen Bezeichnung. In einer Schenkungsurkunde von Otto I. aus dem Jahr 965 findet sich nämlich die Örtlichkeit *viscalina*, was »zum Fiskus gehörend, tributpflichtig« bedeutet. In diesem Fall kommt – was für eine Ironie! – die italienische Übersetzung des Deutschenhassers Ettore Tolomei aus dem frühen 20. Jahrhundert dem ursprünglichen Sinn näher: Val Fiscalina. Kein Fisch weit und breit.

Der Helm

Den schönsten Blick über die fantastische Szenerie der Sextener Dolomiten bietet der Helm (2434 m) direkt über Sexten. Das wussten schon die Altvorderen, und so ist es kein Zufall, dass es bereits 1891 zum Bau einer Alpenvereinshütte auf dem westlichen Eckpfeiler des Karnischen Hauptkamms kam. Das Haus ist längst eine Ruine; ein Wiederaufbau wird erwogen, ist aber noch ungewiss. Heute schwebt man ganz bequem hinauf bis an die Waldgrenze; von der Bergstation der Helm-Seilbahn (2041 m) wandert man in einer guten Stunde zum großen Panorama.

DER NATURPARK DREI ZINNEN

Das Kerngebiet der Sextener Dolomiten – soweit es zu Südtirol gehört – ist heute Naturpark (rund 116 km² groß). Er erstreckt sich vom Höhlensteintal im Westen bis zum Kreuzbergpass an der Grenze zum Comélico, von den bewaldeten Talflanken über die Almböden bis zu den felsigen Gipfeln. Höchster Punkt ist die Dreischusterspitze (3145 m), ein mächtiger Bergstock, absolutes Highlight sind jedoch die Drei Zinnen (2999 m). Ein Netz markierter Wege, die teilweise über hohe Scharten verlaufen, verbindet die Täler. Vier im Sommer bewirtschaftete Hütten liegen innerhalb des Parkareals. Sie sind beliebte Wanderziele, dienen aber auch als Stützpunkte bei mehrtägigen Touren. Im Tourismusbüro Sexten liegen Broschüren auf, in denen auf verschiedene Aspekte des Parks (Geologie, Flora und Fauna) eingegangen wird. Im Sommer werden auch Parkwanderungen unter kompetenter Leitung angeboten.

WEITERE INFORMATIONEN

Tourismusverein Sexten:
Dolomitenstraße 45, I-39030 Sexten;
Tel. +39 04 74/71 03 10, www.sexten.it

Sextener Paradeberge: Paternkofel und die Drei Zinnen (oben). Klassische Nordwandansicht der Drei Zinnen (rechts oben). Der Normalweg auf die Große Zinne wird mit dem III. Schwierigkeitsgrad bewertet (rechts unten).

35 Drei Zinnen – der berühmteste Dreizack der Alpen

Wunder aus Stein

Im Hochpustertal wird fleißig geworben mit dem steinernen Dreizack, diesem einzigartigen Symbolberg der Dolomiten. Alle wollen den berühmten Nordwänden der Drei Zinnen nahekommen, und weil das nur zu Fuß geht, machen sich an sommerlichen Schönwettertagen ganze Heerscharen auf zum Paternsattel, zur Drei-Zinnen-Hütte, die einst der legendäre Bergführer Sepp Innerkofler bewirtschaftete.

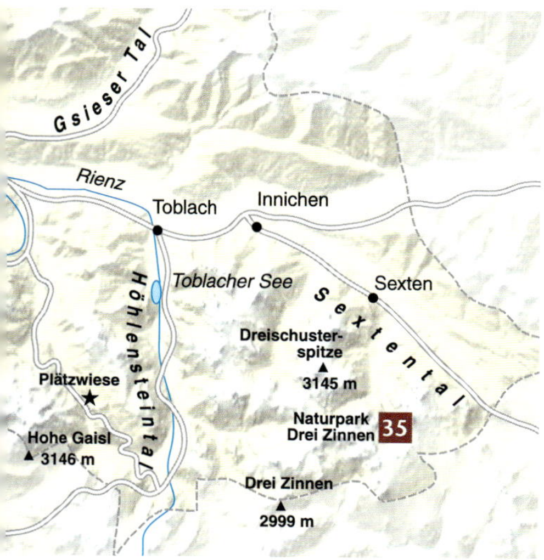

Wenn es in den Dolomiten ein Pendant zum Matterhorn, dem Top-Gipfel der Alpen gibt, dann können es nur jene drei sein, die – exakt abgezählt – eigentlich fünf sind und nicht einmal einen richtigen Namen haben, genau wie jener Sehnsuchtsberg über Zermatt, den die Einheimischen auch nur Horu (Horn) nennen: die Drei Zinnen. Was ist nicht alles geschrieben worden über dieses grandiose Felsgebilde! Vor allem über die Nordwände natürlich, über gescheiterte und gelungene Durchsteigungsversuche, über Dramen im Fels. »Der Tod klettert mit!«, war in den Gazetten zu lesen, und als in den 1960er-Jahren die Zeit der »Direttissime« anbrach, schickten sogar seriöse Zeitungen Korrespondenten. Die Routen des »fallenden Tropfens« sollten es sein, eine neue Dimension des Extremkletterns – die durch den riesigen Materialaufwand auch gleich ad absurdum geführt wurde. Mit der »Superdirettissima« an der Großen Zinne (2999 m), von Peter Siegert, Gert Uhner und Rainer Kauschke im Winter 1963 eröffnet, war der Höhepunkt dieser unguten Entwicklung erreicht. Die drei Sachsen benötigten nicht weniger als 17 Tage für die 600 Klettermeter, und das bei minus 20 Grad!

Am schönsten sind die Drei Zinnen von Norden, etwa aus dem Höhlensteintal, an dessen Eingang ein Modell über die Kletterrouten in den Nordwänden informiert (unten). Die Bödenseen im Morgenlicht, darüber der Paternkofel (rechts oben). Kleiner Mensch – großer Berg (rechts unten).

Die Erstbesteigung

Knapp ein Jahrhundert zuvor waren die Zinnen überhaupt erst bestiegen worden, alle drei von den Innerkoflern aus Sexten. 1869 stand Franz Innerkofler zusammen mit Paul Grohmann und Peter Salcher auf der Großen Zinne, zehn Jahre später bestiegen Michael Innerkofler und Georg Ploner die Westliche Zinne – am hartnäckigsten widerstand die Kleine Zinne. Auch der Innerkofler hatte da seine Zweifel (»Ja, wann'st Flügel hätt'st!«), doch er räumte sie auch gleich aus: 1881 fand er, begleitet von seinem Bruder Johann, den Weg zum Gipfel. Und der wird noch heute mit dem Schwierigkeitsgrad IV bewertet, immerhin.

Da verzichten die meisten doch lieber auf den Gipfelsturm und begnügen sich damit, das felsige Dreigestirn aus sicherem Abstand zu bestaunen. Dazu muss man allerdings erst einmal hinauf, und dafür gibt's die »Drei-Zinnen-Straße«. Das kostet neben der happigen Mautgebühr bei schönem Wetter auch Nerven und mündet oben am Riesenparkplatz in einen Wander-Tatzelwurm, der sich ostwärts bis zum Paternsattel hinzieht, mindestens. Unterwegs hat man neben der Aussicht auf steinerne Schönheiten wie die Cadini meistens auch interessante Einblicke in die Entwicklung der Freizeitbekleidung, vom festen Loden bis zum knallbunt-engen Einteiler. Die Wanderung ist Touristenpflicht, denn erst drüben an dem Geröllsattel gibt's den echten Drei-Zinnen-Blick, erst dort gewinnen die Felsen ihre fantastische Form. An der haben sich, zumindest verbal, schon ungezählte Postkartenschreiber, Gelegenheitslyriker, Bergpoeten aus Berufung die Zähne ausgebissen. Der achtjährige Korbinian, ein echter Bayer, findet angesichts des »unvergleichlichen Felstriumvirats« problemlos das passende Wort: »Geil!«

Ein Ausruf leicht fassungslosen Staunens entfährt wohl auch manchem Wanderer auf dem Weg über die Lange Alm beim Anblick des großen Dachs an der Westlichen Zinne, das Alex Huber überkletterte *(Pan Aroma, XI)* – unfassbar!

Innerkofler, eine Bergführer-Dynastie

Sie haben über viele Jahre hinweg das Bergsteigen in den Sextener Dolomiten maßgeblich geprägt, dabei zahllose Erstbesteigungen und Neurouten geschafft, hinter sich am Seil meistens die zahlende Kundschaft: die Innerkofler aus Sexten. Begründet wurde die Dynastie von Josef Innerkofler (1802–1887), dem »alten Steinmetz«. Er begleitete Paul Grohmann bei einem ersten erfolglosen Versuch an der Dreischusterspitze. Sein Sohn Josef war dann einer der Führer bei der Erstbesteigung im Sommer 1869. Die

Innerkofler standen als Erste auf der Großen, der Westlichen und der Kleinen Zinne. Michael Innerkofler (1844–1888), der bei einem Spaltensturz am Cristallo ums Leben kam, war wohl der bedeutendste Bergführer der Sippe. Sein Führerbuch umfasst eine schier unglaubliche Anzahl von Neutouren, er war u. a. als Erster auf dem Elfer, Zwölfer und Einser in den Sextenern, auf der Croda da Lago und der Grohmannspitze (solo!). Als Seilzweiten hatte er oft seinen Bruder Johann dabei, der ebenfalls gut zu Fuß war, allerdings auch gern und reichlich dem Wein zusprach. Deshalb – behauptet zumindest eine Anekdote – sperrte ihn Michael vor einer Tour häufig in den Stall, damit sie beide anderntags nüchtern aufbrechen konnten.

Der Sepp

Berühmtester Innerkofler ist der Sepp, was sicher auch mit seinem tragischen Kriegstod am Paternkofel zusammenhängt, um den sich einige Legenden ranken. Zum Heldenepos verklärt wurde sein tragischer Tod im Lebensroman *Der Sepp* (1931) des bekennenden Nationalsozialisten Hans Springenschmid (der für die Salzburger Bücherverbrennung 1938 verantwortlich war). Innerkofler hatte nach der Kriegserklärung Italiens darauf gedrängt, den Paternkofel – Nachbargipfel der Drei Zinnen – seiner strategisch wichtigen Lage wegen zu besetzen. Weil die österreichische Führung zögerte, nisteten sich die Alpini auf dem Gipfel ein und befestigten ihn umgehend. Ein Versuch im Sommer 1915, den Paternkofel im Sturmangriff zurückzuerobern, scheiterte, musste wohl scheitern. Sepp Innerkofler, noch nicht ganz 50-jährig, fand dabei den Tod – ob durch italienische Verteidiger oder möglicherweise sogar (unabsichtlich) durch eigenes Sperrfeuer, ist bis heute ungeklärt. Innerkofler wurde auf dem Friedhof von Sexten bestattet, nachdem er zunächst auf dem Gipfel des Paternkofels begraben worden war.

Das Führerbuch von Sepp Innerkofler, der vor dem Krieg Wirt auf der Drei-Zinnen-Hütte war, verzeichnet 60 Neurouten, die meisten natürlich in den Dolomiten, aber auch einige im Dachsteinmassiv. Als ein Meilenstein in der Entwicklung des Felskletterns gilt seine Erstbegehung der Kleine-Zinne-Nordwand, 1890 zusammen mit Bruder Veit und H. Helversen (IV+).

Die Nordwände der Drei Zinnen, dieses unvergleichliche alpine Schaustück, liegen auf Südtiroler Boden, der kürzeste Weg zur fantastischen Schau hat seinen Ausgangspunkt aber im Bellunese, beim Rifugio Auronzo (2320 m) bzw. den Riesenparkplätzen am Ende der »Drei-Zinnen-Straße«. Sie wird von der Gemeinde Auronzo betrieben, die sich mit der happigen Maut buchstäblich eine goldene Nase verdient. Der Ausgangspunkt für den Abstecher hinauf zu den »Drei« befindet sich knapp nördlich des Misurinasees, auf dem 1956 während der Olympischen Spiele von Cortina d'Ampezzo die Eisschnelllauf-Wettbewerbe ausgetragen wurden.

ZU FUSS RUND UM DIE DREI ZINNEN

Die vielleicht populärste Wanderung in den Dolomiten verläuft rund um die Drei Zinnen. Wer also Bergeinsamkeit sucht, ist hier nicht unbedingt richtig, es sei denn, er bricht ganz früh auf, lange bevor in den Hotels die Frühstückstische abgeräumt werden. Die zweite, attraktive Möglichkeit: erst spät am Tag losgehen und so (bei Schönwetter) das Alpenglühen an den Nordwänden der Drei Zinnen samt Sonnenuntergang erleben. Romantischer geht's kaum.

Die Runde entgegen dem Uhrzeigersinn führt auf einer alten Militärstraße hinauf zum Paternsattel (2454 m), dann mehr oder weniger flach weiter zur Drei-Zinnen-Hütte (2405 m). Nach dem Abstieg in den Rienzboden folgt der einzige nennenswerte Anstieg. Wenig oberhalb vom Rienz-Ursprung ist dann der schönste Platz vor den berühmten Nordwänden: Hier sollte man rasten und einfach schauen.

Für die Runde um die Drei Zinnen muss man mit einer Gehzeit von etwa 3,5 Std. rechnen. Die Tour ist absolut familientauglich; Einkehr in der Drei-Zinnen-Hütte oder in der Lange-Alm-Hütte.

WEITERE INFORMATIONEN

www.drei-zinnen.info

Eisacktal/
Westliche
Dolomiten
Wiesengrün und Felsgrau

Die Seiser Alm mit dem Sellamassiv und der Langkofelgruppe (links). Die Brixner Lauben laden ein zu einem Bummel (oben). Da war die Welt schon rund: ein prächtiger Globus der Stiftsbibliothek Neustift (unten).

Fantastische Felsskulpturen: die Vajolettürme. Rechts die mächtige König-Laurin-Wand

Vom Eisacktal in die Dolomiten

Kastanien, Almen und berühmte Kletterzacken

Der kürzeste Weg vom Brenner in die Dolomiten führt über Brixen und das Grödnertal. Es gibt aber noch andere Möglichkeiten, sich dem »schönsten Bauwerk der Welt« (so nannte der berühmte Architekt Le Corbusier die Dolomiten) anzunähern. Besonders lohnend sind die Routen ins Villnöß und durchs Tierser Tal zum Karerpass.

Die Tour startet in **36 Brixen.** Die kleine Altstadt wird dominiert von dem Bauensemble aus Dom, Kreuzgang und Pfarrkirche; etwas abseits steht der Bischöfliche Palast. Noch mehr alte Mauern entdeckt man nördlich außerhalb Brixens: jene des **37 Klosters Neustift.** Hier haben fromme Männer nicht nur viel gebetet, sondern auch gelesen, in Büchern und ihren Wein. Die Bibliothek ist ein herrlicher Rokokoraum, der Rebensaft verwöhnt den Gaumen.

Villnöß, Gröden und die Seiser Alm

In der weiteren Umgebung der ehemaligen Bischofsstadt gibt es allerhand zu erkunden. Nicht versäumen sollte man einen Abstecher ins **38 Villnößtal,** wo man prima wandern oder auch nur die Felsarchitektur der Geislerspitzen bewundern kann. Davon gibt's im **39 Grödner Tal** noch viel mehr, nebst Hotelpalästen und Aufstiegshilfen. Über allem thront der Langkofel, den Paul Grohmann 1869 als Erster bestieg. Man kann den mächtigen Felsturm (und all seine Trabanten) auch aus der Ferne betrachten. Das geht besonders gut von **40 Villanders** und seinen Almen aus: noch so ein schönes Wanderrevier. Wer dem Riesen unter den Grödner Gipfeln näher treten möchte, nimmt am besten den Poststeig von Lajen nach St. Ulrich – auch wenn der keine »Grüße aus den Dolomiten« dabeihat …
Auf der Mittelgebirgsterrasse zwischen Eisackgraben und Schlern ist man den Dolomiten auch schon recht nahe, in **41 Völs, Seis** und **Kastelruth.** Von Seis befördert einen die Gondelbahn hinauf zur **42 Seiser Alm,** die als eines der großen Landschaftswunder der Dolomiten gilt, mit den Kulissenbergen Langkofel auf der einen und **42 Schlern** auf der anderen Seite.

Tierser Tal und Karersee

Eine weitere Möglichkeit, sich dem steinernen Phänomen Dolomiten zu nähern, bietet das **43 Tierser Tal.** Höhepunkt der Fahrt ist der Blick auf die Vajolettürme, die auf dem Hauptkamm des Rosengartens aufragen und fraglos die elegantesten Felsbauten weitum sind. Knapp unterhalb des Karerpasses stößt man auf die Große Dolomitenstraße. Oberhalb von Welschnofen wartet ein echtes Highlight, der **44 Karersee,** von dem schon Sisi schwärmte. Der berühmte Karerwald, dessen Fichten als Resonanzholz für den Geigenbau begehrt sind, hat unter den Herbststürmen 2018 allerdings schwer gelitten.

Die »Große Dolomitenstraße«

Am Karerpass überquert die 1909 eröffnete **45 »Große Dolomitenstraße«** die erste von insgesamt drei Wasserscheiden auf dem Weg nach Cortina d'Ampezzo. Bei ihrem Bau verlief sie zur Gänze auf österreichischem Boden, auch der berühmte Belluneser Ferienort gehörte damals noch zu Tirol (wohin es übrigens gerne zurück möchte, wie eine Volksabstimmung ergab). Auf der zwischen Bozen und Cortina d'Ampezzo rund 100 Kilometer langen Strecke mit ihren genau 100 Serpentinen kommen fast alle großen Gipfel des Gebirges ins Blickfeld. Eine Ausnahme machen die Drei Zinnen. Umso beeindruckender präsentieren sich Langkofel, Sella, Marmolada und Civetta auf der Passfahrt über den Karer (1745 m), den

toureninfo

Start: Brixen (561 m)
Ziel: Cortina d'Ampezzo (1211 m)
Länge: 110 bis 150 km, mit Abstechern 30 bis 70 km mehr
Dauer: mindestens 2 Tage
Beste Reisezeit: Sommer und Herbst
Sehenswertes: Villnöß, Seiser Alm, Tierser Tal, Karersee, »Große Dolomitenstraße«
Unterkunft: Hotel Elephant in Brixen, Ansitz zum Steinbock in Villanders, Hotel Heubad in Völs, Cyprianerhof in Tiers

Weitere Infos

Für diese Reise durch die Dolomiten sollte man sich auf jeden Fall ausreichend Zeit nehmen, da und dort eine kleine Wanderung einplanen. Ein paar Tipps: Munkelweg im Villnößtal, Raschötz–Broglesalm im Grödner Tal, Seiser-Alm-Wanderung, Bindelweg am Pordoi.

Pordoi (2239 m) und den Falzárego (2105 m). Bei der finalen Talfahrt nach Cortina ist dann die Südwand der Tofana di Rozes absoluter Blickfang. Jenseits des Flusses Boite ragen Cristallo, Sorapiš und Antelao in den Himmel. Was für eine Schau!

Schweben über der Brixner Altstadt: die Zwillingstürme des Doms (oben). Was für ein Kulturschatz! Der Brixner Kreuzgang mit seinem gotischen Freskenschmuck (rechts oben). Den Innenhof der Hofburg schmücken 24 Terrakottafiguren von Hans Reichle (rechts unten).

36 Brixen – am Zusammenfluss von Rienz und Eisack

Am Weg in den Süden

Klein, aber fein. So ließe sich die ehemalige Bischofsstadt am Eisack recht zutreffend charakterisieren. Ein Altstadtgeviert mit dem Dombezirk, Kunst fast auf Schritt und Tritt, schmucke Lauben, dazu ein Hauch von Süden und Weinberge rundum. Auf dem Domplatz lässt es sich gut draußen sitzen, man genießt ein Glas Weißwein und schaut dem Treiben vor dem Brixner Dom zu.

Südtirol, hat ein Kenner des Landes einmal gesagt, beginnt am Brenner, der Süden aber erst in Brixen. Oben an der großen europäischen Wasserscheide regnet's vielleicht, es bläst ein kühler Wind, und die Berge stecken in den Wolken. Eine halbe Stunde später, drunten im Talbecken am Zusammenfluss von Eisack und Rienz, ist es schon trocken, wärmer auch und die Sonne scheint. Hier beginnt er wirklich, der Süden Tirols, man merkt es an den Rebbergen rund um die Stadt, und nach einem Regenguss kann man es sogar riechen.

Zwischen alten Mauern

Deshalb verführt Brixen leicht zu einem Zwischenstopp, zu jeder Jahreszeit und wenigstens für einen kleinen Bummel durch das Geviert der Altstadt. Hier blüht der Winterjasmin manchmal schon im Januar, in den Gärten stehen Zypressen und Zedern, sitzt man an Ostern längst draußen auf dem Domplatz bei einem Glas Weißen.

Auch der Stadtbummel startet am Domplatz, an dem sich Bürgerhäuser und der Klosterkomplex gegenüberstehen. Blickfang ist die Domkirche mit ihren beiden mächtigen Türmen, ein

starkes Symbol für die Herrschaftsverhältnisse vergangener Zeiten. Früher übten die geistlichen Herren auch die weltliche Gerichtsbarkeit aus, mit harter Hand und oft zum eigenen Vorteil. Da verwundert es nicht, dass die Bauernkriege im 16. Jahrhundert auf Südtirol übergriffen. Michael Gaismair, ein Mann mit revolutionären Ideen, führte den Kampf an, eroberte mit seinen Mannen im Handstreich die Stadt. Doch nach diesen Anfangserfolgen brach der Aufstand bald zusammen, Gaismair musste fliehen, seine Vision einer Bauernrepublik blieb ein Traum.

Beim Dom handelt es sich um den dritten Kirchenbau an gleicher Stelle. Auf das ottonische Gotteshaus, das 1174 abbrannte, folgte ein romanisch-gotischer Bau, der schließlich der heute bestehenden barocken Kirche weichen musste. Baumeister war Josef Delai aus Bozen, der auch Neustift neu erschuf. Doch was für ein Unterschied zwischen den beiden Kirchenräumen! Während Neustift mit heiterem Barock prunkt, wie man ihn von süddeutschen Gotteshäusern kennt, wirkt der Brixner Dom mit seinem dunklen Marmor und dem vergoldeten Stuck eher düster. Beeindruckend sind vor allem die Deckengemälde Paul Trogers; das Riesenfresko im Langhaus, die Anbetung des Lamms darstellend, ist 250 Quadratmeter groß! Gut ein Jahrhundert nachdem der Pustertaler sein Meisterwerk vollendet hatte, wurde die gemalte Scheinkuppel in der Vierung durch ein neubarockes Gemälde minderer Qualität ersetzt – schade!

Der Brixner Kreuzgang ist in Tirol einmalig, auch in der Fülle und Vielfalt der Motive. Besonders einprägsam ist die Darstellung des »Pferdes mit Elefantenrüssel« (unten). Das Plosemassiv ist ein beliebtes Tourenziel, das ganze Jahr über (rechts oben). Beim Törggelen wird oft Deftiges aufgetischt (rechts unten).

Der Brixner Kreuzgang

Neben der Domkirche liegt der Kreuzgang, das erste Ziel für alle Kunstfreunde und in Südtirol ohne Gegenstück. Er wurde nach 1200 erbaut, in der zweiten Hälfte des 14. Jahrhunderts dann eingewölbt. Dabei gingen die romanischen und frühgotischen Fresken zum großen Teil verloren. Dafür zeigt der Brixner Kreuzgang geradezu lehrbuchmäßig die Entwicklung der gotischen Wandmalerei vom späten 14. bis zum Anfang des 16. Jahrhunderts. Verschiedene Künstler waren hier am Werk, auch Italiener und Deutsche. Besonders fleißig war Leonhard von Brixen. Erstaunlich, mit wie viel Fantasie mancher Maler zu Werk ging; von Leonhard stammt das berühmte Motiv »Pferd mit Elefantenrüssel«. Die Darstellung vom Heldentod Eleasars unter einem Elefanten geriet ihm ziemlich schräg, denn leider wusste der Künstler nur, dass sein Objekt einen riesigen Rüssel hatte. Erst acht Jahrzehnte später sollten die Brixner einen dieser Riesensäuger zu Gesicht bekommen. Erzherzog Maximilian logierte auf der Durchreise in Brixen, und neben seiner Entourage hatte er auch einen Elefanten dabei, ein Geschenk des Königs von Portugal. Die Außenwand des Hotels Elephant, in dem der Herzog damals abstieg, schmückt ein großes Fresko des Rüsseltiers.

Pfarrkirche und Bischöflicher Palast

Zwischen dem Dom und der Pfarrkirche St. Michael, einem spätgotischen Bau (innen im 18. Jahrhundert barockisiert), lag der alte Friedhof, heute eine Grünfläche mit bildstockartiger Totenleuchte von 1483 und einem Gedenkstein, den Oswald von Wolkenstein noch zu Lebzeiten anfertigen ließ und der ihn in voller Rüstung zeigt.

Vom Domplatz sind es nur ein paar Schritte zur Millenniumsäule, die zur Jahrtausendfeier der

Stadt (1901) errichtet wurde. Dahinter steht der Bischöfliche Palast, ein prächtiger Renaissancebau, dessen Flügel sich zum quadratischen Hof hin öffnen. Bis 1972 Bischofsresidenz, beherbergt er heute das besuchenswerte Diözesanmuseum mit seinen sakralen Sammlungen, darunter der Domschatz und rund 200 Krippen.

Viereckig, mit Lauben: die Brixner Altstadt

Der seit dem 11. Jahrhundert ummauerte und weitgehend autofreie Stadtkern ist klein, aber fein. Wer einen kleinen Einkaufsbummel unternehmen mag, kann das – den Lauben sei Dank! – auch bei Regen weitgehend trockenen Fußes tun. Und dabei vielleicht verwundert feststellen, dass (vor allem bei jungen Leuten) offenbar nichts wichtiger ist als fesche Klamotten… Ältere Semester interessieren sich eher für die schönen Hausfassaden aus dem 16. und 17. Jahrhundert, vielfach mit polygonalen Erkern, mitunter mit Zinnengiebeln. Ein besonders schönes Beispiel ist das spätgotische Pfaundlerhaus von 1581 im Renaissancestil. Auch hübsche architektonische Details gibt es zu entdecken, etwa den dreiköpfigen »Wilden Mann«, eine Holzplastik aus dem 16. Jahrhundert (außen am Gasthaus Schwarzer Adler).

Für all jene, die nach all dem Schauen hungrig geworden sind, hat der heilige Kassian, die Mittelfigur der Domvorhalle, einen guten Rat. Er weist nämlich – so sagt der Volksmund – direkt zum »Finsterwirt« in der Domgasse, einem weitum bekannten Lokal mit historischem Ambiente.

Die Plose

Hausberg von Brixen ist die Plose, ein breiter Bergrücken, aus Quarzphyllit aufgebaut und somit viel älter als die Zacken, die in seinem Panorama stehen. Die Aussicht ist es, die im Sommer zu einem Abstecher in alpine Höhen verführt, und im Winter kommen die Skifahrer der weißen Pracht wegen. Von St. Andrä oberhalb Brixens führt eine Seilbahn nach Kreuztal (2023 m), am Sonnenhang des Berges gibt es mehrere Lifte. Am Plosegipfel waren vor den Wintergästen bereits die Bautrupps der Nato, die hier einen (längst aufgegebenen) militärischen Horchposten anlegten. Um Platz zu schaffen für den Bau, ließ man die Gipfelkuppe kurzerhand abtragen – in alten Karten ist die Plose noch 2504 Meter hoch (statt 2486 m)!

Bekannt ist die Plose nicht nur für ihr phänomenales Panorama, an ihrer Südflanke entspringt in 1870 Metern Höhe ein mineralarmes Wasser mit idealem pH-Wert. Das gesunde Plose-Wasser wird seit 1957 in Flaschen abgefüllt und verkauft. Ein guter Durstlöscher nach dem Brixner Altstadtparcours – garantiert ohne Nebenwirkungen.

TÖRGGELEN

Eigentlich ist das Törggelen ja ein schöner alter Brauch. Man trifft sich nach der Weinlese zum Essen, verkostet den »Nuien«, den jungen, noch trüben Wein, dazu gibt's traditionell Speck und Kaminwurzen, heute auch öfter deftige Schlachtplatten mit Surfleisch, Würsten, Sauerkraut und Knödeln. Hinterher kommen dann geröstete »Keschtn« (Kastanien) auf den Tisch. Leider ist aus dem herbstlichen Bauernschmaus, der seinen Ursprung im Eisacktal haben dürfte, mancherorts ein organisiertes Besäufnis geworden. Kaum ein Busunternehmen in Nordtirol und Bayern, das nicht Törggelen-Fahrten im Herbstprogramm hat. Dass das Wort Törggelen zwar von Torkel (lat. *torculus*, Weinpresse) kommt, aber nichts mit Torkeln zu tun hat, ist den Teilnehmern solcher Ausflüge häufig egal.

WEITERE INFORMATIONEN

Diözesanmuseum Hofburg Brixen:
Hofburgplatz 2, I-39042 Brixen,
Tel. +39 0472/830505,
www.dioezesanmuseum.bz.it

Tourismusverein Brixen:
Regensburger Allee 9, I-39042 Brixen;
Tel. +39 0472/275252, www.brixen.org

Kloster Neustift liegt mitten in ausgedehnten Rebbergen, aus denen feinste Weine gekeltert werden (unten). Die Bibliothek des Klosters (rechts oben). Schmecken hervorragend: die Neustifter Praepositus-Weine (rechts unten).

37 Kloster Neustift – alte Mauern, junger Wein

Kunst, Geschichte und Wein

In Neustift kommen sich geistliche und weltliche Belange sehr nahe, mit der grandiosen Klosteranlage als Kulisse. Kunstliebhaber und Weinbeißer treffen sich nach Einkauf und/oder Besichtigung im Klosterkeller zu einer Marende. Angesichts des Angebots an feinen Weinen empfiehlt sich eine Anreise per pedes oder mit öffentlichen Verkehrsmitteln.

Wer das Kloster Neustift, zweieinhalb Kilometer nördlich von Brixen am Eisack gelegen, aufsucht, wird recht »kriegerisch« empfangen: von der Engelsburg (eigentlich Michaelskapelle), so genannt, weil der Rundbau mit dem doppelten Zinnenkranz dem Vorbild in Rom nachempfunden ist. Den wehrhaften Eindruck verstärken die teilweise noch erhaltenen Mauern, die einst das ganze Kloster umgaben. Sie sollten in der zweiten Hälfte des 15. Jahrhunderts vor einem allfälligen Türkenangriff schützen – damals herrschte in Europa große Angst vor dem mächtigen Osmanischen Reich und seinen Expansionsplänen. Die Augustiner kannten sich jedoch in der Liturgie bestimmt besser aus als in der Befestigungstechnik, und einer ernsthaften Attacke hätte ihr Kloster nie standgehalten. Das sollte sich dann 1525 zeigen, als die Zinsbücher, in denen der Wucher des Klerus festgehalten war, im Feuer landeten. Das Kloster hatte auch später wiederholt unter kriegerischen Ereignissen zu leiden; nach der Säkularisation wurden kostbare Kunstwerke versteigert und teilweise ins Ausland verbracht, darunter der wunderbare Kirchenväteraltar von Michael Pacher (um 1480, heute in der Münchner Alten Pinakothek). »Kanonen statt Glocken«, hieß es im Ersten Weltkrieg, als Rohstoffe wie

Gusseisen in der K.-u.-k-Monarchie zunehmend knapp wurden, und 1945 warfen alliierte Flugzeuge Bomben auf das Kloster ab, das von der deutschen Wehrmacht genutzt wurde.

Die Klosteranlage

Das von Augustinern bewohnte Stift, 1142 durch den Brixner Bischof Hartmann und Burggraf Reginbert von Säben gegründet, war über Jahrhunderte hinweg ein Brennpunkt des geistlichen und kulturellen Lebens in Tirol. Mittelpunkt der Klosteranlage ist die Stiftskirche. Sie geht in ihren Grundmauern auf romanische Zeit zurück und wurde in der ersten Hälfte des 18. Jahrhunderts von Josef Delai umgestaltet. Neustift gilt mithin als schönster barocker Kirchenraum Südtirols mit prächtigem Stuck (putzige Balustradenengel) und farbenfrohen Deckengemälden von Matthäus Günther (1705 bis 1788). Obwohl erst 30 Jahre alt, ließ er hier bereits sein großes Talent anklingen. Der Übergang von Malerei zu Stuck ist teilweise fließend, auch Scheinarchitektur wurde dabei an die Decke gepinselt. In einer Seitenkapelle reckt sich der Fuß einer gemalten Figur plastisch aus dem Bild – da haben die Künstler echten Humor bewiesen.

Südlich an das Gotteshaus schließt der etwa zeitgleich mit Brixen erbaute bzw. eingewölbte Kreuzgang an, auch er mit Freskenschmuck (14./15. Jh.), der allerdings in der Qualität hinter jenem der alten Bischofsstadt zurückbleibt. An Selbstbewusstsein scheint es den Augustinern nicht gefehlt zu haben: Der 1508 angelegte Ziehbrunnen mit seinem Pagodendach zeigt im Fries Darstellungen der sieben Weltwunder (1670) – und als achtes gleich Neustift. Im Volksmund heißt er deshalb Wunderbrunnen.

Führungen im Kloster

Nur im Rahmen von Führungen (Montag bis Samstag) werden die Gemäldesammlung und der Bibliotheksaal, ein herrlicher Rokokoraum mit feinen Stuckaturen gezeigt. Den prunkvollen Saal mit umlaufender Galerie schuf Giuseppe Sartori 1778; neben fast 80000 Büchern sind hier alte Handschriften und frühe Drucke versammelt. Nicht versäumen sollte man eine Führung (im Sommer Montag, Mittwoch und Freitag 10.30 Uhr) durch den Klostergarten mit seiner Kräutervielfalt, alten Apfelbäumen und einem originellen Brunnen in Turmform. Mächtig ist der 1908 gepflanzte Mammutbaum, originell das Vogelhaus aus dem 17. Jahrhundert.

FEINE TROPFEN AUS DEM STIFTSKELLER

Bei Weinliebhabern genießt die Stiftskellerei zu Recht einen guten Ruf. Hier setzt man vor allem auf handwerkliche Sorgfalt und vermeidet gewagte Experimente. So kann sich der Kunde auf eine gleichbleibend hohe Qualität verlassen, aber auch darauf, dass immer wieder absolute Spitzenjahrgänge im Sortiment sind. Vor allem die Eisacktaler Weißweine (Müller-Thurgau, Sylvaner, Kerner, Pinot Grigio und Veltliner) haben viele Freunde. Die Rotweine stammen aus klostereigenen Anbaugebieten weiter im Süden (vor allem im Überetsch). Ein guter Tipp für Freunde kräftiger Rotweine aus dem Barrique: Praepositus Blauburgunder Riserva und Praepositus Lagrein Riserva.

WEITERE INFORMATIONEN

Kloster Neustift: Stiftstraße 1, I-39040 Vahrn, Tel. +39 04 72/83 61 89, www.kloster-neustift.it

Bilderbuchidylle im Villnößtal: die Kaserillalm vor den Nordabstürzen der Geislerspitzen: Wasserkofel, Furcheta und Sas Rigais (oben). Die Geislerspitzen über dem Villnößtal (rechts unten). Auf der Kaserillalm wird im Sommer gekäst (rechts oben).

38 Villnößtal – Idylle unter den Geislerspitzen

Reinhold Messners Heimat

Manche Bilder sind einem schon oft begegnet, auf Kalendern und im Internet, trotzdem schafft es die Wirklichkeit immer wieder, sie noch zu toppen. Wie etwa jenes Motiv aus dem Villnöß mit dem Kirchlein St. Magdalena im Vordergrund und den Geislerspitzen als Blickfang. Wenn auf der Fahrt ins Talinnere die schroffen Zacken über den Baumwipfeln auftauchen, ist man sicher: Das Original ist am schönsten!

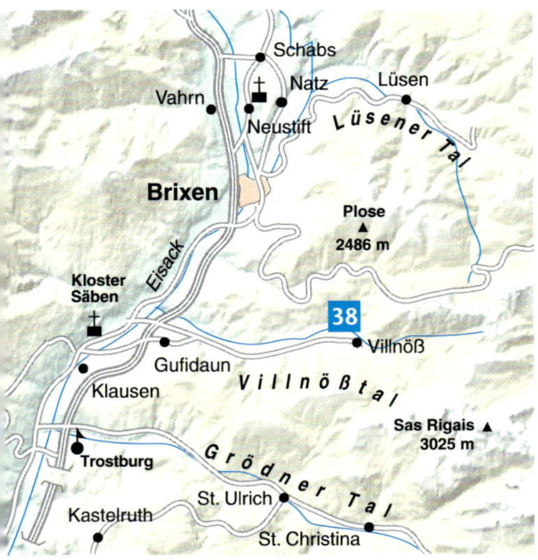

Das Villnößtal hat einen Paten, den nicht nur in Südtirol fast jeder kennt: Reinhold Messner. Er wurde hier, am Fuß der Geislerspitzen, geboren, und da unternahm er auch seine frühen alpinistischen Versuche. Der Sas Rigais war sein erster richtiger Gipfel, ein Dreitausender immerhin. In den Nordabstürzen der Geisler gelangen ihm später einige spektakuläre Touren, so die erste Winterbegehung der »Solleder-Wießner-Route« an der Furcheta.

Naturpark Puez-Geisler

Für die meisten Besucher des Tals sind die schroffen Zacken nur zum Anschauen, und das geht am besten vom »Adolf-Munkel-Weg« aus, der als Promenade auf der Höhe der Baumgrenze verläuft. Er bildet hier die Grenze des Naturparks Puez-Geisler, der die Berggruppen zwischen Villnöß-, Grödner- und Abteital umfasst. Das Schutzgebiet ist rund 100 Quadratkilometer groß, höchster Punkt ist der Sas Rigais (3025 m) in den Geislerspitzen. Viel Interessantes über das Schutzgebiet vermittelt das 2009 eröffnete Naturpark-Haus in St. Magdalena, ein zweistöckiger Betonkubus, den man über eine begehbare Luftaufnahme des Parks betritt. Im Erdgeschoss vermitteln »Berge zum Anfassen« für jedermann einen leicht verständlichen Zugang zur Geologie, im Obergeschoss wird die »Wunderkammer der Natur« vorgestellt. Im

Bereich »Berge erobern« geht es um die Rolle des Menschen bei der Besiedlung und Nutzung der alpinen Natur und um den Alpinismus. Erklärtes Ziel des Hauses ist es, auch bei den Einheimischen das Verständnis für die Anliegen des Naturschutzes (die oft mit jenen der Bauern, Jägern und der Tourismusindustrie kollidieren) zu verbessern.

Kleine Sehenswürdigkeiten

Das Villnößtal ist ein beliebtes Wanderrevier, was bei der attraktiven Kulisse wenig verwundert. Die bizarren Zacken sind absoluter Blickfang, doch bunte Sehenswürdigkeiten gibt's auch links und rechts des Weges zu entdecken: Blumen. Während des kurzen Bergsommers entfaltet sich auf den Almböden und auf Waldlichtungen eine unglaubliche Vielfalt, von den weißen und lilafarbenen Krokussen, die den Anfang machen, bis zu den Silberdisteln und zuletzt den Herbstzeitlosen, die das Ende des Farbenspektakels ankündigen. Es ist eine große Welt im Kleinen, bewohnt von Faltern, Insekten, tagsüber herrscht ein ständiges Zirpen und Summen. Schmetterlinge gaukeln über die Wiesen, Bienen und dicke Hummeln sind unterwegs zur nächsten Blüte.

Zu den artenreichsten Wiesen gehört der Blaugras-Horstseggenrasen. Er hat seine Standorte überwiegend an südseitigen Hängen und steigt bis in Höhen um 2500 Meter an. Zu den typischen Pflanzen dieser Rasenformation gehört neben den Alpenastern, Alpen-Wundklee und Brillenschötchen die berühmteste Alpenblume, das Edelweiß. Es blüht – entgegen einer weitverbreiteten, durch allerlei Alpenkitsch beförderter Volksmeinung – nicht im Steilfels, sondern auf alpinen Wiesen. Mit entschieden ungemütlicheren Standorten haben andere Alpenblumen zu kämpfen, beispielsweise der gelb blühende Rhätische Alpenmohn, ein Pfahlwurzler, der auf Geröllhängen siedelt und mit seinem schotterigen Untergrund talwärts wandert.

Bauernhof mit Geschichte

An der Straße von St. Peter zur Zanser Alm liegt der Ansitz Ranui, ursprünglich ein Bauernhof und bereits 1370 als »hof ze rumenuye« erwähnt. Im 16. Jahrhundert ließ ihn der Kaufmann Michael Jenner zu einem Jagdschlösschen umbauen. Damals entstanden auch die Jagdszenen im Flur des Hauses, an denen sich nicht nur Hubertusjünger erfreuen durften. Die 14 Szenen wurden erst vor ein paar Jahren fachgerecht restauriert. Neben dem Ansitz Ranui steht das Kirchlein St. Johann.

ALLES KÄSE, ODER WAS?

Nur knapp eine Gehstunde vom Parkplatz auf der Zanser Alm liegt die *Kaserillalm* (1920 m). Der Abstecher lohnt sich nicht nur der prächtigen Ausblicke auf die Geislerspitzen wegen. Auf dieser Alm wird noch gekäst – und wie! Thomas Mantinger verarbeitet jeden Sommer etwa 15 000 Liter Milch mit Nüssen und Kräutern zu Berg-, Weich- und Frischkäse. Auch Joghurt gibt's aus eigener Produktion, und der Speck stammt vom Hof drunten im Villnößtal. Auf der Speisekarte stehen hausgemachte Kuchen und Apfelstrudel. Dazu ein Glas Rotwein – und das Südtiroler Dolomitenglück ist für jeden Gast perfekt.

Eine abwechslungsreiche Wanderrunde führt Genießer von der Zanser Alm (1680 m; Parkplatz) zur Gampenalm (2062 m) und weiter zur Kaserillalm: wenig Anstrengung, herrliche Ausblicke.

WEITERE INFORMATIONEN

Tourismusverein Villnößer Tal: Peterweg 10, I-39040 Villnöß; Tel. +39 04 72/84 01 80, www.villnoess.com

Kaserillalm: Tel. +39 04 72/84 02 19, www.unterkantiolerhof.com

Genießen. Südtiroler Köstlichkeiten

Traditionell modern, alpin und modern. Manchmal kann der Weg zurück der richtige sein. Auch in der Küche: regional statt international, Spinatknödel statt Jägerschnitzel. Die Südtiroler Gastroszene hat's vorgemacht und sich seit den 1960er-Jahren neu erfunden: Fantasie und handwerkliches Geschick statt übervoller Teller, Vielfalt statt Einerlei.

Die Rückbesinnung auf kulinarische Traditionen, auch jene der Nachbarn im Süden und Osten, prägt heute die Südtiroler Küche. Sie zeigt mitunter – vor allem bei den Nachspeisen – deutliche Einflüsse der K.-u.-k-Monarchie, lässt sich aber auch gerne von der *cucina italiana* inspirieren. Oben am Berg mag man's eher deftig, im Tal drunten vielfach ausgesprochen ambitioniert. Die besten Vorspeisen kommen aus der südlichen Nachbarschaft, für Knödel und Nocken ist dann die einheimische Küche zuständig, beim Nachtisch hält man's mal so, mal so: Marillenknödel oder Tiramisu.

Nicht wegzudenken: Knödel

»Knödeln, Nudeln, Nocken, Plenten sein die vier Tiroler Elementen!«, sagt man an Etsch und Eisack. Tatsächlich bilden diese vier in vielen Varianten so etwas wie die Grundlage der Südtiroler Küche. Und darauf kann man aufbauen, was viele Köche im Land mittlerweile hervorragend beherrschen (und was sich auch in Sternen und Hauben der Gourmetbibeln widerspiegelt). Knödel, mit oder ohne Fleisch, werden in der Suppe oder mit Salat serviert, aber auch als Beilage zu Braten und Gulasch. Zu den beliebtesten Nudelgerichten gehören Pustertaler Schlutzer und Tirtlen – Teigtaschen mit Topfen-, Spinat- oder Krautfüllung. Beliebt sind die Spinatnocken, die mit brauner Butter übergossen und mit Käse bestreut werden. Die Plenten (Maisbrei) passt bestens als Beilage zu Wild; in den ladinischen Tälern ist Polenta mit Pilzen beliebt. Im Unterland dagegen isst man

Schmecken prima: die Apfelsäfte vom Kandlwaalhof Luggin (unten)

die Plenten mit Hauswürsten und Sauerkraut. Der Südtiroler Strudel kann – je nach Füllung – sowohl Vor- als auch Nachspeise sein, bei den süßen Varianten ist der Apfelstrudel absoluter Favorit. Der besteht übrigens – im Gegensatz zum Wiener Apfelstrudel – aus Mürbteig.
Und dann ist da noch der Speck, die liebste Brotzeit der Südtirolfans, am Stück vom Brettl gegessen. Er wird allerdings längst nicht mehr nur am Hof gepökelt und geräuchert – die Nachfrage ist schlicht zu groß.

Rot oder weiß?

Und was passt zum Speck? Natürlich ein »Roter«, womit wir beim Wein wären. Der ist im Süden Tirols mindestens seit der Römerzeit ein Thema. Möglicherweise waren bereits die Kelten von dem berauschenden Getränk angetan, wie der Fund eines Trinkgefäßes bei Stufels (einem Stadtteil von Brixen) aus der Zeit um 500 v. Chr. vermuten lässt. Im Mittelalter besaßen die Klöster das Privileg zum Weinanbau.
In Urkunden des 13. Jahrhunderts werden der Bozenaere – der Bozner Wein – und der Traminer genannt, um 1550 Eppaner, Girlaner, Missianer. Nach der Säkularisation kamen die Rebberge größtenteils in bäuerlichen Besitz. Um auf dem Markt besser bestehen zu können, gründeten die Weinbauern Genossenschaften, eine erste 1893 in Andrian. Nur wenig später öffnete bereits die »Bozner Weinkost« ihre Pforten. Sie gilt noch heute als wichtiger Trendsetter.

Qualität und Bio

Die Zeit, als der Kalterer ein Synonym für billigen Massenwein war, ist längst vorbei. Qualität ist gefragt, auch mehr und mehr Bio. Es zahlt sich aus, dass eine neue Generation von Winzern auf Topniveau arbeitet, immer den Geheimnissen der Önologie auf der Spur, mit sparsamem Einsatz von Herbiziden. Obwohl überwiegend Rotwein produziert wird (neben dem Grauvernatsch vor allem Blauburgunder, Lagrein dunkel und Merlot), ist auch das Angebot an Weißweinen erstklassig: Chardonnay, Gewürztraminer, Sylvaner. Jeweils im Herbst wird beim Törggelen der junge Wein, der »Nuien«, verkostet – ein schöner alter Brauch. Dazu isst man gebratene, heiße »Keschtn« (Kastanien), Nüsse, Hauswürste und Schweinsrippen im Kraut.

Für den großen Hunger: die Käseplatte auf der Kaserillalm (oben). Ein Klassiker der Südtiroler Küche: Gulasch mit Knödeln (unten)

Die Broglesalm ist ein beliebtes Wanderziel: Marende mit Blick in die schroffen Nordabstürze der Geislerspitzen (oben). Was für ein gewaltiger Berg! Der Langkofel über der »Steinernen Stadt« (rechts).

39 Grödner Tal – die Heimat von Luis Trenker

Holzschnitzer und Bergfexe

Seit den alpinen Skiweltmeisterschaften 1971 ist Gröden auch im Winter eine absolute Top-Destination. Schon viel länger weiß das Publikum um die Schönheiten der Grödner Sommerlandschaft, um die vielfältigen Wander- und Tourenmöglichkeiten. Nur per Bahn kommt man nicht mehr nach St. Ulrich oder Wolkenstein, denn schon 1960 wurde die Linie stillgelegt.

Wenn es eine Urzelle des Südtiroler Dolomiten-Tourismus gibt, dann liegt sie ganz bestimmt im Grödner Tal, und als Geburtsstunde könnte man – vielleicht etwas willkürlich, zugegeben – den 13. August 1869 festlegen. An diesem Tag feierten drei Männer im Gasthaus Adler in St. Ulrich eine durchaus bemerkenswerte Tat: die Erstbesteigung des Langkofels (3181 m). Der ist ganz und gar ein Grödner, der Ur-Grödner schlechthin. Und der höchste dazu. Egal, von welcher Seite man ihn anschaut, er ist auf jeden Fall ein faszinierendes Stück (Schlern-)Dolomit. Von St. Ulrich aus gesehen erinnert er mit seinen markanten Pfeilern an einen gotischen Dom, von der Seiser Alm aus ist er Teil eines fantastischen Ensembles aus Stein, vom Grödner Joch aus beeindruckt seine schiere Masse.

Pionierzeit

Als Paul Grohmann – 31 Jahre alt und finanziell unabhängig – 1869 in Gröden eintraf, war der Wiener längst kein Unbekannter mehr; sein Palmarès verzeichnete bereits die Erstbesteigungen der drei Tofane, der Marmolada und des Antelao. Am Nachmittag des 12. August stieg er mit seinen Führern Franz Innerkofler und Peter Salcher auf zu den Almen von St. Christina, wo die drei übernachteten, anderntags wurde um 11.15 Uhr am Gipfel eine Fahne aufgepflanzt.

Das Tal hatte damals gerade mal seit etwas mehr als einem Jahrzehnt eine Zufahrtsstraße, und mit der Postkutsche kamen auch die ersten Touristen. Vor 1856 hatten alle zu Fuß gehen müssen, die nach Gröden wollten, auch der Postler hatte den langen Weg zweimal die Woche unter die genagelten Schuhe genommen. Heute ist der »Poststeig« ein markierter Wanderpfad – und ein besonders schöner dazu: das richtige Entree in die Dolomiten. Denn nur der langsam-stetige Rhythmus des Wanderers erlaubt es, die sich allmählich und immer eindrucksvoller entfaltende Szenerie richtig aufzunehmen, zu erleben. Während auf der neuen Zufahrtsstraße (die in ihrem Verlauf weitgehend der alten Bahntrasse entspricht) jeder noch ein bisschen geschwinder sein will, machen wir das Gegenteil – Annäherung mit Muße. Wie schön, wenn hinter Tschöfas der Langkofel ins Bild tritt, wie gemalt: grauer, schroffer Fels über dem waldgrünen Mittelgrund, rechts flankiert von der Fünffingerspitze, der Grohmannspitze, dem Zahn- und dem Plattkofel.

Hauptort Grödens ist St. Ulrich (unten). Eine Grödner Spezialität: die Holzschnitzerei (ganz unten). Sonnenaufgang am Grödner Joch (rechts oben). Moderne Architektur im Gebirge: das Chalet Gérard (rechts unten).

Die Bahn kommt!

Im Ersten Weltkrieg bekam das Grödner Tal Bahnanschluss, allerdings nur militärischen zunächst. Innerhalb von knapp fünf Monaten wurde die 31 Kilometer lange Strecke von Klausen nach Wolkenstein realisiert, dabei schufteten auch 6000 russische Kriegsgefangene. Die Schmalspurbahn diente der Versorgung von K.-u.-k-Truppen an der Dolomitenfront. Seilbahnen führten weiter über das Sellajoch bis zur Marmolada, wo sich Kaiserjäger und Alpini in ihren Gletscher- und Felsstellungen gegenüberstanden.

Nach Kriegsende diente die Schmalspurbahn dem zivilen Verkehr. Ihre Transportleistung blieb allerdings bescheiden, sie wurde auch nie elektrifiziert. Im Jahr 1960 dampfte das letzte Züglein von Klausen ins Grödner Tal, im autoverrückten Italien läutete zu jener Zeit für viele Bahnstrecken die Totenglocke. Ein halbes Jahrhundert später wünscht sich vielleicht der eine oder die andere die gute alte Zeit zurück, in der vielleicht nicht wirklich alles gut war, aber anders und garantiert weniger hektisch.

St. Ulrich und seine Schnitzer

St. Ulrich, rechts des Grödner Bachs an den Sonnenhängen, ist der Hauptort des Tals. Der erste Eindruck: zwiespältig. Da steht Altes neben Neuem, und nicht alles ist gelungen, auch bei jenen Häusern nicht, die aus der Jugendstilepoche stammen, einiges ist sogar schlimmer Kitsch, etwa das »Cavallino Bianco«. Gesichts-

lose Bauten aus der Zeit des ersten Booms, als die Westdeutschen kamen, moderne Architektur und überall: »wood carving«. St. Ulrich ist ein Schnitzerdorf, nicht nur ein Touristenort und Wintersportplatz, das kann man nicht übersehen. Seit dem 17. Jahrhundert, vielleicht auch schon länger, hat dieses Kunsthandwerk hier eine gute, auf Geschicklichkeit und einem feinen Gespür für das Material beruhende Tradition. Grödner Schnitzereien hatten schon früh einen hervorragenden Ruf, sie wurden sogar exportiert, und das brachte besseren Verdienst als das wenige, das auf den Äckern und Almen zu erwirtschaften war. Erfolg weckt den Wunsch nach (noch) mehr, heißt es, und im Falle der Grödner traf das durchaus zu. Findige Geschäftemacher kamen auf die Idee, durch maschinelle Vorfertigung ihre Gewinnspanne zu erhöhen: Kitsch statt Kunsthandwerk, Massenware statt Qualität. Der Erfolg war ein vorübergehender, und heute versprechen die Geschäfte ihren potenziellen Kunden: »Entirely hand carved« – handgeschnitzt. Und in Gröden gibt's eine Schule, in der junge Leute das Kunsthandwerk lernen können. Trotzdem fragt man sich angesichts des riesigen Angebots, wie viele Hände Tag für Tag arbeiten müssten, um all die Engel, Heiligen und bäuerlich-traditionellen Figuren zu schaffen.

Wer sich fürs Holzschnitzen interessiert, kommt nicht um einen Besuch im Heimatmuseum in St. Ulrich herum. Es zeigt naturkundliche und archäologische Sammlungen sowie einen Streifzug durch vier Jahrhunderte Grödner Holzschnitzkunst. Und auch der berühmteste Sohn des Ortes hat im Museum Gherdëina seinen Platz gefunden: Luis Trenker (1892 bis 1990).

Ein Mann der Berge

Keine Frage, Trenker war eine schillernde Persönlichkeit, er wusste mit Menschen umzugehen, sie für seine Zwecke einzuspannen. Er war Bergführer, Schauspieler und Filmregisseur, Geschichtenerzähler und Schriftsteller. Berühmt machten ihn vor allem seine frühen Filme aus den 1930er-Jahren wie *»Berge in Flammen«* über den Dolomitenkrieg oder *»Der verlorene Sohn«,* der eine gescheiterte Emigration in die USA thematisierte. Sie brachten ihn allerdings auch ins Zwielicht, die Nähe zu den Nazis ist Teil seiner Biografie (auch wenn er das später zu relativieren suchte), ebenso seine Neigung, sich gern mit fremden Federn zu schmücken. Die Trenker-Bestseller hatten vielfach andere Urheber: Walter Schmidkunz, Fritz Weber und Karl Springenschmid. Ein breites Publikum fand er im deutschsprachigen Raum durch seine Fernsehsendung im Bayerischen Rundfunk: *»Luis Trenker erzählt«.* Denn das konnte der stets braun gebrannte Bergler, gestenreich machte er auch den Norddeutschen (die ihn wohl nur teilweise verstanden) klar, dass man einfach »auffi muess auf den Berg«.

CHALET ZUM VERLIEBEN

Mit seinem elegant geschwungenen Dach ist das neue *Chalet Gérard* ein echter Hingucker an der Grödner-Joch-Straße – moderne Architektur, sehr gelungen, auch innen. Da kehrt man gerne ein, bietet die Terrasse doch den schönsten Langkofel- und Sellablick weit und breit. Und wer gleich in dem gastlichen Haus übernachtet, steigt morgens mit den ersten Sonnenstrahlen am hohen Gipfelgrat des Saslonch aus den Federn. Abends kann man sich dann von Mama Mussners Kochkünsten verwöhnen lassen: ladinische Gerichte, Polenta in verschiedenen Variationen, Risotto, Wild und feine Schwammerl, dazu passend ein guter Wein. Und ganz wichtig: Das Haus ist zwar neu, geblieben ist aber die herzliche Gastfreundschaft.

WEITERE INFORMATIONEN

Museum Gherdëina: Rezia-Straße 83, I-39046 St. Ulrich, Tel. +39 04 71/79 75 54, www.museumgherdeina.it
Chalet Gérard: Plan de Gralba 37, I-39048 Wolkenstein; Tel. +39 04 71/79 52 74, www.chalet-gerard.com

Ein uralter Siedlungsplatz, später Klosterburg: Säben (oben). Einzigartig: der Friedhof von Villanders mit seinen schmiedeeisernen Grabkreuzen (rechts unten). Mitten im alten Ortskern steht der Ansitz zum Steinbock, heute Hotel (rechts oben).

40 Säben und Villanders – hoch über dem Eisacktal

Ein Kloster, ein Bergdorf und Almen

Villanders ist ein hübsches Bergdorf, Säben der älteste Bischofssitz Tirols, und die Villanderer Almen sind ein prächtiges Wanderrevier. All das liegt nahe beieinander, aber nicht neben-, sondern übereinander. Der Weg auf den Berg führt durch mehrere Klimazonen, von den Weinpergeln am Eisack bis in jene Regionen, wo Enzian und Edelweiß blühen.

Säben, Villanders und seine Hochalmen – ein schöner Dreiklang. Wer Kloster, Dorf und die alpinen Regionen unter dem Villanderer Berg besucht, reist dabei durch Zeit und Raum. Der Weg führt fast zwei Kilometer hoch hinauf, ein paar Tausend Jahre zurück in die Vergangenheit und schließlich mitten hinein in die nordische Tundra, und das alles an einem Tag – kaum zu glauben!

Die Klosterburg Säben

Diese besondere Reise beginnt drunten am Eisack, zwischen den gotischen Häusern von Klausen, und da umweht einen bereits ein Hauch von Geschichte. Hoch über dem Flecken, den Albrecht Dürer auf seiner Italienreise 1494 zeichnete, thront auf einem schroffen Felsen das Kloster Säben, ältester Bischofssitz Tirols (bis gegen 990) und später dann zur Bergfestung ausgebaut. Besiedelt war der Platz schon viel früher, an gleicher Stelle befand sich möglicherweise eine steinzeitliche Kultstätte. Etwas von der Magie dieses Ortes, den seit dem späten 17. Jahrhundert Benediktinerinnen bewohnen, ist heute noch spürbar. Das mag auch daran liegen, dass der rauschende Verkehr Abstand hält zu der Klosterburg. So wird die kleine Wanderung zu einer Zeitreise in vergangene Jahrhunderte. Die ältesten Säbener Mauern stammen aus dem 4. Jahrhundert; sie wurden unterhalb der

bestehenden Mauern in einem Acker entdeckt, später aber wieder zugeschüttet. Nach Josef Weingartner (1885–1957), dem bedeutenden Kulturchronisten des Landes, ist die Heiligkreuzkirche in ihren Grundmauern nicht viel jünger, sie dürfte wohl zur Zeit des Bischofs Ingenium (um 600) entstanden sein. Ihre heutige Gestalt erhielt die Kirche durch die Umbauten im 16. und 17. Jahrhundert. Eine Besonderheit bilden auf Rupfen (Sackleinen) gemalte Bilder, mit denen Wände und Decke des Innenraums teilweise bespannt sind. Es handelt sich um vorzügliche Arbeiten (1679) eines italienischen Theatermalers. Das große Kruzifix am Hochaltar ist ein Werk des Meisters Leonhard von Brixen (15. Jh.).

Villanders und seine Hochalmen

Ganz so wie damals, als Franz von Defregger (1835–1921) ihn malte, sieht der Dorfkern von Villanders nicht mehr aus. Allerdings wäre es auch übertrieben, zu behaupten, es wäre gleich so »viel-anders«. Das soll ein Bauer gerufen haben, als er nach einem Unwetter des Dorfes ansichtig wurde – sagt zumindest eine beliebte Sage. Nüchterne Wahrheit ist, dass (auch) hier, an dem sonnigen Hang über dem Eisackgraben, sehr viel gebaut worden ist in den letzten Jahrzehnten. Weitgehend verschont blieb der winzige Dorfkern mit dem Ansitz zum Steinbock, den beiden gotischen Gotteshäusern und dem einzigartigen Friedhof: lauter schmiedeeiserne Kreuze, viele Reihen tief. Vor bald einem halben Jahrhundert gab der Boden von Villanders ganz Erstaunliches preis: Siedlungsreste, die vom Frühmittelalter über die Römer- und die Bronzezeit bis ins Neolithikum zurückreichen (Archeoparc, Besichtigung möglich).
Die steinzeitlichen Jäger hinterließen ihre Spuren auch auf den Villanderer Hochalmen, etwa in der Umgebung des Schwarzen Sees. Um die Gegend ranken sich allerlei Sagen: Einst soll hier Gold gefunden worden sein, doch der Reichtum verführte die Knappen zu einem gottlosen Leben. Nicht zufällig heißt ein Platz nun »am Toten« ...
An so etwas braucht nicht zu denken, wer zu Fuß (oder im Winter mit den Langlaufskiern) auf der weitläufigen Villanderer Alm zwischen Latschen und Moorböden, lichten Waldpartien und offenen Weideflächen unterwegs ist. Jenseits des Eisackgrabens stehen die Dolomiten Parade, und wenn die Beine allmählich müde werden, der Hunger dafür größer wird, taucht bestimmt ein gastliches Haus am Weg auf. Da lässt man sich dann gern zur Marende nieder, sei's im »Mair« in Plun, am Rinderplatz oder auf der Pfroderalm. Die Frage ist dann nur noch: Kaiserschmarrn oder Knödel?

GENIESSEN IN VILLANDERS

Im *Ansitz zum Steinbock* passt einfach alles: ein historisches Ambiente, die gepflegte Gastlichkeit und eine berauschende Aussicht übers Eisacktal auf die Dolomiten. Die Küche schafft den Spagat zwischen Tradition und Moderne problemlos und ist dabei durchaus kreativ. Der Ansitz aus dem 15./16. Jahrhundert liegt mitten im alten Ortskern von Villanders. Im Sommer sitzen die Gäste gern draußen im hübschen Garten, in der kalten Jahreszeit sind die mit Lärchenholz vertäfelten Stuben Refugien der Behaglichkeit. Im Keller lagern hervorragende Weine, passend zu jedem Gericht. Nach dem Essen zieht man sich gern zurück in die behaglichen Zimmer, denen die alten Mauern ein besonderes Flair verleihen – kombiniert natürlich mit zeitgemäßem Komfort.

WEITERE INFORMATIONEN

Hotel und Restaurant Ansitz zum Steinbock: Franz-von-Defregger-Gasse 14, I-39040 Villanders, Tel. +39 04 72/84 31 11, www.zumsteinbock.com
Tourismusverein Villanders: Franz-von-Defregger-Gasse 6, I-39040 Villanders; Tel. +39 04 72/84 31 21, www.villanders.org

Auf der Mittelgebirgsterrasse unterm Schlern liebt man das Traditionelle, wird an Festtagen gern die Tracht getragen, natürlich auch zur berühmten Fronleichnamsprozession in Kastelruth (oben). Beim Oswald-von-Wolkenstein-Ritt wird die Welt des Mittelalters wieder lebendig, für drei Tage wenigstens (rechts).

41 Völs, Seis und Kastelruth – Eisacktaler Mittelgebirge

Mittelgebirgsterrasse unterm Schlern

In den Dörfern und um sie herum am Fuß des Schlerns gibt es viel zu entdecken, auch zu Fuß oder mit dem Fahrrad: alte Burgen, hübsche Dörfer und so manches Gotteshaus, auch draußen auf dem freien Feld. Hier werden Traditionen gepflegt und Mega-Events gefeiert: Konzerte der Kastelruther Spatzen und der Oswald-von-Wolkenstein-Ritt, ein Ausflug ins Mittelalter für Groß und Klein.

Der Schlern wird gern als Kulissenberg der Seiser Alm gesehen – und die Seiser Alm als Teil Grödens. Beides stimmt nur teilweise. Die große Alm gehört zur Gemeinde Kastelruth, und der Schlern ist auch der dominierende Bergstock der drei Dörfer Völs, Seis und Kastelruth. Sie liegen auf der ausgedehnten Mittelgebirgsterrasse zwischen dem Eisacktal und dem Schlernmassiv, auf halber Höhe gewissermaßen, was ein angenehmes Klima und freie Sicht nach Westen, zu den Sarntaler Alpen und Richtung Bozen garantiert. Ein weitläufiges Revier, das zum Wandern einlädt.

Völs, Seis und Kastelruth sind Bauerndörfer, das merkt man heute noch, auch wenn in den und um die Siedlungen viel gebaut worden ist, was nichts mehr mit Landwirtschaft, stattdessen mit Tourismus zu tun hat. So hat etwa der Ausbau der Straße in die Grödner Nachbarschaft Kastelruth einen echten Bauboom verschafft. Berühmt ist das in eine sanftwellige Hügellandschaft gebettete Dorf vor allem durch die »Spatzen«, die wohl fast jeder zwischen Hamburg und Bozen kennt. Ihre Musik muss man nicht unbedingt mögen, doch mittlerweile singen sie seit einer halben Ewigkeit von Liebe

und Lebensschmerz. Kastelruth hält's aus, eine schöne Gratiswerbung ist es allemal.
Echte Tradition begegnet dem Besucher in Kastelruth jeweils an Fronleichnam (bzw. am Sonntag darauf), denn dann findet die weit über die Landesgrenzen hinaus bekannte Prozession statt. Hier ist es noch zu spüren: das bäuerliche Herz Südtirols, das echte Selbstbewusstsein der »Leute vom Land«. Die farbenprächtigen Trachten, die wehenden Fahnen inmitten blühender Blumenwiesen, alles überragt von der mächtigen Trutzburg des Schlern – ein Bild von starker Symbolkraft. Ob das den Zuschauern, die mit gezückter Kamera diesen Ausdruck ungespielter Volksfrömmigkeit auf ihren Chip bannen wollen, auch immer bewusst ist, darf allerdings bezweifelt werden.

Natürlich spielt auch die Musik zu Fronleichnam auf, hier in Kastelruth (unten). Typisch für Südtirol: schöne Wirtshausschilder (ganz unten). Der Völser Weiher wurde von den Burgherren auf Prösels angelegt, als Fischteich (rechts oben).

Der Ritt ins Mittelalter

Mittlerweile auch schon Tradition hat der 1983 erstmals ausgetragene Oswald-von-Wolkenstein-Ritt, der jeden Juni stattfindet und bei Einheimischen und Urlaubern gleichermaßen beliebt ist. Die Veranstaltung, ausgetragen vor historischer Kulisse in Kastelruth, Seis, Völs und Prösels, entführt Akteure und Besucher in die Welt des Mittelalters, in die Zeit der Ritter und Minnesänger. Insgesamt vier Turnierspiele werden in drei Tagen ausgetragen: das Ringstechen auf dem Kastelruther Kalvarienberg, der Ritt durchs Labyrinth am Fuß von Oswalds Burg Hauenstein (Seis), der Galopp am Völser Weiher und der Torritt bei Schloss Prösels. Daneben unterhält ein umfangreiches Rahmenprogramm mit Musik, Gaudi und Gauklern sowie einem mittelalterlichen Markt.
Schloss Prösels, der Schauplatz, gehört zu den sehenswertesten Burgen Südtirols. Der stattliche Bau mit seinen Eck- und Tortürmen – eine für die Zeit Maximilians I. typische Wehranlage – entstand im Wesentlichen zwischen 1490 und 1520, wurde später nur mehr unwesentlich verändert. In dem malerischen Burghof finden im Sommerhalbjahr regelmäßig Musik- und Theateraufführungen statt; täglich außer samstags kann die Anlage besichtigt werden.

Oswald von Wolkenstein

Die Herren von Prösels waren es auch, die die beiden hübschen (Fisch-)Teiche am Fuß des Schlern anlegen ließen: den Völser- und den Huberweiher. Heute sind sie Ausflugsziel und Badeplatz. Im alten Weihergasthaus, das sich seinen urtümlichen Charme bewahrt hat, war der berühmte Wiener Dramatiker Arthur Schnitzler (1862–1931) öfter zu Gast.
Ein beliebter Wanderweg führt immer am Schlernfuß entlang nordwärts nach Seis. Etwa

auf halbem Weg steht auf freiem Feld die Kirche St. Konstantin, ein spätgotischer Bau mit hohem, zwiebelgekröntem Turm. Im Weiler St. Konstantin lebte der Südtiroler Dichter und Maler Hubert Mumelter (1896–1981), dem mit dem historischen Roman *Zwei ohne Gnade,* der das Leben des Oswald von Wolkenstein (um 1375–1445) thematisiert, der Durchbruch gelang.

Wolkenstein selbst verbrachte die letzten Jahre seines abenteuerlichen Lebens ganz in der Nähe, auf seiner Burg Hauenstein. Sie ist längst Ruine, nur noch ein Mauerstumpf lugt am Schlernhang zwischen den Baumwipfeln hervor. Hier, »auf einem Felsklotz rund und steil«, hockte der weitgereiste Renaissancemensch, der Tiroler Rittersmann und Dichter. »Nordafrika, Arabien und Persien, die Krim und dann nach Syrien, Byzanz, ins Türkenreich, Georgien – die Sprünge sind vorbei!«, schrieb er verbittert. »Was mir an Ehrung ward zuteil durch Fürsten, manche Königin und was ich so an Schönem sah, das büß' ich ab in diesem Bau. Mein Unheil hier – es zieht sich lange hin.«

Völs und ein besonderes Bad

Auf alte Mauern stößt man auch in Völs, das bereits 888 erstmals urkundlich erwähnt wird, aber noch viel älter sein dürfte. Der malerische Dorfkern mit seinen eng zusammenstehenden Häusern liegt auf einer Hügelkuppe; den höchsten Punkt markiert die Pfarrkirche, ein spätgotischer, 1550 eingewölbter Bau von beachtlichen Dimensionen. Der Hochaltar, der 1902 neu gefasst wurde, stammt in Teilen (Flügel, Figuren) aus dem späten 15. Jahrhundert. Wesentlich älter ist das Kirchlein St. Peter am Bühel, das den Hügel westlich vor dem Ort krönt (daher sein Name). Der schlichte Bau datiert im Kern aus romanischer Zeit und steht möglicherweise über einer vorchristlichen Kultstätte. Im Bereich des Bühels (schöne Kastanienbäume) wurden prähistorische Siedlungsspuren entdeckt.

Berühmt ist Völs für seine Heubäder. »Erfunden« haben diese ganz besondere Kur möglicherweise Völser Heuer, die nach der anstrengenden Mahd oben am Schlern im Heu schliefen und anderntags prima erholt aufwachten. Erstmals dokumentiert wurde das Heubad 1871, und noch vor Ende des 19. Jahrhunderts kam es in Mode. Der Kurgast wurde »ins dampfende Heu gesteckt«, bis nur noch der Kopf herausguckte. Hinterher hüllten ihn dienstbare Geister in Decken »zum Nachschwitzen«, und zu guter Letzt gab's eine ordentliche Südtiroler Marende aus Speck, Schüttelbrot und Wein.Viel exklusiver könnte man heute als Gast in der Felsengrotte des Hotels Turm baden, mitten im historischen Ortskern von Völs.

URLAUB UND KUR IM HEU

Was andernorts in Südtirol gerade allmählich wiederentdeckt wird – die Heilkraft des Almheus –, praktiziert man im *Hotel Heubad* in Völs seit über 100 Jahren, mit zunehmendem Erfolg. Das liegt wohl auch daran, dass die Hektik in Berufsleben und Alltag heute nach einer Form der Regeneration verlangt, bei der sich Tempo und Unruhe von selbst verbieten. In dem kürzlich erweiterten Haus fühlt man sich auf Anhieb zu Hause, hier passt alles zusammen: freundliche Gastgeber, eine angenehme Atmosphäre, und auch die Küche hält durchaus Schritt. So verbringt man gern seinen Urlaub, und wenn ab und zu der feine Duft des Heus vom Schlern in der Nase kitzelt, tut das dem Wohlbefinden garantiert keinen Abbruch. Das Hotel verfügt über einen Wellnessbereich mit Hallen- und Freibad, Sauna und einem hübschen Garten. Angeboten werden verschiedene Massagen, auch in Kombination mit dem Heubad.

WEITERE INFORMATIONEN

Hotel Heubad: Schlernstraße 13, I-39050 Völs am Schlern, Tel. +39 04 71/72 50 20, www.hotelheubad.com

Oswald-von-Wolkenstein-Ritt: www.ovwritt.com

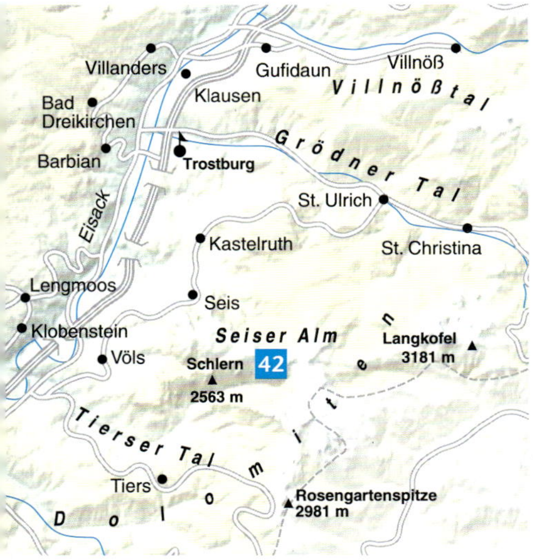

42 Seiser Alm und Schlern – bunte Wiesen und grauer Fels

Südtiroler Wahrzeichen

Die Seiser Alm, der Schlern und das Langkofelmassiv bilden ein Landschaftsensemble, das sogar in den Dolomiten seinesgleichen sucht. Die sanftwellige Hochalm gibt den idyllischen Kontrast zu den beiden schroffen Felsprofilen, die es umrahmen. Der Schlern, sagenumwoben und bereits in vorgeschichtlicher Zeit von Menschen besucht, gilt als Südtiroler Wahrzeichen.

Berühmt sein hat seinen Preis, alle Welt will dich sehen. Da ist es dann rasch vorbei mit der Ruhe, schnell wird ein Leben fremdbestimmt. Das gilt auch für die Seiser Alm, diese Südtiroler Bilderbuchlandschaft, die ihren Namen vom Dorf Seis hat, aber irgendwie auch zum Grödner Tal gehört. Ihr sanftwelliges Profil macht sie zum idealen Wanderrevier: viel Aussicht bei nur wenig Anstrengung. Im Blick hat der Wanderer dabei stets den Langkofel oder (wenn er sich umdreht) den Schlern, beides unverwechselbare Felsprofile. Wettergebräunte Holzstadel stehen in der Wiese, Kuhglocken bimmeln, und an Einkehrmöglichkeiten fehlt es natürlich auch nicht.

»Des Gletschers Silberspitze, des Waldes feuchtes Grün/Der Seen blaue Spiegel, der Alpenrosen Blühen/Des Wasserfalles Brausen hat manches Bergland wohl/Doch eine Seiseralpe – hat nur das Land Tirol«, so lautet eine etwas holperig geratene Hymne auf das weitläufige Almrevier südlich des Grödner Tals. Raul Heinrich Francé zitiert das Gedicht in seinem monumentalen, 1912 erschienenen Buch *Die Alpen* und

Geschafft! Kletterer auf der Santnerspitze (unten). Die beiden Kulissenberge der Seiser Alm: der Schlern (gespiegelt) und das Langkofelmassiv (rechts oben). Sonnenaufgang über den Geislerspitzen, von der Seiser Alm aus gesehen (rechts unten)

Gewitterwolken über dem Langkofelmassiv (oben). Zwei »Schlerndamen« und ein Bergsteiger-Refugium mit Tradition: die Schlernhäuser (rechts unten). Gipfelkreuz am Schlern (rechts oben).

bezeichnet die Seiser Alm – ganz zu Recht – als die »größte Alpe in den Gesamtalpen und zugleich ein Paradies der Alpenpflanzen, das zu Anfang des XIX. Jahrhunderts ein wahres Wettrennen der Pflanzenkenner nach dem Schlern und der Seiseralpe veranlasste«. Francé erwähnt ein paar Endemiten: das Zwerg-Kugelschötchen, die Dolomiten-Hauswurz, die Südtiroler Primel, Facchinis Steinbrech, den Ostalpen-Baldrian und Morettis Glockenblume.

Bedrohte Vielfalt

Vielfalt ist ein Merkmal der Seiser-Alm-Landschaft, auch in der Pflanzenwelt. Dafür, dass hier eine berühmt artenreiche Flora entstehen konnte, war neben den sehr unterschiedlichen Gesteinen, aus denen die Alm und ihre Randberge aufgebaut sind, auch eine extensiv betriebene Landwirtschaft verantwortlich. Kein Düngeeintrag, keine Übernutzung der Böden. Das hat sich in der zweiten Hälfte des letzten Jahrhunderts erst einmal geändert, dazu kamen immer gravierendere Eingriffe des Tourismus. Aus den Magerwiesen wurden ertragreiche Wiesen, dank reichlicher Düngung. Dass die Biodiversität entsprechend zurückging, teilweise bis um drei Viertel, wurde in Kauf genommen. Besonders empfindliche Pflanzenarten wie die Brunelle, der Stengellose Enzian, Küchenschelle und Schwefelanemone verschwanden nach und nach, und aus den bunten Wiesen, von denen Francé und seine Zeitgenossen schwärmten, entwickelte sich zunehmend eine Monokultur: Löwenzahn und Hahnenfuß.

Die Seiser Alm – ein bedrohtes Paradies? Ja, sagte die Landesregierung und handelte. 1974 wurde der erste regionale Naturpark Südtirols eingeweiht, damals gegen den heftigen Widerstand von Bauern, Jägern und Hoteliers. So sind Teile der Hochebene der touristischen Erschließung und der Intensiv-Landwirtschaft entzogen, und die berühmte Flora bleibt erhalten. Seit einigen Jahren wird auch der Autoverkehr innerhalb der Alm streng reglementiert; dafür verbindet eine Gondelbahn Seis mit der Hotelsiedlung Compatsch im nördlichen Teil der etwa 60 Quadratkilometer großen Alm. Der Erschließungsdruck wird dadurch gemildert, immerhin, aber die Besucher kommen trotzdem, sommers wie winters.

Der Schlern – mehr als nur ein Berg

Der Schlern ist Blumenwunder und Naturdenkmal, Namensgeber für das hauptsächlich gebirgsbildende Gestein der westlichen Dolomiten und eine Südtiroler Kulturzeitschift *(»Der Schlern«)*, eine Aussichtswarte von Rang und vermutlich einer der ersten von Menschen aufgesuchten hohen Berge in den Alpen überhaupt. Als die Römer sich anschickten, das Land an Etsch und Eisack ihrem Reich einzuverleiben, war die »Eroberung« des Schlern längst Geschichte.

Die Funde vom Schlernplateau werden in die jüngste Eisenzeit (La Tène, 450–50 v. Chr.) datiert. Ungeklärt ist allerdings, ob sie mit einer Almsiedlung oder einer Kultstätte in Zusammenhang stehen. Keinesfalls handelt es sich um Spuren einer prähistorischen Gipfelexpedition – so etwas gab es damals noch nicht. Erst im 19. Jahrhundert, mit der Romantisierung des Hochgebirges, folgten die Städter den Spuren der Jäger und Hirten, man stieg der schönen Aussicht wegen oder des Gefühls, »oben zu sein«, auf die Gipfel.

Die Schlernhäuser

Die Schlerntour gehört längst zum richtigen Bergurlaub in den westlichen Dolomiten, und so verwundert es nicht, dass man bereits in den 1880er-Jahren den Bau eines Schutzhauses plante. 1884 erwarb die Sektion Bozen des Deutschen und Österreichischen Alpenvereins von der Gemeinde Völs ein Grundstück, wobei im Kaufvertrag festgeschrieben wurde, dass »bei der Vergebung der Wirtschaft die Eingeborenen von Völs zu berücksichtigen und Unfug und Unsittlichkeit in der Hütte möglichst hintanzuhalten« seien. Zwei Jahre später konnte das Schlernhaus eröffnet werden, und bald schon erfreute sich das hoch gelegene Refugium großer Beliebtheit. Im Jahr 1903 wurde deshalb auch das danebenstehende kleine Gasthaus von Christian Marsoner erworben und später immer mal wieder modernisiert. Trotzdem verströmt der stattliche Bau mit seiner gediegenen Innenausstattung noch etwas vom unverwechselbaren Flair der guten alten Zeit.
Heute kommen die meisten Gipfelstürmer von der Seiser Alm herauf, weil Straße bzw. Gondelbahn den Anstieg angenehm verkürzen. Die alten Wege aus dem Tierser Tal durch die Bärenfalle, von Völs oder vom ehemaligen Bad Ratzes herauf sind länger, anstrengender, weisen auch Respekt einflößende Höhenunterschiede auf und eignen sich also nur bedingt für einen Tagesausflug. Doch wozu die Eile? Da sind doch die Schlernhäuser, die haben ein Dach, darunter ist's gemütlich, und was beim Wirt Harald Gasser auf den Tisch kommt, stillt auch einen ausgewachsenen Bergsteigerhunger. Hinterher kann man ja den kleinen Abstecher hinauf zum Petz (2563 m) unternehmen und vom höchsten Punkt des Schlernmassivs das traumhafte Panorama im Abendlicht genießen, bis die letzten Sonnenstrahlen an den Wänden des Rosengartens rot aufleuchten und dann verglimmen. Bevor's dann wirklich Nacht wird, ist man längst wieder unten bei den Schlernhäusern. Hier steigt die Stimmung, der Rote wärmt von innen, und als Gutenachtlektüre nimmt sich der wissbegierige Gast die Broschüre *Naturpark Schlern-Rosengarten* vor. Ein paar Hundert Meter dick – kann er da nachlesen – soll das Paket aus solidem Schlerndolomit sein, auf dem er bald sein Haupt zur verdienten Ruhe betten wird, dem (Bergsteiger-)Himmel näher als dem Alltag, rechtschaffen müde, glücklich.

EINE SCHLERNTOUR

Für viele ein Höhepunkt ihres Urlaubs in der Region: die Besteigung des Südtiroler Wahrzeichens. Am leichtesten geht das von der Bergstation der Seiser-Alm-Bahn (Compatsch, 1844 m) aus. Nach gemütlichem Auftakt sind ab der Saltner Hütte auf dem »Touristensteig« rund 600 Höhenmeter am Stück zu bewältigen – da braucht's schon etwas Durchhaltevermögen. Von den Schlernhäusern (2457 m) ist es dann nur noch ein Katzensprung bis zum höchsten Punkt des Schlern, dem Petz (2563 m). Der Abstieg erfolgt über den »Touristensteig« und durch den Graben des Frötschbachs zur Talstation der Seiser-Alm-Gondelbahn (7 Std.). Auf den teilweise steinigen Wegen sind etwas Kondition und Trittsicherheit unerlässlich! Besonders schön ist die Tour natürlich mit einer Übernachtung in den Schlernhäusern.

WEITERE INFORMATIONEN

Schlernhäuser: Sie sind normalerweise von Mitte Juni bis Ende September bewirtschaftet; für Übernachtungen reservieren und Hüttenschlafsack mitnehmen; Tel. +39 04 71/61 20 24, www.schlernhaus.it
Seiser Alm Marketing: Dorfstraße 15, I-39050 Völs; Tel. +39 04 71/70 96 00, www.seiseralm.it

Das Kirchlein St. Zyprian vor dem Hauptkamm des Rosengartens. In der Bildmitte die Vajolettürme (oben). Der steile Zickzackweg durch die Bärenfalle führt in felsiges Gelände (rechts unten). Auch auf dem Berg, nicht nur im Tal drunten, kann man in Südtirol gut essen (rechte Seite oben).

43 Tierser Tal – eine Idylle fernab vom Rummel

Zwischen Schlern und Rosengarten

Im Tierser Tal ist alles etwas kleiner als drüben auf der Seiser Alm – bis auf die Berge. Und die können sich wirklich sehen lassen, vor allem natürlich die Vajolettürme im Rosengarten: steinerne Flammen, die in den blauen Himmel ragen. Und dann ist da noch das Tschamintal, eine Oase der Ruhe im Naturpark Schlern-Rosengarten, umrahmt von schroffen Felsen – ein Wander-Wunderland.

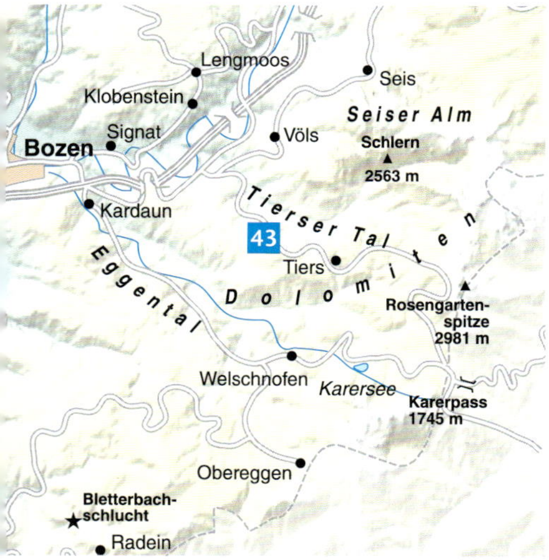

Die steinernen Wunder von Tiers stehen ganz hinten im Tal: die Vajolettürme (2821 m). Sechs sind es insgesamt, als alpinistisch interessant gelten allerdings in erster Linie die drei südlichen Zacken, alle nach ihren Erstbesteigern (zwischen 1887 und 1892) benannt: Georg Winkler, Hans Stabeler und Hermann Delago. Tita Piaz, der aus dem Fassatal stammende »Löwe der Dolomiten« und Wirt auf der Vajolethütte, eröffnete später eine Vielzahl von Routen an seinen »Hausbergen«, wo er praktisch jeden Felsen kannte. Überhaupt entwickelte sich der Rosengarten schon bald zu einem der beliebtesten Kletterreviere der Dolomiten. Paul Preuß, der legendäre Alleingänger, und Hans Dülfer realisierten mehrere schwierige Neurouten, auch das fulminante Duo Paula Wiesinger und Hans Steger hinterließ hier seine Spuren. Als »letztes ungelöstes Problem« galt schließlich die Rotwand: ein überhängender 400-Meter-Absturz. Die Sachsen Lothar Brandler und Dietrich Hasse rückten ihm 1958 mit viel Materialeinsatz zu Leibe – von »free climbing« oder »Rotpunkt« sprach damals noch niemand. Noch übertroffen wurden sie zwei Jahre später von Cesare Maestri, dem legendär-umstrittenen Erstbesteiger des Cerro Torre im fernen Patagonien, und Carlo Claus, die über 400 Haken setzten und nach sieben Biwaks der Wand entstiegen.

Das Tschamintal

Die meisten Besucher halten sich von den schroffen Felsmauern fern. Erleben kann man die grandiose Kulisse auch – weitgehend risikolos – auf den markierten Wegen. Eine stille Oase zwischen berühmten Kletterwänden und touristischen Trampelpfaden ist das Tschamintal, das Schlern und Rosengarten trennt. Der Münchner Reisejournalist Heinrich Noë schrieb, dass »nicht ein einziges Tal sämtlicher Kalkalpen gleich schön und wild« sei. Wer es bis hinauf zum Tierser Alpl durchwandert, erlebt nicht nur Natur pur, er darf sich auch auf die (wohlverdiente) Marende in der gastlichen Hütte (2440 m) oben am Joch freuen. Die steht an einer geologischen Nahtstelle: Während der Molignonkamm aus hellem, ungeschichtetem Schlerndolomit besteht, durchdringen sich an den Rosszähnen weiche vulkanische Gesteine und härterer Riffkalk, was zu einem richtigen Sägezahnprofil führte.

Ein Naturparadies

Die schattenseitige linke Flanke des Tschamintals ist großflächig bewaldet. Es dominiert die Fichte, in tieferen Lagen stehen auch Tannen. In höheren Regionen werden sie durch Zirbelkiefern abgelöst. Dieser nur sehr langsam wachsende Baum ist äußerst widerstandsfähig, er trotzt sogar Lawinen und Muren. Für seine Verbreitung sorgt in erster Linie der Tannenhäher, der sich durch sein langgezogenes, hartes »Krrähh!« zu erkennen gibt. Seine ungewöhnliche Verpflegungsstrategie ist ein schönes Sinnbild für das Zusammenleben in der Natur. Tannenhäher ernähren sich von den Samen der Zirbelkiefer, die sie aus den Zapfen picken.
Im Herbst legen die Vögel einige Tausend Verstecke als Wintervorrat an, und erstaunlicherweise finden sie die meisten später wieder unter dem Schnee (wie sie das schaffen, ist bis heute ungeklärt); aus manch anderen sprießt dagegen ein junger Baum.
Das Tschamintal liegt zur Gänze innerhalb des Naturparks Schlern-Rosengarten. Das Park-Haus am Taleingang, bei Weißlahnbad, informiert über das 73 Quadratkilometer große Schutzgebiet, seine Geologie, Flora und Fauna sowie Aspekte des bäuerlichen Lebens anno dazumal. Es ist in der alten Steger Säge untergebracht, einer wieder funktionsfähig gemachten Venezianersäge.

SCHLEMMEN AUF DEM BERG

Ein beliebtes Wanderziel im Tierser Tal ist die *Tschafonhütte* (1733 m) nördlich über dem Dorf Tiers. Gut zwei Stunden sind für den Aufstieg zu veranschlagen, dann gibt's die verdiente Rast, mit Aussicht auf die Paradeberge des Rosengartens notabene. Fast so interessant wie das Bergpanorama ist ein Blick in die Speisekarte des Hauses: Goggelen mit Eartepfl (Eier mit Kartoffeln), Schmorrn mit Grantn (Kaiserschmarrn mit Preiselbeeren) oder Knedl mit Kress und Rucola (Knödel mit Kresse und Rauke) finden sich da, und auch frische Salate aus dem hauseigenen Gemüsegarten. Guten Appetit!

WEITERE INFORMATIONEN

Tschafonhütte: bewirtschaftet Ende April bis Anfang November;
Tel. +39 347/8 13 11 52,
www.schutzhaus-tschafon.com
Tourismusverein Tiers:
St.-Georg-Straße 79, I-39050 Tiers;
Tel. +39 04 71/64 21 27, www.tiers.it

Was für ein Landschaftswunder!
Das Tschamintal im Rosengarten.

Viel bestaunt: der Karersee vor der imposanten Felskulisse des Latemar (oben). Nicht herunterfallen (rechts unten)! Im Latemar, Blick über den Valsorda-Kessel auf die Nordkette (rechts oben).

44 Karersee – Naturwunder am Latemar

Sisis geopferte Idylle

Er ist nicht der größte, aber doch der berühmteste unter den (wenigen) Bergseen der Dolomiten, und kaum jemand, der über die »Große Dolomitenstraße« hinauf zum Karerpass unterwegs ist, wird oberhalb von Welschnofen keinen Zwischenstopp einlegen. Ein Foto von dem legendären Naturwunder muss doch einfach sein, mit dem faszinierenden Zackenprofil des Latemar als Kulisse.

Ganze Generationen von Reiseliteraten haben das Bild beschrieben, die unvergleichliche Schönheit des Sees gepriesen, der am Fuß des Latemar liegt – bis fast nichts mehr davon übrig blieb. Zu nahe kommt die »Große Dolomitenstraße« dem Gewässer, die Menschenmassen vertreiben jede Idylle. Das tägliche Gewusel führte schließlich dazu, dass ein Betreten des Seeufers untersagt ist, der Rundweg abgezäunt wurde und die Motorfahrzeuge auf einem großen Parkplatz abseits abgestellt werden müssen.
Ja, das Bild ist ein Klassiker, ein »Big Point« des Südtiroler Tourismus, wie man heute sagt, man muss es gesehen haben – um dann vielleicht doch leicht enttäuscht zu sein. Das hat aber nichts mit den vielen Besuchern zu tun, sondern mit der speziellen hydrologischen Situation des Karersees (1519 m). Er besitzt keinen oberirdischen Zufluss, sondern wird unterirdisch von Quellen gespeist, deren Schüttung sehr stark schwankt, abhängig von Niederschlägen und Jahreszeit. Die maximale gemessene Tiefe beträgt 17 Meter, das Minimum gerade noch etwa fünf Meter. Ganz austrocknen kann der See allerdings nicht, weil die tiefste Mulde durch toniges (und deshalb wasserundurchlässiges) Gestein abgedichtet wird.

Sisis Sommer

Rund um den Karersee erstreckt sich der Latemarforst: Hier wachsen fast nur hohe, gerade gewachsene Fichten. Die schönsten Bäume landen allerdings nicht im Welschnofner Sägewerk, sondern sind als Resonanzholz für den Geigenbau begehrt. Irgendwo in einem europäischen Konzertsaal schwingt möglicherweise die Melodie vom Karersee mit, der so berühmt wurde, dass er seine Seele verlor...
Diese Geschichte hätte bestimmt der Kaiserin Sisi gefallen. Sie verbrachte im Jahr 1897 ihre Sommerfrische im damals neuen Grand Hotel Karersee, das zwei Kilometer weiter talaufwärts auf einem Wiesenplan steht. Begleitet wurde die österreichische Kaiserin auf ihren Spaziergängen meistens von dem Bergführer Jörg Huck, der ihr – ganz Untertan – treu ergeben war, obwohl er sonst vom »Weibervolk« nicht allzu viel hielt. Die »Elisabeth-Promenade« gehört heute zu den beliebtesten Spazierwegen im Umkreis von Welschnofen; noch mehr als ein Jahrhundert nach ihrem tragischen Tod (1898) begegnen sich da recht viele lustwandelnde NostalgikerInnen aus nah und fern.

Ein Tourismuspionier

Zu den Nostalgikern zählte Theodor Christomannos ganz bestimmt nicht. Er war ein Mann mit Visionen und großem Organisationstalent. Seine Vorfahren stammten aus dem Südosten Europas, geboren wurde er 1854 in Wien, er lebte aber in Meran und liebte Berge und Frauen. Auf Erstere kletterte er gekonnt, einmal soll er aufgrund einer Wette in Frack und Lackschuhen den Ortler bestiegen haben, und im Latemar ist sogar ein Zacken nach ihm benannt. Christomannos gehörte zu den Initianten, die sich für den Bau der »Großen Dolomitenstraße« einsetzten. Er ließ das Grand Hotel Karersee (1896) errichten, das sich bald zum beliebten Treff einer internationalen, solventen Klientel entwickelte. Neben Sisi waren u. a. Arthur Schnitzler, Agatha Christie und Winston Churchill hier zu Gast. Der britische Premier, ein begeisterter Hobbymaler, vertrieb sich die Zeit vor allem mit Pinsel und Farbe.
Christomannos starb vor Ausbruch des Ersten Weltkrieges (1911). Bereits ein Jahr nach seinem Tod errichteten die Südtiroler ihm hoch über dem Karerpass ein Denkmal. Das kam in den unruhigen Zeiten nach dem Zweiten Weltkrieg abhanden, doch seit 1959 steht an gleicher Stelle wieder ein kolossaler Bronzeadler, geschaffen von Maria Delago. Von der Höhe am Weg zur Rotwandhütte genießt man Aussicht über die Dolomiten, vom Latemar über die Palazacken bis zur Marmolada.

TOUR DURCHS LATEMAR

Für die meisten Ausflügler, die den Karersee bestaunen, bleiben die schroffen Zacken des Latemar bloße Kulissenberge. Wer sie näher kennenlernen möchte, fährt aus dem Eggental nach Obereggen, setzt sich dort in einen Sessel und schwebt hinauf zur Bergstation Oberholz (2101 m) mit prächtiger Fernsicht nach Westen, bis zu Brenta, Adamello-Presanella und Ortlermassiv. Ein markierter Weg führt in Kehren bergan in den von bizarren Felszacken umstandenen Gamsstall und weiter in die gleichnamige Scharte, wo man einen Blick auf die Rückseite der Karersee-Kulissenberge werfen kann. Gut eine halbe Gehstunde weiter südlich liegt das Rifugio Torre di Pisa (2671 m), das seinen Namen von einem bedenklich schief stehenden Felsturm in der Nähe hat. Der Rückweg führt dann wieder auf die Westseite des Bergmassivs, zuletzt nur noch sanft fallend zurück zur Liftstation (ca. 4.30 Std.). Trittsicherheit und etwas Ausdauer sind für die Tour notwendig.

WEITERE INFORMATIONEN

Eggental Tourismus Genossenschaft:
Dolomitenstraße 4, I-39056 Welschnofen, Tel. +39 04 71/61 95 00, www.eggental.com

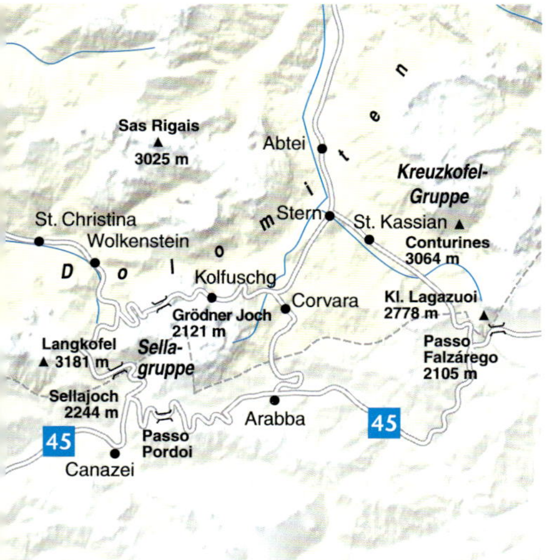

Im Jahr 1925 erstmals durchstiegen: die Nordwestwand der Civetta (unten). Ein großes Schaustück an der »Großen Dolomitenstraße«: die Südwand der Tofana di Rozes (rechts oben). Motorradfahrer in den Serpentinen der Pordoijochstraße (rechts unten).

45 »Große Dolomitenstraße« – ein Kurvenkarussell

Die berühmteste Asphaltschlange der Dolomiten

Manche halten sie für die schönste Alpenstraße überhaupt, und da mag man nicht widersprechen. Denn welche andere Gebirgsstrecke kann schon mit so vielen grandiosen Ausblicken aufwarten, auf all die Dolomitenriesen, vom Langkofel über die Marmolada bis zur Civetta und zum Antelao? Einziger Wermutstropfen, zumindest im Hochsommer: zu viel Verkehr. Also früh aufstehen!

Wenn ein Straßenzug 100 Serpentinen hat, ist er entweder ein Verkehrshindernis oder eine Sensation. Die »Große Dolomitenstraße« ist beides, seit über einem Jahrhundert. Eigentlich hätte sie bereits 1898 – zum 50. Regierungsjubiläum von Kaiser Franz Joseph – eingeweiht werden sollen, als »Kaiserstraße«, doch erst 1909 war es dann so weit. Die Idee zu einer Straße quer durch die Dolomiten geht auf den Deutschen und Österreichischen Alpenverein zurück, zu den Initiatoren gehörte auch Theodor Christomannos. Er regte auch den Bau des Hotels Karersee an.

Reisen anno dazumal

Die »Große Dolomitenstraße« verbindet Bozen und Cortina d'Ampezzo, führt dabei über drei Passhöhen: Karer (1745 m), Pordoi (2239 m) und Falzárego (2105 m). Einer früheren Reiseschilderung zufolge (*»Hochalpen«*, Meyers Reisebücher, 1927) bildet sie »den bequemsten Zugang in die Hochgebirgswelt der Dolomiten. Die außerordentlich empfehlenswerte Wagenfahrt führt an den hervorragendsten Sehenswürdigkeiten zahlreicher Gebirgsstöcke vorbei und ist an abwechslungsreicher Schönheit in dieser Ausdehnung in den Alpen fast ohnegleichen.«

Quer durch die Dolomiten

Die 100-Kehren-Reise startet im Eisacktal mit einer längeren Schluchtstrecke, der zwei neue Tunnels etwas von dem romantischen Flair genommen haben. Immerhin gibt's noch einen kurzen Rückblick auf Schloss Karneid, das hoch über der Klammmündung auf einem schroffen Porphyrfelsen hockt. Hellgraues, nicht rotes Gestein kommt später ins Blickfeld: der Latemar. Oberhalb von Welschnofen folgt das obligate Fotoshooting am Karersee. Beim ehemaligen Grand Hotel Karersee, das in Würde gealtert ist, wird der Blick auf die lang gestreckte Mauer des Rosengarten-Hauptkamms frei. Am Karerpass (1745 m) überquert man die Grenze zum Fassatal, und am südöstlichen Horizont zeigt sich kurz ein elegantes Felshorn: der Cimòn della Pala, das »Matterhorn der Dolomiten«.
Auch auf der Weiterfahrt durchs Fassatal kommen berühmte Bergstöcke ins Blickfeld: der Rosengarten, dann das Langkofel- und das Sellamassiv, zuletzt die vergletscherte Marmolada (3343 m), das »Dach« der Dolomiten.
In Canazei beginnt das Kurvenkarussell hinauf zum Pordoijoch: Fast 800 Höhenmeter und 28 Serpentinen sind es bis zur Scheitelhöhe. Dabei rückt die gewaltige Felsmauer des Sellamassivs immer näher; direkt vom Pass schwingt sich die Funivia del Pordoi hinauf zur Drei-Sterne-Aussichtskanzel des Sas de Pordoi (2950 m).
Im Links-rechts-Takt geht es hinunter nach Arabba. Hinter dem Weiler Andraz beginnt der Anstieg zum Passo Falzárego. Links im Wald zeigt sich kurz die Burgruine Buchenstein, einst Besitz der Brixner Bischöfe, dann steuert die Straße direkt auf das markante Felsdreieck des Hexensteins zu. Vom Falzáregopass (2105 m) kann man sich hinauf zum Kleinen Lagazuoi (2752 m) tragen lassen: noch ein tolles Panorama, fast die gesamten Dolomiten umfassend!
Bei der Fahrt hinunter nach Cortina d'Ampezzo ist die gewaltige Südwand der Tofana di Rozes ein absoluter Hingucker. In Pocol lohnt sich dann eine kurze Pause, nicht des bombastischen Kriegerdenkmals aus faschistischer Zeit wegen, sondern um vom Belvedere einen Blick auf Cortina und seine Felskulisse zu werfen. Besonders eindrucksvoll wirkt aus dieser Perspektive die vielgipfelige Mauer des Pomagagnon, hinter dem sich mächtig das Cristallomassiv aufbaut.
Die letzten Kilometer der »Großen Dolomitenstraße« führen über ein paar Schleifen hinunter zum Boite und hinein nach Cortina d'Ampezzo. Stilvoll ausklingen lassen kann man die schöne Reise quer durch die Dolomiten dann am Corso Italia mit einem Apéro, einem Veneziano vielleicht, mit Blick hinauf in die Felswände des Tofanamassivs.

SPORTLICHER RUNDGANG

Für Brettlfans ist sie die Traumrunde schlechthin, das absolute Skivergnügen: die *Sella Ronda,* die Tour ums Sellamassiv. Der fast quadratische Bergstock (Piz Boè, 3152 m) mit dem markanten Bauchring gilt gemeinhin als geografisches Zentrum der Dolomiten im Schnittpunkt der vier ladinischen Täler von Gröden, Hochabtei, Fassa und Buchenstein. Im Sommer üben die vier Passstraßen mit ihren rund 100 Serpentinen und noch mehr faszinierenden Gebirgsbildern eine unwiderstehliche Anziehungskraft aus: Sella magica! Auch Radler, die sich den Fron von 50 Kilometern Auf und Ab antun, schwärmen hinterher von ihrer Tour. Ihnen sei allerdings empfohlen, ganz früh am Tag zu starten, lange bevor die PS-Touristen ihr Hotelfrühstück beendet haben und sich aufs Kurvenkarussell wagen: Grödner Joch (2121 m) – Sellajoch (2244 m) – Pordoijoch (2239 m) – Passo Campolongo (1875 m).

WEITERE INFORMATIONEN

Gröden Marketing: Dursanstraße 80/c, I-39047 St. Christina;
Tel. +39 04 71/77 77 77, www.valgardena.it
Sella Ronda: www.sellaronda.info

Gadertal und Hochabtei

Ins Herz der Dolomiten

Herbst in den Bergen: Blick von den Armentara-Wiesen auf das Karstplateau der Gherdenacia (links). Tief verschneite Alm im Campilltal (oben). Symbolblume der Alpen: das Edelweiß (unten).

Einkehr am Weg ins Kleinfanes: die Ücia Pices Fanes.

Vom Pustertal ins Hochabtei

Ladinerheimat, Faneszauber und Sellamauern

Hinein ins Herz der »Bleichen Berge« führt uns diese Route, vom waldreichen Pustertal bis hinauf zum Fuß des Sellamassivs. Das Hochabtei mit der ausgedehnten Pralongià-Alm und den Dreitausendern rundum ist die Region mit der wohl größten Dichte an Spitzenköchen in den Dolomiten. Noch mehr – kulinarische – Gipfel.

Die Fahrt ins Hochabtei startet in 27 **Bruneck** und führt hinter St. Lorenzen ins waldreiche Gadertal: ein tiefer Graben, viele Tunnels, kaum Aussicht. Bei den Häusern von Zwischenwasser zweigt links die Straße nach St. Vigil ab. Sie setzt sich fort durchs Rautal, das mit den gewaltigen, von den umliegenden Bergen herabstreichenden Geröllreißen seinem Namen durchaus gerecht wird. Noch mehr loses Gestein gibt's hinter Pederü, am Weg ins 48 **Fanes.** Er führt vorbei am idyllischen Lé Pisciodel und steigt über ein paar Kehren hinauf zu dem weitläufigen Almgelände. Das liegt, umgeben von hohen Bergen, weitab der großen Touristenzentren. Hier gibt es möglichweise mehr *marmottas* (Murmeltiere) als Menschen. Die putzigen Nager verziehen sich allerdings im Herbst, bevor die ersten Skitourengeher anrücken, in ihre Schlafhöhlen. Im Sommer zeigen die Murmeltiere wenig Scheu; Gefahr droht ihnen ja nur aus der Luft. Wenn ein Steinadler über ihrem Revier kreist und nach einer Mahlzeit Ausschau hält, dauert es nicht lange, bis ein greller Pfiff die anderen Tiere warnt: Ab in den Bau!

Auf der Weiterfahrt ins Hochabtei tritt hinter Zwischenwasser die felsige Bullenstirn des Peiterkofels ins Bild. Bei St. Martin in Thurn, dessen Schloss das Museum Ladin beherbergt, zweigt eine Straße nach 46 **Campill** ab, einem Bauerndorf ohne Trubel, mit einem sehenswerten Mühlenensemble und viel Natur drumherum. Ähnliches lässt sich von 47 **Wengen** sagen, dessen Höfe weit übers Tal verstreut sind – ein Wanderparadies, überragt vom mächtigen Neuner (2968 m).

Hochabtei – ladinische Heimat

Ein paar Kilometer weiter südlich, bei Pedraces, ist man im 49 **Hochabtei** angekommen, und der Graben öffnet sich zu einer weiten Talmulde mit einem Kranz felsiger Gipfel rundum. Blickfang ist die Westkante des Heiligkreuzkofels; im Talinneren zeigt sich der riesige Felsklotz des Sellamassivs, oft als »Gralsburg Ladiniens« bezeichnet. Bei Stern, ladinisch La Ila, gabelt sich das Tal. Rechts geht's nach Corvara und in vielen Serpentinen hinauf zum Grödner Joch (2121 m), dem Übergang ins gleichnamige Tal. Dabei kommt man dem Sellastock mit seinen tiefen Randschluchten ganz nahe. Kaum zu glauben, dass sich die Felswüste auf markierten Wegen vergleichsweise problemlos durchqueren lässt. Und dem höchsten Gipfel, dem Piz Boè (3152 m), kann man dabei sogar aufs Haupt steigen.

Wer in Stern links abbiegt, erreicht bald St. Kassian, dessen Museum jener fernen Zeit gewidmet ist, als das Hochabtei Lebensraum der Höhlenbären war. Entdeckt wurden ihre Überreste hoch an der wild zerklüfteten Südflanke der Conturines. Wer lieber im Tal bleibt, aber gerne kulinarische Höhenflüge unternimmt, ist bei Norbert Niederkofler, Küchenchef des Restaurants im Hotel Rosa Alpina, genau richtig: auch ein Highlight!

Krieg und Frieden

Als Berg mit zwei ganz unterschiedlichen Gesichtern präsentiert sich der 50 **Lagazuoi.** Da ist einmal die großartige Aussicht vom Gipfel, den man bei Bedarf völlig anstrengungslos vom Falzárego-Pass aus per Seilbahn erklimmt.

Tourenirfo

Start: Bruneck (835 m)
Ziel: Passo Falzárego (2105 m)
Länge: 50 km, mit Abstechern 100 km
Dauer: 2 Tage
Beste Reisezeit: Sommer und Herbst
Sehenswertes: Kleine Fanesalm, Campill, Grödner Joch, Lagazuoi
Unterkunft: Faneshütte am Limojoch, Hotel La Majun in Stern, Posta Zirm in Corvara, Chalet Gerard an der Westrampe der Grödner-Joch-Straße

Weitere Infos

Ein besonders lohnendes Wanderrevier, auch familienfreundlich, ist die weite Hochalm von Pralongià, bequem erreichbar per Lift von Stern und St. Kassian aus. Großartig der Gebirgsrahmen mit Sella, Kreuzkofelmassiv und Marmolada, es gibt mehrere bewirtschaftete Hütten.

Dass hier vor gut einem Jahrhundert die Dolomitenfront verlief, drei Sommer und zwei Winter lang erbittert gekämpft und sinnlos gestorben wurde, wird einem rasch klar, denn überall finden sich Relikte aus dem Ersten Weltkrieg: Stollen und Unterstände, Wege und Schützengräben. Heute ist das alles als Freiluftmuseum zu besichtigen.

Nordwestlicher Eckpfeiler der Dolomiten ist der Peitlerkofel. Blick auf seine Nordwand und den vielschichtigen Untergrund: ein klassischer geologischer Aufschluss.

46 Campill – Bauernwelt unterm Peitlerkofel

Mühlen und Viles

Das Campill gehört nicht zu jenen Dolomitentälern, die mit höchsten Gipfeln oder berühmten Felstürmen auftrumpfen. Es ist ein stiller Winkel, den man am besten zu Fuß erkundet. Hinterher taucht man im Schloss von St. Martin (Museum Ladin) in die faszinierende Welt der ladinischen Kultur und Geschichte ein.

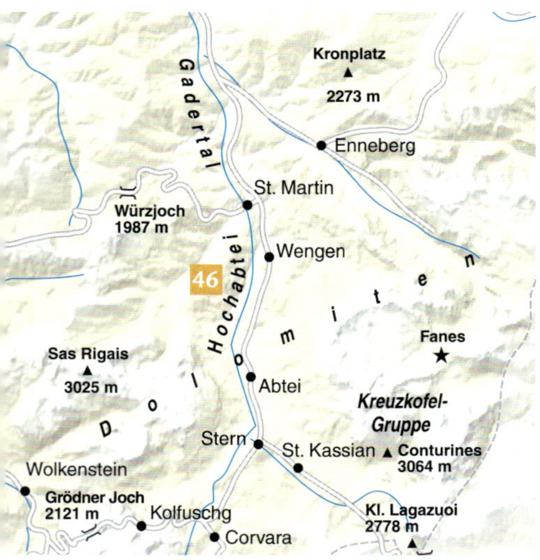

Den Eingang ins Campilltal bewacht der malerische Baukomplex des Schlosses St. Martin in Thurn. Hinter seinen Mauern verbirgt sich das Museum Ladin, das anschaulich über Geschichte und Kultur des kleinen Dolomitenvolkes, über ihre Herkunft und Sprache informiert. Wer auf seinem Ausflug ins Val Lüngiarü neugierig geworden ist, mehr wissen möchte, muss sich Zeit lassen für einen Museumsbesuch. Der klärt uns auch über eine für die ladinischen Täler typische Siedlungsweise auf: die sogenannten Viles. Es handelt sich dabei um kleine, eng gebaute Weiler, meist in Hanglage. Die wenigen Wohnhäuser – teils aus Stein, teils aus Holz gebaut – gruppieren sich um den Dorfplatz. In Seres beispielsweise gibt es einen (noch heute genutzten) steinernen Backofen, eine Viehtränke aus Holz und ein Favà, ein Gestell, auf dem im Herbst die Bohnen zum Trocknen aufgehängt werden.

Von Seres ist es nur ein Katzensprung bis zum gleichnamigen Bach. An seinem Unterlauf, im Graben zwischen Miscì, drehten sich früher die Wasserräder. Nicht weniger als acht Mühlen standen am Wasser, und dieses einzigartige Ensemble – lange Zeit dem Verfall preisgegeben – ist mittlerweile sorgsam restauriert worden. Wie in der guten alten Zeit fließt das Wasser in den Holzkanälen und treibt die großen Holzräder an.

47 Wengen – fast wie in der guten alten Zeit

Wengen ist auch heute noch ein Tal der Bergbauern: Die Felder werden bestellt, auf den Almwiesen weidet den Sommer über das Vieh.

Idylle unterm Neuner

Wengen war spät dran: Erst in den 1960er-Jahren bekam das Dorf eine richtige Straße. Bis dahin wurden die (seltenen) Feriengäste mit einem Pferdefuhrwerk in Pederoa abgeholt. Heute haben die übers Tal verstreuten Höfe asphaltierte Zufahrten, und so mancher Wengener pendelt zur Arbeit nach Bruneck.

Den Verlockungen des großen Geldes ist man am Fuß des Neuner (2968 m) nicht erlegen: Es gibt keinen Massenskilauf im Tal, weder Lifte noch Pistenschneisen oder Riesenparkplätze. So darf man Wengen, auf Ladinisch La Val (1348 m), trotz der Modernisierung und einiger weniger gelungener Neubauten auch im frühen 21. Jahrhundert durchaus noch als Idylle bezeichnen. Hier gibt es mehr Bauern als Hoteliers, man fühlt sich der Scholle verbunden, den Traditionen auch.
Das weit übers Tal schauende gotische Barbara-Kirchlein erinnert daran, dass früher Knappen nach Silber und Bleierz schürften. Im Talgrund liegt das Heilbad Rumestluns, dessen leicht radioaktive Schwefelquelle im 19. Jahrhundert recht bekannt war. Zweimal brannte es bis auf die Grundmauern ab, wurde aber umgehend wieder aufgebaut. Der Kurbetrieb wurde 1978 aufgegeben, das Wasser kann man jedoch noch probieren – aber Vorsicht, der intensive Schwefelgeruch ist nicht unbedingt jedermanns Sache. Wer im Sommer nach Wengen kommt, hat in der Regel die Wanderschuhe dabei. Im äußeren Tal sind hübsche Spaziergänge möglich, mit Aussicht auf die Bergkulisse. Der Sas de Crosta (2396 m) ist ein lohnender Gipfel für Trittfeste. Ein beliebtes Ausflugsziel sind die Blumenwiesen von Armentara und das Hospiz Heiligkreuz (2045 m).

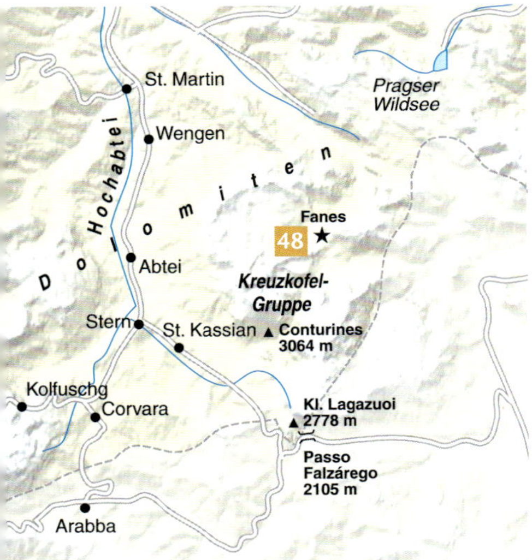

48 Fanes – eine sagenumwobene Bergwelt

Seen, Felsen und Murmeltiere

Wenn's ein Paradies gibt mitten in den Dolomiten, dann das Fanes. Hier ist das Reich der Murmeltiere, der Adler zieht seine Kreise, Wanderer und Biker begegnen sich auf ihren Touren. Ein himmlischer Flecken Erde mit hohen Gipfeln rundum und zwei gemütlichen Hütten mittendrin. Das Gebiet steht seit 1980 als Teil des 255 Quadratkilometer großen Naturpark Fanes-Sennes-Prags unter Schutz.

Das Fanes ist eine Berglandschaft für Träumer und für Romantiker, mal wüst, dann wunderschön, immer wieder mit zauberhaften Winkeln überraschend. Weder Pistenschneisen noch klotzige Hotelbauten stören das schöne Bild, im Winter ziehen Skitourengeher ihre Spur, und im Sommer sind Wanderer und Biker hier unterwegs. Letztere nutzen die alten Militärstraßen, Relikte des Ersten Weltkriegs, als hier im Rücken der Dolomitenfront Nachschubwege angelegt wurden. Damals hatte verständlicherweise kaum jemand ein Auge für die Schönheit dieser Dolomitenregion.

Fleißige Langschläfer

Die Almen und Hochkare zwischen dem Heiligkreuzkofel und dem Ju dal'Ega waren bereits in grauer Vorzeit besiedelt, zumindest zeitweise. Die Wissenschaft entdeckte am Zehner eine prähistorische Wallburg (Ciastel de Fanes, 2657 m), und noch heute kursieren unter den Einheimischen alte Sagen um das verschwundene Volk der Fanes.

Sehr präsent sind dagegen andere Einheimische, denen man auf Streifzügen allenthalben begegnet: Murmeltiere. Die geselligen, nicht sehr scheuen Nager, die gern in größeren

Fast wie auf Messers Schneide: der Ostgrat des Zehners mit den berühmten Plattenschüssen zur Kleinen Fanesalm hin (unten). Winterwelt Fanes-Sennes (rechts oben). Die Faneshütte ist sommers wie winters ein beliebter Stützpunkt in der Fanesregion (rechts unten).

Kolonien leben, kennt jeder Alpenwanderer, ihren Warnpfiff (der eigentlich ein Schrei ist) auch. Murmeltiere bevorzugen als Lebensraum sonnige, offene Hänge in Höhen zwischen 1500 und 2700 Metern, an denen sie ihre oft weitverzweigten Bauten anlegen. Sie halten mindestens sieben Monate Winterschlaf in den tiefer gelegenen Bauten, nur unterbrochen von ganz kurzen Wachphasen. Im Winterschlaf sinkt ihre Körpertemperatur ab, das Herz schlägt nur noch 20-mal (statt 200-mal) pro Minute. Schneereiche Winter sind für sie ideal, schützt die dicke weiße Decke den Bau doch vor einem starken Auskühlen.
Der Winterschlaf endet in der Regel Mitte/Ende April. Dann paaren sich die erwachsenen Tiere, anschließend heißt es: fressen, fressen. Denn die Tiere haben über den Winter gut die Hälfte ihres Körpergewichts verloren. Ihre Nahrung besteht aus Wurzeln, Blättern und Blüten von Kräutern und Gräsern; die an Roheiweiß und Fetten reiche Alpen-Mutterwurz beispielsweise ist eine bevorzugte Nahrungspflanze. Im Herbst beginnt der Heueintrag fürs winterliche Schlaflager. Mit dem ersten Schneefall ziehen sich die Tiere wieder zum Schlafen unter die Erde zurück.

Zauberwelt Fanes

Wer das Fanes kennenlernen will, tut das am besten auf Schusters Rappen. Denn als Fußgänger hat man ausreichend Zeit für die großen und kleinen Sehenswürdigkeiten links und rechts des Weges: die rauschende Karstquelle gleich oberhalb von Pederü, Blumen in allen Farben, knorrige Zirben, vom harten Leben im Gebirge gezeichnet. Sogar ein paar kleine Seeaugen gibt's hier, wo man doch vermuten würde, dass der löcherige Kalk das Wasser umgehend versickern lässt. Der Lé Piciodel, nur wenige Meter tief, hat auch keinen oberirdischen Abfluss, er entwässert durch ein sogenanntes Schluckloch am Seeboden. Nördlich des Ju dal'Ega liegen mächtige Bergsturztrümmer, am Limojoch (Ju de Limo, 2172 m) glitzert der gleichnamige kleine See im Sonnenlicht, und durch das Fanestal geht der Blick hinaus ins Ampezzano, bis zu dem mächtigen, mehrgipfligen Bergmassiv des Cristallo.
Die Alpe Kleinfanes ist ein riesiger, grüngrauer Fleckerlteppich und ein Murmeltierparadies, am Grünsee kann man dann die Zeit wunderbar verträumen, den weißen Wolken zuschauen, wie sie über den Himmel ziehen. Wer vorher in einer der beiden gut geführten Hütten eingekehrt ist und dann in dem seichten Gewässer eine »Unterwassermaus« entdeckt, muss das nicht auf den Enzian schieben, den der Wirt spendiert hat: Das Tierchen hört auf den Namen Wasserspitzmaus, lateinisch *Neomys fodiens,* und existiert wirklich.

DIE TRAUMHÜTTE

Bei Übernachtungen in Berghütten hilft häufig die schönste Lage nichts, denn was nützt mir der phänomenale Blick auf ein Halbrund bizarrer Felszacken, wenn das Essen miserabel, die Luft im Nachtlager, das ich mit lauter Hygienemuffeln teilen muss, zum Schneiden dick und der Hüttenvater ein richtiger Tyrann ist?
Es geht aber auch anders: Zweier- und Viererzimmer mit kuscheligen Betten, wo man in würzigem Zirbelduft dem nächsten Morgen entgegenschlummert, eine Küche, die nicht nur ein leckeres Frühstück bietet, sondern auch köstliche Pasta-Variationen nebst einheimischen Spezialitäten hervorzaubert, und Gastgeber, die ihre Aufgabe ernst nehmen. All das bietet die *Faneshütte* – und natürlich auch eine herrliche Lage mitten im ladinischen Dolomiten-Zauberreich der Fanes.

WEITERE INFORMATIONEN

Faneshütte/Ücia de Fanes:
Tel. +39 04 74/45 30 01,
www.rifugiofanes.com
Naturpark-Haus Fanes-Sennes-Prags:
Katharina-Lanz-Straße 96, St. Vigil (Enneberg), Tel. +39 04 74/50 61 20

Eine Welt der Kontraste: grün das Abteital, felsgrau die Dolomitberge. Knapp unter dem Gipfel des Piz dles Conturines (oben). Wahrzeichen von Corvara ist der Sassongher, der den frequentierten Ferienort um mehr als einen Kilometer überragt (rechts).

49 Hochabtei – wo einst die Bären hausten

Die ladinische Urheimat

Der Kontrast könnte kaum größer sein: am Unterlauf der Gader eine Schlucht mit weit hinauf bewaldeten Flanken, die sich hinter der Enge von Puntac zu einer grünen, sonnigen Talmulde öffnet. Die mächtigen Felsmassive halten Abstand, im Süden, an der Pralongià, fehlen sie sogar ganz. Das verleiht der Landschaft eine angenehme Weite, sie wirkt einladend, nicht einengend.

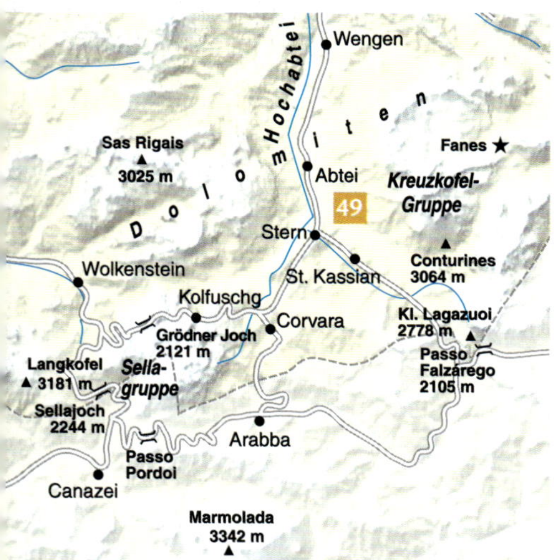

Hochabtei ist Ladinerheimat und war vor gut 100 Jahren noch reines Bauernland. Die Leute waren arm, lebten bescheiden, hatten ständig mit der Natur und mit allerlei Unbill zu kämpfen: harten Wintern, Lawinen, Missernten. Gegen Ende des 19. Jahrhunderts kamen die ersten Touristen und Gelehrte wie die Geologen Manfred von Richthofen und Julius von Payer ins Tal. Den aus Böhmen stammenden Offizier, Alpen- und Polarforscher von Payer führte Franz Kostner 1897 auf den Piz Boè. Kostner (1877 bis 1968) war ein Pionier des Tourismus im Hochabtei und ein echter Selfmademan. Er erwarb 1908 das Hotel Posta Zirm in Corvara, heute erstes Haus am Ort, leitete ein Fuhrunternehmen und hatte lange Jahre das Amt des Bürgermeisters von Corvara inne. Als Obmann des Tourismusvereins förderte er den Bau einer Hütte auf der Ostseite des Sellastocks, die heute nach ihm benannt ist, er installierte den ersten Schlittenlift im Tal.
Heute gehört das Hochabtei zu den »Big Points« des Südtiroler Tourismus. Um die Wende vom 19. zum 20. Jahrhundert standen in Corvara gerade mal 38 Häuser. Und heute? Zwei Dutzend Hotels, dazu Pensionen, Ferienwohnungen, Restaurants, Boutiquen, Sportgeschäfte usw. Im August platzt der Ort aus allen Nähten, der Autoverkehr quält sich durch die Hauptstraße, dazu Biker und ganze Horden von Motorrad-

fahrern. Auf den Gehsteigen flanieren italienische Familien, Busse spucken Ladungen von chinesischen Touristen aus. Wen wundert es da, dass man seit ein paar Jahren über die zeitweise Sperrung der Passstraßen an der Sella nachdenkt?

Ladinerheimat

Die Sprache der einheimischen Ladiner ist ein Neulatein, das Elemente aus der rätischen Vergangenheit, aber auch aus den Nachbaridiomen übernommen hat. Die Herkunft der Ladiner verliert sich im Dunkel der Vorgeschichte. Seit dem 6. Jahrhundert, als die Bajuwaren von Norden in ihr ursprüngliches Siedlungsgebiet vordrangen, ist sie die Geschichte des permanenten Rückzugs, der ständigen Bedrohung durch Assimilation. Und die Zukunft? Die Dolomiten-Ladiner sind – ähnlich wie die Rätoromanen Graubündens und des Friauls – eine verschwindend kleine Minderheit in ihrem Heimatland. Zwischen dem Eisack- und dem Piavetal leben heute noch etwa 30 000 Ladiner, zwei Drittel davon in den Südtiroler Tälern Hochabtei und Gröden, der Rest im Fassatal (Fasca), in Buchenstein (Fodom) und in Cortina d'Ampezzo (Anpezo). »Bëgnodüs« – »Willkommen«, wird man im Hochabtei begrüßt, und Ortstafeln erscheinen zwei-, manchmal sogar dreisprachig: »La Ila – Stern – La Villa«. Es gibt eine ladinische Wochenzeitung, *La Usc di Ladins,* auch ladinische Seiten in den deutschen und italienischen Regionalzeitungen; drei Privatradios – Radio Gherdëina (Gröden), Radio Studio Record (Fassa) und Radio Cortina (Ampezzano) – senden in ladinischer Sprache, Schulanfänger werden in ihrer Muttersprache unterrichtet. All das macht Hoffnung: Die Kultur der Dolomiten-Ladiner lebt! Seit 1989 ist das Ladinische in Südtirol Amtssprache, seit 1993 auch im Fassatal. So etwas fördert das Selbstbewusstsein einer Minorität, hilft gegen den Anpassungsdruck von außen. Und der nimmt zu, vor allem durch den Tourismus.

Kultur bewahren

Corvara, Wolkenstein, Canazei und Arabba waren noch vor drei Generationen kleine, arme Bauerndörfer; heute sind die Ladiner im Winter die echten Exoten ihrer polyglotten Welt. Corvara verzeichnet pro Einwohner fast 500 Gästenächtigungen pro Jahr – ein Spitzenwert, der nicht nur viel Geld in die Kassen der Hoteliers und Liftbetreiber spült, sondern auch seine weniger schönen Nebenwirkungen hat: Die Einwohner sind so etwas wie Fremde in der Heimat, zumindest für ein paar Monate im Jahr. Erschwert wird die Situation der Ladiner zusätzlich dadurch, dass sie seit dem Ende des Ersten Weltkriegs in drei verschiedenen italienischen Provinzen leben. 1946 protestierten Tausende am Sellajoch gegen diese Situation, vergeblich, Italien hatte andere Sorgen. Ähnlich wie im benachbarten Graubünden spricht man in jedem der ladinischen Täler einen eigenen Dialekt. Mit der Absicht, die kulturelle Identität zu stärken, wurde Ende des 20. Jahrhunderts das »Ladin Dolomitan« aus der Taufe gehoben, eine Art ladinische Schriftsprache. Es dürfte allerdings noch einige Zeit dauern, bis es sich (wenn überhaupt) in den Tälern rund um das Sellamassiv etabliert haben wird. Der erste Versuch, ein gemeinsames Ladin zu verwirklichen, geht übrigens auf die erste Hälfte des 19. Jahrhunderts zurück; Initiant war der Geistliche Nikolaus Bacher, vulgo Micurà de Rü. Nach ihm ist heute

Steiniger Lebensraum: Primeln in einem Felsspalt (unten). Bauernhöfe im Gadertal (rechts oben). Einst in den Dolomiten heimisch: der Höhlenbär (rechts unten).

das ladinische Kulturinstitut in St. Martin in Thurn benannt.
1987 war es eine Sensation, als der Hotelier und passionierte Fossiliensammler Willy Costamoling aus Corvara auf seinen Streifzügen an der Südflanke des Conturines-Massivs in einer mächtigen Höhle auf Tierknochen stieß. Es handelte sich um Schädel und Skelette von prähistorischen Höhlenbären, sogar – wie die DNA-Analyse ergab – um eine eigene Art, die den Namen *Ursus ladinicus* erhielt. Die zwischen 30 000 und 60 000 Jahre alten Knochen belegen, dass es in den Zwischeneiszeiten wärmer gewesen sein muss als heute. Wie sonst hätte der reine Pflanzenfresser überleben können? Immerhin liegt der Höhleneingang auf einer Höhe von fast 2800 m ü. M. – heute eine absolut vegetationslose Steinwüste, ganz im Gegensatz zur Mittelwürm-Warmzeit.
Neben den Knochen des *Ursus ladinicus* wurden auch zwei Unterkiefer eines Höhlenlöwen ausgegraben. Die Raubkatze lebte zeitgleich mit den Höhlenbären, wie auch der Neandertaler. Allerdings hat man in der Dolomitenhöhle keine Spuren unseres Vorfahren entdeckt.

Ladinische Küche: Spitze!

Ob der Höhlenbär ein ausgesprochener Feinschmecker war, sei dahingestellt. Unbestritten ist allerdings, dass im Hochabtei auf höchstem Niveau gekocht wird. Wie nirgendwo sonst zwischen Eisack und Piave erklimmen die Spitzenköche des Tals Jahr für Jahr neue kulinarische Gipfel, angeführt von Norbert Niederkofler, den *Gault&Millau* mit 19 Punkten adelt. Er schwingt in St. Kassian den Kochlöffel mit unerreichter Meisterschaft. Da reisen Gourmets schon einmal ein paar Hundert Kilometer weit an, um sich an seiner Kalbszunge mit roten Rüben und Saibling oder an der Schweineschulter mit Ofenauberginen und Erdäpfel-Yuzu-Püree zu delektieren. Im Winter kreieren Köche aus der Region sogenanntes Slope Food, kleine feine Häppchen für zwischendurch, dargeboten auf insgesamt 14 Skihütten.

DER PRÄHISTORISCHE BÄR

Wer sich für den Höhlenbären und seine Zeit interessiert, sollte das 2011 eröffnete *Museum Ladin Ursus ladinicus* in St. Kassian besuchen. Es präsentiert zahlreiche Fundstücke (Schädel, Knochen, Zähne) und das komplette Skelett eines Höhlenbären. Daneben erfährt man viel Wissenswertes über Klima und Leben in den Dolomiten vor rund 40 000 Jahren. Auch die Entstehung der »Bleichen Berge« – in den Tiefen des Tethysmeeres – wird thematisiert. Im Untergeschoss ist die Höhle am Berg nachgebildet, samt einem *Ursus ladinicus* im friedlichen Winterschlaf. Die Höhle droben am Berg darf nur im Rahmen von Führungen besichtigt werden.

WEITERE INFORMATIONEN

Museum Ladin Ursus ladinicus: Micurà de Rü Straße 26, I-39030 St. Kassian, Tel. +39 04 74/52 40 20, www.museumladin.it
Tourismusverband Alta Badia: Col-Alt-Straße 36, I-39033 Corvara; Tel. +39 04 71/83 61 76, www.altabadia.org

Beim »Kaiserjägersteig« am Lagazuoi handelt es sich um einen ehemaligen Kriegsweg (oben). Das Kriegsmuseum am Valparolajoch präsentiert Relikte des Gebirgskrieges (rechts oben). Der Kleine Lagazuoi bietet ein großes Dolomitenpanorama (rechts unten).

50 Lagazuoi – erinnern, nicht vergessen

Ein Berg als Freilichtmuseum

Vor gut einem Jahrhundert war Krieg in den Dolomiten, auf ihren Gipfeln und Graten wurde gekämpft und gestorben. Noch heute stoßen Ausflügler und Wanderer auf Relikte des blutigen Ringens, das schon bald zu einem verlustreichen Stellungskrieg erstarrte. Ein Brennpunkt der Dolomitenfront war der Kleine Lagazuoi an der Grenze zwischen Tirol und Italien, heute ein großes Freilichtmuseum.

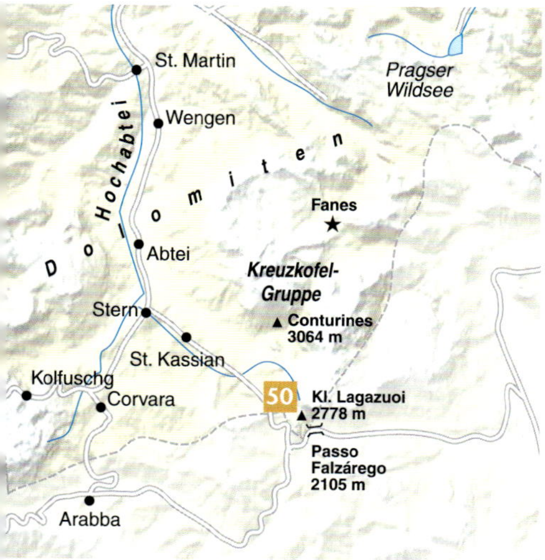

Bereits vom Falzáregopass aus sind die Spuren des Krieges deutlich zu erkennen: Geröllkegel am Fuß der Lagazuoi-Südwand, die von den beiden mächtigen Sprengungen herrühren; da und dort Löcher im Fels, Fenster der kilometerlangen Stollen im Bergesinnern. Die österreichische Frontlinie verlief vom Hexenstein (2477 m) über das Bergsturzgelände Ntra i Sas zum lang gestreckten Gipfelrücken, auf dem mehrere Feldwachen postiert waren, und weiter in die Forcella Lagazuoi. Die Alpini hielten das Martini-Band am Südabsturz des Bergstocks besetzt und bauten es zu einer Festung aus. Alle Versuche der Österreicher, sie da zu vertreiben, blieben erfolglos, auch die Sprengung der Lagazuoi-Wand über dem Band brachte trotz einer ungeheuer starken Ladung nicht den gewünschten Erfolg. Rund 24 Tonnen Sprengstoff explodierten und rissen 100 000 Kubikmeter Fels in die Tiefe!

Noch stärker war die Mine, die von den Italienern unter der südöstlichen Vorkuppe (Anticima, 2668 m) des Lagazuoi gezündet wurde – über 32 Tonnen Sprengstoff. Die Alpini besetzten zwar anschließend den Gratrücken, ein weiteres Vorrücken blieb ihnen aber verwehrt.

Kampf um den Berg – im Berg

Italienische Genietruppen bohrten in sechs Monaten die gut einen Kilometer lange Galleria

Lagazuoi mit immerhin einem Querschnitt von fast zwei mal zwei Metern vom Felsfuß der Lagazuoi-Südwand bis knapp 40 Meter unter die österreichische Stellung an der Vorkuppe, wo sie am 20. Juni 1917 ihre Sprengladung zur Explosion brachten. Der Tunnel verzweigt sich in halber Wandhöhe: Sein linker Ast steigt spiralförmig an, der rechte nähert sich dem Grat. Felslöcher ermöglichen packende Aus- und Tiefblicke, spenden spärliches Licht. Die gesamte Stollenanlage wurde vor Jahren im Rahmen eines EU-Projekts wieder begehbar gemacht, die ursprüngliche Infrastruktur – Unterkünfte, Beobachtungsposten usw. – wurde teilweise wiederhergestellt, und Informationstafeln wurden angebracht.

Vom unteren Ausgang der Galleria Lagazuoi geht das markante Martini-Band ab, das – allmählich ansteigend – die Südwand des Bergstocks quert. Ihr beschusssicherer Zugangsstollen ist allerdings längst nicht mehr begehbar, da eingestürzt; man geht sozusagen »außen herum« auf dem mit Drahtseilen gesicherten Band. Es führt unter gewaltigen Überhängen in eine wilde Schlucht. An der gegenüberliegenden Flanke setzt sich der Weg über das Cengia Martini fort, hier begleitet von teilweise rekonstruierten Baracken und Stellungsresten. Wenig später erreicht man den Eingang zu einem weiteren Stollen, der im Berg steil ansteigt, aber blind endet.

Historie, die nachdenklich macht

Die gesamten Stollenanlagen am Kleinen Lagazuoi können besichtigt werden. Wichtig: Im Berg ist es teilweise stockfinster, also unbedingt eine Lampe mitnehmen! Auch warme Kleidung und solides Schuhwerk sind unerlässlich. Ein durchgehender Handlauf und hölzerne Stiegen erleichtern den Abstieg durch die Galleria Lagazuoi, auch am Cengia Martini sind einzelne Passagen gesichert.

Statt mit der großen Seilbahn auf den Lagazuoi zu schweben, kann man auch den rekonstruierten »Kaiserjägersteig« nehmen, den die Österreicher anlegten und der von der alten Sperrfestung am Valparolajoch zum Gipfelgrat führt. Er ist allerdings nur trittfesten Bergwanderern zu empfehlen, denn einige Passagen sind leicht felsig (Klammern, Drahtseile), und über eine tiefe Rinne leitet spektakulär eine Hängebrücke. Für die Besichtigung der Stollen samt Aufstieg über den »Kaiserjägersteig« ist ein ganzer Tag einzuplanen.

ZEUGNISSE DES KRIEGES

Im ehemaligen Sperrfort Tra i Sassi (»Zwischen den Steinen«, heute fälschlicherweise Tre Sassi genannt), das 1897 erbaut und gleich zu Kriegsbeginn von der italienischen Artillerie zusammengeschossen wurde, ist heute das *Festungsmuseum Tre Sassi* mit vielen Exponaten des Gebirgskrieges untergebracht.

Der Museumsbesuch lässt sich gut mit einer Besteigung des Hexensteins (2477 m) verbinden. Der markierte Weg führt über den breiten, aber felsigen Nordwestrücken, vorbei an alten, zum Teil rekonstruierten Stellungen. Im Gipfelbereich gibt es eine kurze Kletterstelle mit zwei Eisenleitern – hier hat man einen packenden Tiefblick auf den Falzáregopass. (Von der Festung etwa 1 Std., Trittsicherheit unerlässlich!)

WEITERE INFORMATIONEN

Festungsmuseum Tre Sassi:
Tel. +39 04 36/86 11 12, www.dolomiti.org

Umfassend über Kriegswege und die Festungsanlagen an der Tiroler Dolomitenfront im Ersten Weltkrieg informiert das Buch *Auf alten Kriegspfaden durch die Dolomiten* (Eugen E. Hüsler), Bruckmann Verlag.

Traumwelt Südtirol: über den Wolken der Schlern,
im Nebel Heuhütten am Puflatsch.

Register

V. l.: Auch für Kinder ein Spaß: wandern in den Dolomiten. Sprudelnde Wasser im Wald: der Pojerbach im Ahrntal. Ein alter Brauch: Im Eisacktal wird jedes Jahr im Frühsommer der Schwarze Herrgott hinauf zum Wallfahrtsort Latzfonser Kreuz getragen. Das Trentino ist nicht mehr weit: steinerner Balkon an einem Haus in Salurn. Sehr fantasievoll gestaltet, dieses gruselige Fresko im Brixner Kreuzgang. Kunstvoll verziert: die Eingangstür der Pfarrkirche Innichen.

Die Autoren

Eugen E. Hüsler (Text) hat über 100 Reise-, Wander- und Klettersteigführer sowie Bildbände veröffentlicht. Seit fünf Jahrzehnten ist er unterwegs in den Alpen, auch abseits der Renommierziele und immer mit Blick auf die aktuellen Entwicklungen des Bergtourismus.
Manfred Kostner (Fotos) lebt mit seiner Familie in Percha bei Bruneck, mit Blick auf die Dolomiten. Diese sind auch sein liebstes Bergrevier, das er wandernd und auf leichten Klettertouren erkundet. Stets mit dabei ist seine Kamera

Impressum

Verantwortlich: Susanne Kaufmann
Layout und Producing: Roman Bold & Black, Köln
Redaktion Routenübersichtsseiten: Linde Wiesner
Korrektorat: Cornelia Greiner
Umschlaggestaltung: Alexander Knoll
Repro: LUDWIG:media
Kartografie: Kartographie Huber, Heike Block
Herstellung: Bettina Schippel/Alexander Knoll
Printed in Slovakia by Neografia Martin

★★★★★

Sind Sie mit diesem Titel zufrieden? Dann würden wir uns über Ihre Weiterempfehlung freuen.
Erzählen Sie es im Freundeskreis, berichten Sie Ihrem Buchhändler oder bewerten Sie bei Onlinekauf. Und wenn Sie Kritik, Korrekturen oder Aktualisierungen haben, freuen wir uns über Ihre Nachricht an: Bruckmann Verlag, Postfach 40 02 09, D-80702 München oder per E-Mail an lektorat@verlagshaus.de

Unser komplettes Programm finden Sie unter www.bruckmann.de

In diesem Buch wird aus Gründen der besseren Lesbarkeit das generische Maskulinum verwendet. Weibliche und anderweitige Geschlechteridentitäten werden dabei ausdrücklich mitgemeint, soweit es für die Aussage erforderlich ist.

Bildnachweis:
Alle Bilder des Innenteils und des Umschlags stammen von Manfred Kostner, außer:
Eugen E. Hüsler: 25 o., 29 o., 31, 33 o., 36, 40, 41 u., 45 o., 56, 57 u., 83 u., 85 o., 98, 100, 101 u., 102, 107, 148, 152, 153, 161 u., 163, 177 u., 183 o., 187 l., M.
A. Kompatscher: 157 u.
Museum Passeier: S. 57 o.
Sichelburg: 113 u.
Udo Bernhart: S. 8 M.

Umschlagvorderseite: Oben: Pragser Wildsee;
Unten: Am Latzfonser Kreuz
Umschlagrückseite oben: Abend über Bozen
Umschlagrückseite unten v.l.n.r.: Kleiner Mensch – großer Berg: die Drei Zinnen; Ein echter Südtiroler: der Haflinger; Blumenschmuck an einem Bauernhaus im Ridnauntal

Vorsatz: Ein echtes Gesamtkunstwerk: die Barockkirche des Klosters Neustift.
Hintersatz: In der Tracht: die Musikkapelle Kastelruth an Fronleichnam
Seite 6/7: Sonnenaufgang am Dürrenstein, Blick auf Zwölferkofel (links) und Drei Zinnen.
Seite 186/187: Sonnenaufgang über den Sextener Dolomiten: links der Zwölfer, in der Bildmitte die Drei Zinnen, rechts die Dreischusterspitze.
190/191: Sonnenaufgang am Speikboden (Tauferer-Ahrntal).

Die Deutsche Nationalbibliothek verzeichnet diese Publikation in der Deutschen Nationalbibliografie; detaillierte bibliografische Daten sind im Internet über http://dnb.d-nb.de abrufbar.

ISBN 978-3-7343-2107-8
Originalausgabe mit dem Titel »Highlights Südtirol«
ISBN 978-3-7654-6775-2 © 2014

EBENFALLS ERSCHIENEN

ISBN 978-3-7343-1608-1

ISBN 978-3-7654-4869-0

ISBN 978-3-7343-0871-0

ISBN 978-3-7343-0332-6

ISBN 978-3-7343-1869-6

ISBN 978-3-7343-1868-9

ISBN 978-3-7343-1028-7

ISBN 978-3-7343-1867-2

100 Highlights Afrikas Süden
978-3-7343-1033-1

100 Highlights Alpen
978-3-7343-1031-7

100 Highlights Australien
978-3-7343-2391-1

100 Highlights Deutschland
978-3-73433-0147-6

100 Highlights Englands Süden
978-3-7343-0650-1

100 Highlights Europa
978-3-73433-0146-9

100 Highlights Israel
978-3-7343-1656-2

100 Highlights Kanada
978-3-7654-8780-4

100 Highlights Neuseeland
978-3-7343-2394-2

100 Highlights New York
978-3-7343-0797-3

100 Highlights Skandinavien
978-3-7343-0652-5

100 Highlights Südamerika
978-3-7343-0651-8

100 Highlights Südostasien
978-3-7343-0659-4

100 Highlights USA
978-3-7654-8227-4

100 Highlights Wildes Europa
978-3-7343-1318-9

Deutschlands Welterbe
978-3-7343-1175-8

Highlights Antarktis
978-3-7343-0857-4

Highlights Bali
978-3-7343-2393-5

Highlights Bretagne u. Atlantikküste
978-3-7343-1032-4

Highlights Chile · Argentinien
978-3-7654-6031-9

Highlights Costa Rica
978-3-7343-0858-1

Highlights Gardasee
978-3-7654-6772-1

Highlights Iran
978-3-7343-0663-1

Highlights Island
978-3-7654-6497-3

Highlights Japan
978-3-7654-6495-9

Highlights Kreta
978-3-7654-8374-5

Highlights Kuba
978-3-7654-5596-4

Highlights Madeira
978-3-7343-0927-4

Highlights Marokko
978-3-7654-8783-5

Highlights Namibia
978-3-7654-5143-0

Highlights Norwegen
978-3-7654-4827-0

Highlights Oman m. Dubai u. Abu Dhabi
978-3-7343-1672-2

Highlights Peru
978-3-7654-5436-3

Highlights Portugal
978-3-7654-5533-9

Highlights Provence
978-3-7343-1030-0

Highlights Sri Lanka
978-3-7343-0859-8

Highlights Tibet
978-3-7343-2392-8

Highlights USA Der Westen
978-3-7654-5758-6

Highlights Vietnam
978-3-7654-5144-7

ISBN 978-3-7343-1089-8

BRUCKMANN

www.bruckmann.de